INVESTING

THE LAST LIBERAL ART

SECOND EDITION

操盤快思×投資慢想

當查理・蒙格遇見達爾文

Robert G. Hagstrom
羅伯特・海格斯壯

陳民傑——譯

Contents
目錄

推薦序

操盤快思X投資慢想：普世智慧的藏寶圖

市面上有關巴菲特的書很多，但是寫到查理．蒙格的書卻很少，有一個顯而易見的原因：「查理．蒙格太難懂了。」

查理．蒙格幾乎可以被稱為世界上最有智慧的人，如果你看過他在南加大的演講稿，就能感受到他令人費解的深邃智慧，他每年在Daily Journal的年度問答會就像是蒙格版的波克夏股東會，網路上流傳問答筆記深受所有投資人的歡迎。

查理．蒙格推崇的「普世智慧」，就是將所有的問題採取「系統化思考」的解決方案，而一個巨大的系統之內必定包含許多的子系統，解決問題的方法就是將子系統一一拆解，並且探索其結構，同時又要看出關聯性。

我將這樣的普世智慧稱為「查理．蒙格學說」，他分為七個主要重點：

「多元思維模型框架」、

「能力圈」、

「反過來想」、

「人類誤判心理學」、

「檢查表」

「跨領域思考」、

「魯拉帕路薩 (lollapalooza) 效應」。

本書的作者羅伯特．海格斯壯最著名的是他撰寫的《勝券在握》系列書，但是比起《勝券在握》，我對這本《操盤快思X投資慢想》的評價更高，這本書並不是在探討查理．蒙格的生平或者替他的論點做闡述，而是談如何實踐「查理．蒙格學說」。

作者在這本書裡面，成功的讓讀者學習查理．蒙格「多元思維模型框架」和「跨領域思考」這兩個重點思維。這個成就非常驚人，要在一本書內完成這個巨大的工作可以說是近乎不可能，但他還是辦到了！

我特別喜歡本書第三章生物學的部分，其中生物學與經濟學類比的觀點解答了我許多思考上疑惑，第四章群眾智慧與烏合之眾的論點更是深入地解釋了集體行為如何提高或降低輸出功率。第七章的文學篇則讓你能更徹底提高閱讀的效益。

實踐「查理．蒙格學說」是很困難的，而本書如同一個鷹架，讓你更輕鬆地搭上「查理．蒙格學說」的巨大階梯。透過這本書，你無疑能讓自己的思考更接近蒙格想表達的意境，但你必須一個一個章節的逐步閱讀，才能理會作者想談的思考模式。

如果你從未探索過「查理．蒙格學說」，本書會讓你感到困惑，甚至認為這本書只是一堆知識的集合體。如果你致力於追求「查理．蒙格學說」所倡導的普世智慧，你會發現這本書是一個無窮無盡的寶庫，值得你花長久的時間深入探討其中的智慧。最後你會發現，這樣一個漸進的過程，其實是最快的道路。

雷浩斯

價值投資者　財經作家

序

投資：最後一門的人文學科

二〇〇〇年，我寫了一本書，以人文學科的觀點來理解投資，當時書名是《框架：投資新視野》（*Latticework: The New Investing*）。查理・蒙格（Charlie Munger）曾在課堂上講述如何追求他所謂的「普世智慧」，這本書的觀點深受他的啟發。如果你不知道誰是查理・蒙格——他是波克夏・海瑟威公司（Berkshire Hathaway）的副董事長，也是華倫・巴菲特（Warren Buffett）投資事業的合夥人，而巴菲特可說是當今世界最成功的投資人。

我刻意以「框架」為書名，是為了與查理的思維拉上關係。他所提出的概念「多元思維模型框架」，在投資領域裡眾所周知，有極高的辨識度——至少我是這麼想的。後來我才了解，作者擅長的是寫出作品，而書名的構思與作品的宣傳則是行銷人員的專業。《框架》出版後的第二年，出版社決定以新書名《投資：最後一門的人文學科》（*Investing: The Last Liberal Art*）（中文版：《操盤快思X投資慢想》）重新推出平裝版。結果怎麼樣？這本書的人氣激增。後來，當哥倫比亞大學出版社（Columbia University Press）建議我重新校訂後推出第二版的時候，我立即答應。決定再版，是因為我非常肯定這本書的知識與價值；但更重要的是，我在過去這十年來又累積了不少新知識（至少對我而言是新的知識）。舉個小小的例子，這個新版本中的參考文獻增加了將近一百筆新書目。

這本書的整體架構維持不變。我們探討物理學、生物學、社會學、心理學、哲學，以及文學領域中主要的多元思維模型。新的版本增加了一個領域——數學。書的結尾則是關於「決策」的章節。讀過第一版的讀者，將會再次看到當中的許多經典模型，但每一個章節裡新加入的材料，也會讓你得到實質的新知識與新體悟——這也證明了學習是個持續的過程。

各位必須牢記一件事：這不是一本告訴你如何投資的書。你不可能在其中找到任何教你選股或管理投資組合的逐步指南。然而，讀完之後如果你願意多花些時間思索這些相當具挑戰性的觀點，對於投資你將會有全新的思考方式，對市場與經濟的運作也會有更清晰的了解。這樣的洞察力不是來自經濟學和金融學教科書，而是得自各個似乎並不相關的學科裡所蘊含的基本事實；而這些都是典型的博雅通識教育中所包含的學科。

為了建立這樣一種全新的理解，你將會跟著我瀏覽這些學科，探究當中每一個領域的基本核心概念。有時候，我們會從歷史的角度綜覽某個學科，看看該領域的一些概念如何形成、如何發展；然後，我們再來檢視這些概念跟投資市場的關聯。一次閱讀一個章節、進入一個領域，認識一些經得起歷史考驗的偉大思想；我們將從中整合出全新且獨樹一幟的眼光來看待投資。

我必須坦承，這本書的寫作過程是艱辛的。因為我必須深入鑽研每一個學科，提煉出其中精髓，並且濃縮成一個篇幅有限的章節。這本書採取的是一種概括式且相對簡易的論述方式，這是出於必然而不是缺失。如果你是任何一個學科的專家，你可能會有所批評，或認為我遺漏了某些重要的概念。但你必須明白，如果不這麼做的話，這本書的每個章節會長達百頁，最終完稿的篇幅可能相當於一部百科全書了。寫作過程中，我相信，相較於把完整內容呈現給少數願意閱讀專業論文的人，以簡短的方式把其中的啟示帶給大多數人才是這本書更重要的目標。因此，我希望你能了解，這本書的內容不得不把每一個學科的闡述限制在最基本的概念傳達。

即使如此，許多讀者仍有可能覺得這本書不容易閱讀，挑戰可能不低於我寫作時所面對的。以下兩個層面構成了閱讀的挑戰。第一、某些章節的內容可能來自你所不熟悉的學科，因此讀起來讓你想起大學時期的密集研討班。無論如何，我希望當中的新觀念能夠帶給你一些刺激，讓你值回票價。第二、因為每個章節所呈現的是完全不同的學科領域，所以你或許得讀到最後一頁，才能看清這本書帶給你的好處。這是一個累積的過程，每一個章節都為你帶來一層新的想法。我嘗試點出串連各章節的核心概念，但我的注解無法替代你仔細閱讀與反思後所得到的啟示。

閱讀這本書需要具備一定程度的求知慾，以及耐性。我們越來越習慣凡事以最快的速度滿足需求，因此這本書顯得如此不合時宜。然而我相信，要提升對事物的洞察力，是沒有捷徑可循的——你總是必須從基礎開始。

透過通識學科來洞悉投資，其核心就在於這種建立在廣泛基礎上的理解。只把目光鎖定在會計、經濟及金融領域，並且掌握這些學科的基本知識，這樣是不夠的。要得到更理想的投資回報，我相信你需要更多知識。心理的求知慾驅動著我們去發掘與運用新的洞見——無論諸如「杜威十進位編碼」這樣的知識乍看之下是多麼地毫無關聯。

投資失誤通常來自於投資者的迷惑。在我看來，我們到目前為止所得到的基本投資知識，尚未足以讓我們全面了解市場的運作，以及投資者在市場裡的行為。難怪我們會迷惑；也難怪我們會失手。當我們不了解某個事物，則往往有一半的機率會做出錯誤決策。如果這本書能夠提升你對於投資市場運作的理解，即使只有一點點，那麼成功的機率也就會往你的方向傾斜一點點。

羅伯特・海格斯壯

於美國賓夕法尼亞州維拉諾瓦

二〇一二年九月

第一章

多元思維模型框架

來自查理・蒙格的普世智慧

一九九四年四月，在美國南加州大學馬歇爾商學院（Marshall School of Business of the University of Southern California）吉爾福・巴考克博士（Guilford Babcock）的「學生投資研討課」中，修課的學生們得到了珍貴的禮物——有一個人來到課堂上為他們傳授了有關真實世界的高超智慧，而這個人對於財富有無價的洞見。

他是查爾斯・蒙格（Charles Munger），投資界的人都認識他，叫他查理（Charlie）。他是波克夏・海瑟威（Berkshire Hathaway）公司的副主席，這家公司由世界最有名的投資人華倫・巴菲特（Warren Buffett）所經營。查理的本業是律師，現在是巴菲特的事業合夥人，也是他的朋友，更是他的搭檔。只要他說話，總會引來關注。

查理・蒙格智慧過人，但似乎總是隱藏在比他更知名的搭檔身後。這也並不是巴菲特的過失，而是查理個性低調。除了偶爾在南加大課堂這類場合，或者在波克夏・海瑟威公司年會上成為眾人矚目的焦點，其餘的時間他幾乎都不在公眾場合露面。即使是在公司的年會上，他都刻意只做簡短發言，讓巴菲特來回應股東的大部分提問。但是，他偶爾還是會開口做一些補充，而這時候在場的股東總會突然挺直身子，找到更好的角度來注視他，並且聚精會神聆聽，深怕錯過了任何一個字。

四月的那一天，巴考克博士的課堂上也瀰漫著同樣的氛圍。學生們知道正在說話的人是誰，他們也知道自己將受益於這位著名的投資專家。但那一天他們得到的是價值遠高於此的東西。

演講開始時，查理就調皮地承認說他將會跟聽眾玩個小把戲。他不談論股票市場，他想討論的反而是「選股作為普世智慧的一種藝術」[1]。在接下來的一個半小時裡，他不斷刺激學生擴大他們對市場、金融和經濟的視野，不再視這些領域為各別的學科，而是作為更宏大的知識體系的一部分——這個宏觀的知識體系還包括了物理學、生物學、社會學、心理學、哲學、文學與數學。

在這個更宏大的視野之下，他認為各個學科彼此交織，而且在這個過程中彼此強化。思考縝密的人從每個學科那裡得到有效的多元思維模型（mental model），也就是把關鍵概念連結起來以得到整體的理解。培養這種廣闊視野的人，正在逐步獲得普世智慧——這是我們思維的堅固基礎，少了這樣的基礎，即使在市場或任何其他領域取得成功，充其量都只是一時僥倖。

為了說明他的觀點，查理用了一個讓人印象深刻的隱喻來描繪各種觀念之間的連鎖樣態——他將之比喻成框架的模型。「在你的腦袋裡會有各種模型，然後你必須把你的經驗，無論是間接或直接獲得的經驗，都排列在這些模型的框架中。」他如此解釋。於是，「框架」這樣一種圖象概念馬上成為投資圈裡識別度極高的措辭，直接指向查理的思想取徑。

這是他經常重提的主題。例如，在波克夏・海瑟威的年會上，他經常會引用某一本他剛讀過的書來補充巴菲特的回答。他所引用的字句往往乍聽之下跟投資扯不上什麼關係，但經由他的講解，立即就連結上了。這並不是說巴菲特回答得不妥善，情況絕非如此。而只是因為當時查理能夠把巴菲特的想法連結到其他學科之中的相應概念，於是表達出來讓出席者對討論中的議題有更深入的理解。

查理對其他學科的關注是有所意圖的。他試圖把各個學科裡的多元思維模型整合起來，形塑出某種框架式的理解架構，他堅信這是獲得優越投資報酬的強大方法。如果來自其他學科的概念也指向同一個結論，那麼，以此結論做出的投資決策就更有可能是正確的。更全面的理解讓我們成為更理想的投資者，這就是最大的回報。但是，我們很快就會發現其效應遠不止於此。一旦開始付出努力去掌握這些知識的聯結，我們就逐漸獲得世間的人生智慧，這不僅讓我們成為更好的投資者，同時也會成為更好的領導者、更好的公民，也是更理想的父母、配偶、朋友。

如何獲得普世智慧呢？這是一個漸進的過程。簡略來說，第一步是從許多知識領域尋得各種有用的概念，也就是模型；第二步是學習指認出這些概念之中相似的模式。第一步關乎自我學習，第二步則要求我們學習以不同的方式去思考與觀察事物。

吸取各個學科的知識，這看起來似乎是件令人卻步的事。幸運的是，你並不需要成為每個學科領域的專家。你只需要掌握其中的基本原則，也就是查理所謂的大概念（big ideas）；你認真去了解這些原理，然後內化成屬於自己的東西。這本書後續的章節，就是作為你這一趟自我學習之路的起點而寫的。每一章涉及一個學科，包括物理學、生物學、社會研究、心理學、哲學、文學與數學；我們要討論的是，這些學科的知識如何幫助我們建立一個框架式的多元思維模型。當然，要進行智識上的探索，我們還有許多其他的資源可用。

說到這裡，總會冒出這樣的質疑：「把過去幾個世紀發展出來的重要概念傳授給我們，這不就是大學教育該有的功能嗎？」沒錯。大多數教育工作者都會以充滿激情的語氣告訴你：要培養出有教養的人，以博雅教育為基礎的通識課程是最好的方法，甚至是唯一的途徑。就理論而言，大概不會有人反對這種觀點。但是，就現實而言，我們身處的社會顯然偏好專才而非通才。

這是完全可以理解的。學生和他們的父母為高等教育投入了金錢，他們總是期待學生畢業後能得到一份好工作，為這筆教育投資取得回報。他們知道，大部分企業想要的是擁有專業知識的人才，這樣的人能夠立即為企業做出直接貢獻。今日的學生處在這種壓力之下，他們會偏好專業的主修學科而抗拒通識教育，這一點都不奇怪。就如我所說的，我們可以理解，但是，我仍然認為我們為此失去了太多。

在歷史上的某個時間點，我們得到了一種符合理想教育的卓越模式。那時候的人或許應該要更認真看待的。

融會貫通才是智慧的真諦

一七四九年夏天，《賓夕法尼亞公報》（*Pennsylvania Gazette*）訂戶收到的報紙裡夾帶著一本該報出版人班傑明．富蘭克林（Benjamin Franklin）撰寫的小冊子。這本冊子題為《關於賓州青年教育的建議書》（*Proposals Relating to the Education of Youth in Pensilvania*），富蘭克林說這是一份「建言」，因「本州的青年沒有高等學府」而表示遺憾[2]。康乃狄克州和麻薩諸塞州的青年早已進入耶魯和哈佛，維吉尼亞州有威廉與瑪麗學院（College of William and Mary），紐澤西州的學生則可以入讀紐澤西學院（後來改名為普林斯頓大學）。然而，費城（Philadelphia）作為殖民地最大、最富裕的城市，有「美洲雅典」之稱，卻沒有高等教育學府。富蘭克林在這本小冊子裡提出了一個改善方案——成立費城公共學院（Public Academy of Philadelphia）。

富蘭克林的概念在當時別具一格。哈佛、耶魯、普林斯頓、威廉與瑪麗學院都是為了培育神職人員而設立的學府；這些學校的課程專注於經典研究，並不注重青年日後進入商界與公共服務領域所需的實用知識。富蘭克林希望費城學院可以同時兼顧傳統的經典學習（用他的話來說，那是「華麗」的知識）以及實用性知識。他寫道：「如果能夠讓他們學習到所有實用的知識，以及所有華麗的知識，那當然是最理想的。但是，藝術恆長而生命短暫。所以，應該要從他們將來所要從事的專業領域出發，盡可能讓他們學習最實用以及最華麗的知識。」

富蘭克林所建議的費城公共學院，即是今日的賓夕法尼亞大學（University of Pennsylvania）。該大學文理學院的前任院長李查・比曼（Richard Beeman）博士曾在訪談中說明了富蘭克林當時的作為所達致的成就[3]。「班傑明．富蘭克林提出的是現代第一套世俗教育學程，而且時機非常理想。」他如此解釋。十八世紀時，隨著數學與科學領域的新發現，世界的知識基礎正在經歷爆發性的增長，而古典教育裡的希臘文、拉丁文與聖經課程早已無法解釋這些新知識。富蘭克林認為公共學院的課程應該納入這些新領域的知識，然後，他更進一步提出建議：學生應該在這裡習得必要技能，以讓他們日後在商業或公共服務領域裡取得成就。他說，一旦學生掌握了基礎技能，就那個時代而言包含了書寫、繪畫、演說與算術，也就能夠投入於知識的追尋。

富蘭克林寫道：「幾乎所有實用知識都可以透過閱讀歷史來取得。」但是，他所說的比我們目前慣常以為的歷史學科要廣闊得多；對富蘭克林而言，「歷史」包含了一切有意義與有價值的事物。富蘭克林鼓勵年輕人閱讀歷史，其實是要他們從中學習哲學、邏輯、數學、宗教、治理、法律、化學、生物學、衛生、農業、物理學，以及外語。有人質疑年輕人是否有必要背負如此沉重的學習負擔，富蘭克林說，學習不該是負擔，而是恩賜。他說，如果你讀遍世界歷史，「一切有關人類世界的知識將會融會貫通」。

班傑明．富蘭克林是「博雅教育」（liberal arts education）的創始者。「他投身於培育人們思考習慣的事業。費城公共學院成了終身學習的寬廣平台。當然，富蘭克林本身就是個完美典範。他始終保持開放的思想，追求知識的熱忱從來不減。作為一個教育家，他是我心目中的英雄。」

比曼接著說：「班傑明·富蘭克林作為教育家的成就，在於他堅持了三大原則。第一、學生必須習得基本的技巧，即閱讀、書寫、算術、體育，以及演說。然後，再引導學生進入各種知識的體系；最後，學生會發掘這些知識體系之間的連結，從中建立起自己的思考方法。」

富蘭克林提出建議後的這二百五十年來，美國的教育家持續辯論著如何才是培養年輕人思想的最佳方法，大學的管理者則不斷調整課程以吸引最優秀的學生。當今的教育體制仍舊受到批判，而且大部分批評都是有充分依據的；即使仍有不足，然而在提供技能與生產知識方面，也就是富蘭克林三大原則的前兩項，我們的教育體系確實表現得不錯。往往缺失的是他的第三個原則——培養出一種把不同的知識體系聯結起來的「思維習慣」。

我們可以改變這種處境。即使我們已經離開校園很久了，仍然可以靠著自己的努力在不同的領域之中尋找各種概念之間的關聯，然後獲得那些能為你帶來真正領悟的聯結。

• • •

當然，我們很容易就察覺到，養成富蘭克林所說的「思維習慣」（借用比曼教授的精妙用詞），其實也是獲得查理・蒙格所謂「普世智慧」的關鍵一步。但是，察覺是一回事，行動又是另一回事。對我們大部分人來說，這有違既有的思維方式。我們投入多年時間鑽研某個專業領域，如今卻被要求學習其他知識。我們被告知不要侷限在過去投身的某個學科之中，要跨越知識的藩籬，看看另一邊的世界。

對投資者而言，付出這樣的努力將會得到豐碩的報酬。當你允許自己的視線越過眼前的圍籬，你便看到了其他領域中的相似事物，隨即辨識出各種概念的共有模式。然後，某個概念被另一個概念所強化，於是再被下一個概念強化，如此延伸發展，你就會更篤定自己處於正確的思維路徑。關鍵在於找到串起各種概念的結合處。幸運的是，人類的思維其實一直以來都是如此運作的。

•••

一八九五年，哈佛大學一位年輕的研究生愛德華・桑代克（Edward Thorndike）在心理學家兼哲學家威廉・詹姆士（William James）的指導下研究動物行為。在本書後面的章節，我們還會再次提及威廉・詹姆士其他方面的才智；現在，我們感興趣的是桑代克的開創性研究——那是關於人類以及動物學習過程的探索。桑代克是第一位發展出我們今天稱之為「刺激反應」理論框架的人——根據這個理論框架，一旦在刺激與反應之間產生聯想，也就是聯結，學習過程便啟動了。

桑代克在哥倫比亞大學繼續他的研究，並且在那裡與羅伯特．武德沃斯（Robert S. Woodworth）密切合作。他們一起探究學習行為如何遷移。在一篇一九〇一年發表的論文中，他們如此總結：在某個領域中的學習行為並不會促進另一個領域的學習；然而，唯有當原初的情境與新的情境存在某些共同元素，學習行為才會遷移。也就是說，如果我們了解某個事物A，並且確認了事物B當中有些元素類似於A，如此我們就有可能進一步了解B。根據這樣的觀點，新概念的學習並不太仰賴學習能力的改變，反而仰賴於事物中存在的共通點。我們開始學習新的事物，並不是因為我們的學習能力以某種方式提升了，而是因為我們變得更有能力辨識出模式（patterns）。

愛德華．桑代克的學習理論為認知科學當代理論之一的聯結論（*connectionism*）奠下了核心基礎。（認知科學研究頭腦的運作方式——包括我們如何思考、學習、推理、記憶，以及決策。）聯結論的學說源自桑代克對刺激——反應模式的研究，主張學習就是個試誤（trial and error）過程，對新情境（刺激）所做出的有利反應會改變腦細胞之間的神經聯結。也就是說，學習的過程會影響神經元之間的突觸聯結；當大腦辨識出熟悉的模式以及接收到新的訊息時，這些突觸會持續做出相應的調整。頭腦有能力把相關的聯結串成鏈狀，然後把所習得的知識遷移到其他相似的情境上；因此，我們可以把智力看成是一個人的腦袋中所習得的聯結數量。

聯結論受到商界領袖與科學家的極度關注，因為人工神經網絡（*artificial neural network*）這種新型且強大的資訊系統，其核心即是聯結論。這種常被稱為「神經網絡」的系統試圖複製人類頭腦的運作，精確度勝於傳統的電腦系統。

神經元在頭腦裡聚合在一起運作，形成所謂的網絡，而每個網絡包含上千個相互聯結的神經元。因此，我們可以把頭腦視作神經網絡的集合。人工神經網絡，則是一種模擬頭腦基本構造的電腦系統——這樣的系統包含了數百個處理單元（相當於神經元），彼此交叉聯結成一個複雜網絡。（讓人驚嘆的是，神經元的運行速度比矽晶片慢好幾個量級，但頭腦以大量的聯結來提高運行效率，彌補了速度的不足。）

每個單元之間聯結的加權值可以因應不同的任務而調整，就像頭腦的神經元突觸可能會增強或減弱，甚至重新建立聯結——神經網絡系統因此具有強大功能，也因此不同於傳統的電腦系統。所以，神經網絡就跟頭腦一樣，擁有學習能力；它有能力辨識複雜的模式、把新接收的訊息依模式歸類，並且在新訊息之間建立聯結。

我們試圖了解這種科技如何應用到商業世界裡，而目前還處於探索的初始階段。這裡列舉幾個例子：嬰兒食品製造商使用這種技術來進行乳牛期貨交易。飲料裝瓶廠以此設計出「電子鼻」，用於探測與分析異味。信用卡公司應用這項技術來檢測簽名的真偽，或者偵測出偏離持卡人過往習慣的消費行為，以此揪出欺詐事件。航空公司利用神經網絡系統預測航班需求。郵務機構用來辨識潦草的書寫字體，而電腦公司則運用神經網絡來判讀經由電郵傳送的手寫便箋，或以此開發為餐巾紙繪製圖案的軟體。

隱喻是啟發思想的第二層思維

建立與運用框架式的多元思維模型，就是思維創新的過程；但是這對許多人來說卻是驚恐的過程，甚至導致思維癱瘓。幸運的是，我們有了一套易於理解的指示，引導我們進入這個過程。

位於美國新墨西哥州的聖塔菲究研所（Santa Fe Institute）是一家跨學科的研究與教育機構；物理學家、生物學家、數學家、電腦科學家、心理學家，以及經濟學家在那裡進行有關複雜適應系統的研究。這些科學家試圖理解與預測各種系統，包括免疫系統、中樞神經系統、生態系統、經濟，以及股票市場；他們對於創新思維非常感興趣。

密西根大學教授約翰．霍蘭德（John H. Holland）跨足心理學以及工程與電腦科學兩大領域；他是聖塔菲研究所的常客，曾多次主講關於創新思維的課程。根據霍蘭德，要有創新思維，首先必須掌握兩大步驟。第一、我們想要獲取的知識坐落於某些學科，我們必須先對這些學科有基本的了解。第二、對於隱喻的使用以及其益處，我們必須有所覺察。

你會發現，第一個步驟跟查理．蒙格獲得普世智慧的第一步完全相同。要把多元思維模型聯結起來並且從中受益，首先必須對於框架中的各個模型具備基本理解。如果你不明白每個模型如何運作，也不知道這些模型所描述的現象為何，那麼，即使把這些模型串連起來也不會帶來任何益處。但也別忘了，你沒有必要成為每個模型的專家，具備基礎的理解就足夠了。

第二步是尋找隱喻。這看起或許有點讓人驚訝，尤其讓你想起九年級時的英文課。以最簡單的說法，使用隱喻就是透過非一般或非直接的語言傳達意義。當我們說「工作簡直就是人間地獄」的時候，意思並不是真的說我們身陷火焰或被迫吞下灰燼；我們只不過想要確切地表示工作真累人。透過這樣的語言，隱喻成了一種簡潔、易記且往往饒富趣味的情緒表達。就更深入的層次來說，隱喻並非侷限於語言，也可以透過思想或行動來表達。語言學家雷可夫（George Lakoff）與詹森（Mark Johnson）在他們的著作《我們賴以生存的譬喻》（*Metaphors We Live By*）裡說，「我們一般賴以思維與行動的概念系統，其基礎就本質而言都是隱喻[4]。」

但是，霍蘭德說隱喻不僅是一種華麗的言語形式，甚至也不僅止是思想的表述。隱喻還能夠幫助我們把想法轉譯成模型；而且，他認為這就是創新思維的根本。使用隱喻來傳達概念時，我們取這個概念跟另一個廣為熟知的概念做比較；同樣的，使用一個較簡易的模型來敘述某個理念，有助於我們掌握另一個相似概念的複雜性。在以上兩種狀況中，我們都利用了一個概念（源）來幫助我們更深入理解另一個概念（標的）。透過這樣的方式，隱喻不僅表達了原先存在的想法，更會刺激出新的思想。

以美國公共電視台那個令人印象深刻的系列節目為藍本，詹姆斯．柏克（James Burke）出版了著作《聯結》（*Connections*）；書中有好幾個案例的發明家首先觀察到過去的發明（源）與他想要創造的東西（標的）之間的相似處，因而催生了新的發明。最有力的例子是汽車。化油器可以聯結到香水瓶，而香水瓶又可往前聯結到十七世紀某個嘗試利用水壓產生動力的義大利人。亞歷山卓．伏特（Alessandro Volta）的電槍原本是為了檢測空氣純度而發明的，一百二十五年後卻為化油器噴出的燃料引發火花。汽車排檔是水車的後代，引擎的活塞和汽缸則可以追溯到湯瑪斯．紐科門（Thomas Newcomen）原本為煤礦排水而設計的抽水引擎。每一項重大發明都可聯結上先前早已存在的概念，也就是刺激原初想法的某個模型。

回到我們的目的。我們想要更深入了解的課題（標的模型）是股票市場或經濟體制。過去多年來，我們在金融學領域裡累積了無數的原始模型來解釋這些現象，但往往讓人失望。就許多方面來說，市場與經濟的運作仍然是個謎團。或許現在正是時候，我們應該延伸探索範圍，跨入其他學科領域以尋求理解。我們探索越多學科，就越有可能找到其中共通的機制，以此來協助我們釐清謎團。我們追求的是創新思維，而唯有當兩個或更多個多元思維模型聯結作用時，才能產生創新思維。

多元思維模型框架本身就是個隱喻，而且是個易懂的比喻。人人都知道什麼是框架，而且大部分人都直接接觸過。如果你是個愛動手實作的人，那麼你很可能會讓一個四乘八呎的框架發揮它的用途——裝飾柵欄、在院裡搭建涼棚，或給植物立個爬藤架。只需要稍加延伸，就可以把框架想像成思維的支撐架構，把一系列多元思維模型組織起來。

然而，很多概念乍看之下如此簡易，仔細檢視卻發現其中一點都不簡單；框架也是一樣，看得越深入就變得越複雜，甚至很難純粹將之看作是多元思維模型的概念。人類思維在接受與處理訊息時總會呈現各種變化。教育工作者都知道，傳授新概念時，對某個學生有效的方法不一定對別的學生有效；因此，最理想的教育者手中握著一串鑰匙，其中每一支鑰匙都是為了開啟某個學生的思維而特別打造的。

我發現我也常以類似的方式，透過各種類比來傳達多元思維模型框架的概念。對於來自高科技領域的人，我會把建構思維框架比擬成設計人工神經網絡，他們往往立即就能體認到這個概念的強大的力量。跟數學家溝通時，我會請他們想想那個最初由喬治．布爾（George Boole）所構思，後來由哈佛大學的加維特．伯克霍夫（Garrett Birkhoff）在其著作《格理論》（*Lattice Theory*）中加以形式化的概念；這兩個理論架構剛好使用同一個名稱，也因此彼此強化了對這些概念的理解。心理學家通常會看到框架與聯結論的關聯；教育家則發現框架跟頭腦尋找模式的能力有關。如果對方的知識舒適圈位於人文學科的範圍內，我會講述隱喻的力量，以此帶入我所要傳達的觀念。針對像我這樣處在科學領域以外的大部分人，最有效的敘述方式就是直接描繪一張真實的框架，並且想像在框架的交界處裝置小燈泡。

某一天下午，我凝視著窗外院子裡的框架柵欄，然後靈光一現，發現可以利用框架來比擬我所要傳達的概念。整個圍籬都裝上了裝飾用的格柵，而格柵被圍籬的柱子分離成許多小部分。我看著圍籬，心裡想著多元思維模型，然後漸漸看到框架上的每一小塊代表的是某一個領域的知識；最靠近車庫的那一塊是心理學，下一塊是生物學，再接下去是另一些不同的領域。在每個區塊裡，兩條網絲的交接點就是一個節點（node）。接下來我見證了頭腦的非凡能力，迅速地從某個比擬跳躍到另一個比擬——我突然想到屋外的聖誕節裝飾品，於是我的思維之眼看到了每個節點上閃著小燈泡。

假設我正急切著想要搞懂市場走勢，或想要做出某個投資決策，而我把我的不確定感帶入到框架中。從生物學的角度來看這個問題，我可能看到好幾盞燈亮了起來。當我轉移到下一個區塊，可能是心理學，這時候又有另外幾盞燈亮了。如果我接著在第三個區塊、第四個區塊看到燈光亮起，我就有了相當的信心，因為當初的不確定感已經得到確認。相反的，如果我在思考問題時看不到燈光，這就是個清晰的提示，告訴我不應該繼續前進。

這就是多元思維模型框架的用處，而且其強大力量所涵蓋的範圍，遠遠超越選股這類狹隘的問題。這樣的多元思維模型引導我們全面理解市場的驅動力——新的商機與趨勢、新興市場、貨幣流量、國際局勢變化、經濟體制的基本運作，以及市場參與者的行動。

查理再論框架理論

當時查理．蒙格在南加州大學挑戰了金融系學生的認知，要他們把投資視為普世智慧的一部分；兩年後，他在史丹佛法學院（Stanford Law School）重提多元思維模型的框架概念，再次為學生帶來驚奇——這一次，他講述得更詳細[5]。

他先重申一遍他的根本觀點：先建立多元思維模型框架，然後學會跨越不同的學科領域進行聯結式的思考，這樣才是真正的學習，也才能帶來持久的成功。他提醒學生，如果他們所接受的教育早已迫使他們進入專精領域，那就必須付出更多努力去形塑上述的思考模式。但是，一旦那些模型根植於你的思維之中，你就獲得了足夠的智能去應對許多不同的情境。「你總是找到，並且掌握某個能夠更理想解決整體問題的模型。你需要做的，就只是理解，同時培養正確的思維習慣。」班傑明．富蘭克林無疑也會認同這個說法。

我相信，只要願意去探索各種多元思維模型之間的聯結，就有可能得到非凡回報；這種時刻，查理所謂的「超強力量」就會發揮作用。這不是單純的一加一，而是臨界質量的爆發力——總是善於運用炫麗語言的查理稱之為「魯拉帕路薩效應（lollapalooza）」。

這本書所呈現的是投資哲學的核心，也就是發展出一種思維能力，能夠把金融與投資看作是整體的一部分，或是人類知識體系的其中一環。如此去做，就會出現魯拉帕路薩效應。我相信這是長期投資回報的希望所在。

讓我們以查理的一段話作為這一章的結尾。史丹佛大學的學生問及如何揭開多元思維模型，他如此回應：

「普世智慧多半是非常、非常簡單的。當中只有相對少數的學科，與極少數真正的大概念

（big idea）。發掘它們，總是帶來極大樂趣。而且樂趣永不終止。還有，裡頭有無數財富，我以我的經驗作見證。」

「我力勸你們去做的事情，其實並沒那麼困難。而且回報很驚人……如果你學商業，那對你有幫助，如果你學法律，那也對你有幫助。對你的人生、對你的愛情，也都有所助益……它讓你更有能力為他人貢獻、為自己貢獻；而且讓生命更愉悅。」

1 查理・蒙格在巴考克博士課堂上的完整演講，經過小幅度的編輯後收錄在一九九五年五月五日的《傑出投資者文摘》（*Outstanding Investor Digest*），這段話引用自此。

2 Benjamin Franklin, "Proposals Relating to the Education of the Youth in Pensilvania," 1749. 本章節所有有關富蘭克林的引言都出自這本冊子。

3 Professor Richard Beeman, interviewed by author, December 23, 1999.

4 George Lakoff and Mark Johnson, *Metaphors We Live By*（Chicago: University of Chicago Press, 1980）, 3.《我們賴以生存的譬喻》中文版，聯經出版公司，2006年。

5 蒙格在史丹佛大學課堂上的評述，以及對學生提問的解答，分兩期收錄在一九九七年十二月二十九日及一九九八年三月十三日出刊的《傑出投資者文摘》（*Outstanding Investor Digest*）。該期刊編輯亨利・愛默生稱這篇文稿為普世智慧的完整重述；本書作者建議讀者有機會一讀。

第二章
物理學

牛頓所學到的，就是歷史一再重複的事實

物理是一門研究物質、能量，以及這兩者之間交互作用的科學；換言之，物理探究的是宇宙的運作。這包括了所有控制運動、聲、光、熱、電，與磁力，以及力的各種存在形式；探究的範圍小至次原子粒子，大至整個太陽系。廣為人知的原理如地心引力，或者讓人腦筋打結的現代概念如量子力學與相對論，都以物理學為知識根基。

這些都是非常嚴肅的題材，總是讓科學家圈子外的人避之唯恐不及。我們有需要把這些知識納入投資者多元思維模型框架嗎？我認為這是必要的。

當然，許多人認定物理學知識不是一般人所能掌握的，或者覺得物理過於抽象，根本無從運用在現代金融領域中。如果你也這麼想，不妨回想一下你上一次走進古董店的情景。如果店裡的存貨過量，店家突然就允許殺價了。然而，如果你看上的是某件獨一無二的古董，你也知道物以稀為貴；但即使再貴你也願意付，因為此時比價位更高的，是你心裡想要擁有這件物品的慾望。店裡的交易情境依循的是供需原則，也就是平衡原理的一個典型例子；而平衡（equilibrium）即是物理學的一個基本概念。

這些概念如何被發現，隨後如何演化至不同的形式，如何為金融與經濟學帶來深刻意涵——這一章要述說的就是這些故事。

萬有引力開啟了跳躍式思維

故事的中心是艾薩克．牛頓爵士（Sir Isaac Newton），他被許多歷史學家譽為人類歷史上最偉大的科學家。一六四二年的聖誕節，牛頓在英格蘭林肯郡（Lincolnshire）的農場裡出生。以這個農務家庭當時的環境而言，根本沒有任何跡象顯示這個早產而體弱的嬰兒是個天才，後來還被封為爵士。牛頓的父親是個文盲，他在孩子出生的幾個月前就去世了。因為貧窮，他的母親被迫把孩子託付給祖母照顧長達九年。這個小孩終日埋頭於製作錯綜複雜的風車、水鐘，還有用老鼠驅動的碾磨機。他成年後開始設計自己的科學儀器進行實驗時，小時候的這個習慣正好為他帶來好處。他沒受過正式的數學或科學教育，卻在十九歲那年踏進了劍橋大學三一學院（Trinity College at Cambridge），融入了一個各種嶄新思想在其中閃耀的世界。

牛頓在一六六一年進入劍橋大學——在那個年代，幾乎所有人，無論是學者或普羅大眾，都相信上帝以一種神祕莫測的超自然力量主宰著世界。但是，我們今天所謂的科學革命，當時已在醞釀中。在正式課堂之外，劍橋大學的學生探索著十七世紀最偉大的科學家大膽提出的反對觀點。克卜勒（Johannes Kepler）、伽利略（Galileo Galilei）、笛卡兒（René Descartes）等人的理念，激勵著這群學生。這三位科學家的理論為牛頓理解宇宙運作開啟了全新的視野，尤其影響了他日後提出的平衡原理。

克卜勒曾經是第谷·布拉赫（Tycho Brahe）的助手，從這裡開啟了他的科學家生涯。布拉赫是丹麥貴族，也是個科學家；他設計並建造出一個巨型四分儀來研究行星運動。那個時代存在兩套相對立的宇宙論，兩派天文學家各執一方。其中一派的學說源自亞里斯多德（Aristotle），大約四百年後由托勒密（Ptolemy）改良，主張太陽、行星以及其他星體圍繞著地球旋轉。另一派依據的則是波蘭天文學家哥白尼（Nicolaus Copernicus）在一五四三年發表的學說，主張太陽是靜止的，而其他行星包括地球圍繞著太陽運轉；這種說法到了十七世紀仍然被許多人視為異端。

在布拉赫之前的年代，兩方陣營的科學家都只能依靠肉眼來測量天體，當時望遠鏡還沒被發明。布拉赫的四分儀看起來像是槍支上的照準器，能夠利用兩個角度來記錄行星的位置——

其中一個角度從地平線測量，另一個則從真北的方位測量。

布拉赫花了二十五年的時間，非常詳盡地記錄下行星的位置。一六〇一年臨終之時，他把觀察記錄交付給他的這位年輕助手。克卜勒是個天賦異稟的數學家，他重新分析布拉赫留下的詳盡觀察，推演出深具意義的結論——總結出行星三大運動定律。到了牛頓進入劍橋大學的時期，克卜勒的定律已經開始對天文學的地心說提出反駁，穩固了日心說的地位。

克卜勒讓牛頓學到的，就是那個在歷史中一再重複被驗證的事實：即使關乎人類存在的最基本問題，人類所能理解的，仍然受限於當時可得的測量器材，以及科學家對資料進行精確數學推論的能力。

另一個影響牛頓的科學家是伽利略，他在牛頓出生前就去世了。伽利略是義大利哲學家、數學家、發明家與物理學家，更被譽為現代第一位實驗科學家。伽利略發明的東西包括溫度計、擺鐘、製圖用的比例規，以及我們這個故事中最重要的望遠鏡。之前的天文學家如克卜勒、哥白尼、托勒密、亞里斯多德等對天體做了許多描述，但伽利略才是第一個實際觀察到這些天體的人。利用放大鏡像的光學儀器，伽利略徹底否定了地球為宇宙中心的說法。

伽利略促進了一種以數學來表述的科學觀。他相信自然界存在著有待發掘的數學關係，但同時也急忙說明這一切與基督教教義並無衝突。他認為，區分「神的話語」和「神的作工」是很重要的，而神的作工才是重點；他主張，科學家的目標就是去發掘自然界當中以邏輯為基礎的關係。到了今天，伽利略對科學家社群影響極大的，即是他的實驗方法。

牛頓的第三個重要引導來自笛卡兒。這位法國數學家與科學家被譽為現代哲學之父；他是第一個對亞里斯多德世界觀提出反駁的人，轉而擁抱經驗論與機械論的觀點。笛卡兒在一六五〇年去世，當年牛頓八歲；到了他進入劍橋大學的時期，笛卡兒的理論已經得到某些圈子的認同。

笛卡兒提倡一種機械主義的世界觀。他認為，了解事物運作的唯一方法就是為此建構一個機械模型，即便只憑想像。根據笛卡兒的論點，無論是人體、墜落的石頭、成長中的樹，或者暴風雨的夜晚，全都是背後的機械定律在運作。這樣的機械論觀點為十七世紀的科學家帶來了一套強大的研究程序——依據這種論點，無論觀察對象有多複雜、多難解，都有可能發掘隱含其中的機械定律來解釋這個現象。

初到劍橋時，牛頓對於這三位科學家的新發現與新理論還一無所知。但經過努力不懈地研究，加上強大的專注力，牛頓很快就掌握這些科學家的根本理念。掌握這些新想法之後，牛頓做了什麼？這正是故事的關鍵所在。

學生時期的牛頓，開始著手結合關於天體的克卜勒行星運動定律，以及關於地面之物的伽利略自由落體定律；而這一切都以笛卡兒的宇宙觀為基礎，即宇宙萬物必然以固定的機械定律運作。這樣的理解為牛頓日後所發現的物理定律描畫了輪廓。

一六六五年是牛頓人生中的意外轉折。這一年劍橋大學因倫敦大瘟疫而停課，牛頓只好回到農場的家裡。他的天賦在這孤寂與平靜之中萌發，各種新想法以驚人的速度湧現，後人把這一年稱作牛頓「奇蹟的一年」（*annus mirabilis*）。這段期間，他首先發明了流數（fluxions），也就是我們今日所說的微積分學，然後再發展出光學理論。在此之前，人們以為顏色就是各種深淺的組合，但牛頓在暗房中以稜鏡進行的系列實驗顯示光是由光譜中的很多顏色組合而成。然而，那一年的重頭戲，在於牛頓發現了「萬有引力定律」。

根據傳說，牛頓看著蘋果從樹上掉下來，靈光一閃就想到了地心引力。其實，克卜勒早已提出行星三大運動定律，而伽利略也已確定了落體運動是等加速運動；此時，天才牛頓把克卜勒的定律與伽利略的發現巧妙地結合在一起。牛頓如此推論：作用於蘋果的力，以及讓月球維持在軌道上繞著地球運行的力，或是導致其他行星繞行太陽的力，全都是同一種力。這真是不可思議的跳躍式思維。

出乎意料的是，接下來的二十多年當中牛頓並沒有公開發表他所發現的重力定律。他當初無法以精確的數學公式來表述這個發現，於是等到成名作《自然哲學之數學原理》（*Philosophia Naturalis Principia Mathematica*）出版之後，才寫出他的三大運動定律。使用這三大定律，牛頓可以證明任何兩個物體之間的引力如何運作。他指出，行星在固定的軌道上運行，是因為行星前進的力以及行星和太陽之間的引力，兩者相互抵消，進而達成一個平衡狀態[1]。

平衡，指的是對立方向的力量或作用維持在相等的狀態。平衡通常意味著系統處於靜止，這個狀態稱作靜態平衡。當逆向對抗的力相等，系統即進入動態平衡狀態。把相等的重量放置在天平的兩邊，這就是靜態平衡。把浴缸裝滿水，然後關掉水龍頭，此時在你面前的是一個靜態平衡系統。但是，當你拔掉塞子而同時打開水龍頭，浴缸的水量維持不變，此時你看到的就是一個動態平衡。另一個例子是人體——因降溫而流失的熱能只要與體內的糖分消耗呈相等，人體就維持在動態平衡中。

《數學原理》出版後，科學家們迅速擁抱新的觀點——整個自然世界依循著普遍法則運作，而不是由一個神祕莫測的神所主宰。這種信念轉變所帶來的重大意義超乎想像。也就是說，對於人類生存所仰賴的根本基礎，這群科學家的想法經歷了徹底的翻轉；對於萬物的理解，科學家不再依賴神的啟示。他們開始認為，如果可以洞悉宇宙的自然法則，那麼就能夠以當下所掌握的資料來預測未來。艾薩克・牛頓爵士留給後人的，是探究這些自然法則的科學方法。

在牛頓的世界觀看來，科學工作就是對規律有序的宇宙進行研究，而這個宇宙就像時鐘一樣可以預測。其實，鐘錶裝置常被當作牛頓宇宙觀的隱喻。只要把鐘錶的運作拆解成各個部分，就能理解整體的運行機制；同樣的，分析各別的部分也能讓我們了解宇宙的運作。這種宇宙觀的核心，也就是物理學的定義：把現象簡化為少數的基本質點（particle），然後闡明在每個質點上作用的力。三百多年來，把自然界拆解成各個組成部分，成了科學研究的主要工作。

在各個科學學科當中，物理學總是讓人神往。以數學表述的精確公式，以及永恆不變的定律，這樣的確定性足以引誘我們，似乎可在那裡得到安撫人心的絕對答案。因此，其他的學科領域通常會先把目光投向物理學，嘗試找出自然界凌亂現象之下隱藏的答案，這種行為一點都不會讓我們覺得意外。例如，十九世紀有一些學者試圖運用牛頓的世界觀來研究人類群體。比利時數學家阿道夫・凱特勒（Adolphe Quetelet）用機率論來研究社會現象，因提出「社會物理學」的概念而聞名。奧古斯特・孔德（Auguste Comte）發展出一門解釋社會體制並且引導社會計畫的知識，也就是他稱之為社會學（*Sociology*）的科學；我們還會在第四章討論孔德的思想。同樣的，經濟學家也開始轉向「牛頓典範」（Newtonian paradigm）以及物理定律。

繼牛頓之後，許多領域的學者開始專注於呈現平衡狀態的系統（無論是靜態或動態平衡），認為這是自然界的終極目標。如果作用於系統的力出現偏差，他們會先假設偏差現象只會維持在小規模，而且不會恆久——系統總是會回復到原本的平衡狀態。這篇敘述的重點，在於平衡的概念如何延伸到天體力學以外的領域，廣泛應用到其他學科，尤其是經濟學。

萬物的自然狀態：均衡

兩百多年來，經濟學家一直仰賴平衡理論來解釋經濟體系的運作。英國經濟學家阿爾弗雷德・馬歇爾（Alfred Marshall）是提倡在經濟學領域應用動態平衡概念的關鍵人物。他的著名作品《經濟學原理》（*Principles of Economics*）原初版本在一八九〇年出版，這本書被視為對經濟學理論貢獻最大的著作之一[2]。《經濟學原理》第五卷討論的是需求、供應與價格之間的關係；馬歇爾在這裡用了三個章節來講述分別指向個人、公司與市場層次的經濟均衡（economic equilibrium）。

針對個人的層次，馬歇爾說：

當一個人以他的直接勞動得到他想要的某樣東西，這就是以最簡單的形式展現欲望與努力之間的均衡。小男孩因為想吃而摘下藍莓，摘藍莓的動作或許會讓他開心一下子，而吃藍莓帶來的愉悅會維持得更久一些，且足以抵消採摘水果的麻煩。但是，當男孩吃下很多藍莓之後，對藍莓的欲望減低了，而摘藍莓的動作也就開始變得無力，男孩可能覺得單調，甚至厭倦了。最後，男孩對玩樂的熱切以及對付出勞力採摘水果的厭惡抵消了食慾，於是達到均衡狀態[3]。

論及均衡定律對公司運作的影響，馬歇爾寫道：「商業公司日漸成長且變得茁壯，然後可能停滯，甚至衰敗；在這個轉折點，這家公司增長與墜落的力量達到一個均衡狀態[4]。」即使在市場上，均衡定律也在發揮作用，維持著供需之間的平衡，並且決定商品的價格。根據馬歇爾的說法，「當需求的價格與供應的價格相等，則商品的產量不會有增加或減少的傾向，市場因而取得均衡」[5]。

馬歇爾認為，當經濟達到均衡狀態，就會趨於穩定。事實上，馬歇爾相信均衡才是經濟的自然狀態；當價格、需求或供應出現偏離，經濟體系就會開始運作以回復自然的均衡狀態。以下是他極具說服力的論述：

當需求與供應處於穩定的均衡狀態，而突發事件導致產量偏離均衡時，市場會立即發揮力量將供需恢復到原本的均衡狀態；就像一顆繩子吊著的石頭，一旦偏離平衡狀態，地心引力馬上起作用，把石頭恢復到原本的平衡位置。商品產量偏離之後恢復到原本的平衡，就跟石頭的移動一樣[6]。

直到一九四八年保羅．薩繆爾森（Paul Samuelson）的《經濟學》（*Economics*）面世為止，馬歇爾的《經濟學原理》幾乎是二十世紀的經濟學標準教科書。儘管各大學不久後便採用更新的薩繆爾森著作來取代馬歇爾的經典作品，然而，有關經濟均衡的觀點並沒有改變。薩繆爾森宣稱，千千萬萬的價格和產品連結在一起，形成一個相互依存的網狀系統。在這個系統裡，對產品與服務持有特定偏好的無數家戶，與生產這些產品與服務的企業進行互動。這些企業受利益最大化的目標所驅動，從家戶那裡得來訊息，再把訊息轉化成商品賣給他們。這樣的交換形成一種合乎邏輯的結構，這即是薩繆爾森所謂的「一般均衡系統」（general equilibrium system）。

保羅．薩繆爾森是一九七〇年諾貝爾經濟學獎得主，才智出眾。股票市場讓他為之著迷；

對於某些從業人員宣稱擁有能力預測價格變化以擊敗市場，薩繆爾森持懷疑態度。他曾經寫道：「我相信證據，所以我傾向於預設大部分投資組合的決策人應該離開這個行業──或許該去當水電工、或教希臘語，或當個企業主管，為國民生產總值做出貢獻[7]。」

我們這個故事的重點，在於回溯薩繆爾森如何透過證據與科學方法，發展出一套自己的理論來解釋市場決定價格的機制。同時，薩繆爾森的理論發展一再驗證人類的知識是累進的──我們發現，薩繆爾森對市場的看法受到法國數學家路易・巴舍利耶（Louis Bachelier）、英國統計學家莫里斯・肯德爾（Maurice Kendall），以及美國經濟學家阿爾弗雷德・考爾斯（Alfred Cowles）等人的影響。

一九三二年，阿爾弗雷德・考爾斯創建了考爾斯經濟學研究委員會（Cowles Commission for Research in Economics）。他過去採用了各家投資顧問服務，但卻沒有任何一個投資顧問預料到一九二九年的股市大崩盤；於是考爾斯開始投入研究──他想要確定市場預測專家究竟能不能預知市場的未來走向。考爾斯的研究委員會做了一個當時前所未有的詳細考查，分析了一九二九年至一九九四年間多達六千九百〇四筆預測資料；根據考爾斯的研究，「沒有任何證據顯示人們能夠準確預測股市的未來走向」[8]。

莫里斯．肯德爾是倫敦政治經濟學院的統計學教授，他關注的不是考爾斯委員會所研究的市場預測專家，而是著手分析個股價格。他在一九五三年發表一篇題為〈經濟學時間序列分析〉（The Analysis of Economic Time Series）的論文，研究的是過去五十年間的股票價格表現，但無法從中找到任何足以讓人準確預測市場走向的價格形態或結構。彼得．伯恩斯坦（Peter Bernstein）的《投資觀念進化論》（*Capital Ideas*）探索現代金融理論的起源；他在書中指出，薩繆爾森著迷於股市的一大原因，來自於當時皇家統計學會（Royal Statistical Society）對肯德爾論文的熱烈討論。

薩繆爾森思考著肯德爾的作品，把股票的價格變動連結到有關價格和價值的古典經濟學理論。自從一七七六年亞當．斯密（Adam Smith）的《國富論》（*The Wealth of Nations*）出版，兩百多年來經濟學家皆認定市場存在一個基本價值，也就是「真實價值」，而價格傾向於在這個價值附近上下波動。當然，從此之後經濟學家以及投資者對於真實價值的爭論就再也不曾停息。馬歇爾告訴我們，市場競爭最終讓價格達到均衡狀態。如果價格正在波動，也就表示供應與需求出現短暫的失衡，但市場最終將會讓一切回歸均衡。

薩繆爾森認為，股票價格上下波動，是因為對該股票未來價值的認定出現猶豫。IBM公司每股的價值是一百元，還是五十元，這是市場上爭論不休的問題，而各方依據的是公司的未來盈餘增長、競爭力，以及他們對通貨膨脹及利率的預期。在他一九六五年那篇劃時代的論文《合理預測價格隨機波動之證明》（Proof that Properly Anticipated Prices Fluctuate Randomly），薩繆爾森提出了「影子價格」（shadow prices）的概念——指的是股票內在固有的價值，但通常並不明顯。當然，問題是如何在市場中把影子價格突顯出來。薩繆爾森接下來所做的事引發巨大震盪，大幅改變了人們對股價走勢的看法。

法國數學家路易．巴舍利耶在一九〇〇年完成了他的博士論文，這篇鮮為人知的論文促使薩繆爾森建構出一套有關市場價格的理論。巴舍利耶認為市場中的價格變動是不可能被預知的。他的論據非常直接：「在市場的變動中，各種相反意見彼此分歧；在同一時間點，買家相信價格將會上漲，賣家則認為會下跌。」巴舍利耶相信，整體而言沒有任何一個買家或賣家對市場有過人的洞察力，因此他做出一個驚人的結論：「市場作為投機者的總和，在任何時刻都無法認定市場將會上漲或下跌，因為任何一個報價有多少的買家，就有多少的賣家。」因此，根據巴舍利耶的說法，「投機者回報的數學期望值等於零[9]。」

巴舍利耶的推論為薩繆爾森提供了途徑，讓他把隱藏在市場背後的影子價格突顯出來。薩繆爾森往前跨了一大步，聲稱影子價格的最佳估量就是巴舍利耶的市場價格。他說，這樣的估量並非總是完全精準，但除了像巴舍利耶這樣把價格視為買家和賣家的意見總和，並沒有更好的方法估計市場的內在價值。

為了加強影子價格的論證，薩繆爾森接著提出「理性預期假說」（rational expectations hypothesis）。薩繆爾森寫道：「我們可以預期，當市場的參與者精明而熱切地追求自我利益時，會將未來事件納入考量；在他們看來，這些可能發生的未來事件在面前投下了一道影子[10]。」換言之，薩繆爾森認為人們將依據個人偏好做出理性決策。如此一來，任何時間點的股價就是這些理性決策的反映；因此，影子價格就是市場價格，兩者相等。

從另一個角度來思考，薩繆爾森把經濟學的均衡概念帶入股票市場，將股價變動的現象連結到一個古典的經濟學觀點——價格與價值存在於均衡狀態。他認為投資者的行為建立在理性預期的基礎之上，這樣的觀點確定了均衡定律適用於股票市場。

•••

把薩繆爾森的理論觀點帶向另一個層次的，是美國經濟學家尤金·法馬（Eugene Fama）。他在芝加哥大學的博士論文《股票市場價格走勢》（The Behavior of Stock Price）很快就受到投資人圈子的關注。該論文完整發表於《商學期刊》（*Journal of Business*），後來節錄在《金融分析師期刊》（*The Financial Analysts Journal*）及《機構投資人雜誌》

（*Institutional Investor.*）。這篇文章為後來的「現代投資組合理論」奠下基礎。

法馬的論點很清晰。股票價格無從預測，因為市場太有效率了。效率市場（efficient market）中有無數精明的人（法馬稱他們為「利益最大化的理性追求者」），他們同步取得所有相關的訊息，然後積極地以某種方式運用這些訊息，進而導致價格立即調整——在任何人能夠獲利之前，市場早已達成均衡狀態。因此，在效率市場中沒有人能預測未來，原因在於股票完全反映了所有可得的訊息。

法馬的效率市場理論必須放置在馬歇爾和薩繆爾森等人更宏觀的市場均衡定律之下，才能適用；除了以上兩位，支持市場均衡理論的還有另一個重要人物——金融學教授與經濟學思想家威廉·夏普（William Sharpe）。

夏普因發展出「風險資產定價的均衡市場理論」而獲得諾貝爾經濟學獎。他的理論初見於一九六四年的一篇論文《資本資產定價：風險中的市場均衡理論》（Capital Asset Prices: A Theory of Market Equilibrium under Conditions of Risk）。夏普如此解釋：「在均衡狀態下，投資者的期望報酬率和報酬率標準差（被定義為風險）兩者為簡單線性關係。」[11] 根據夏普的說法，增加回報率的唯一方法就是提高風險。要提高期望報酬，投資者只需要往資本市場線（capital market line）的右上方移動；相反的，如果想要降低風險承擔，則移往資本市場線的左下方，而這麼做同時也就降低了報酬率。無論是哪一種情況，均衡狀態終將維持。

古典經濟理論再度被推翻

在所有經濟學或股票市場理論中，均衡的概念如此根深蒂固，以致我們無從想像這個系統還有什麼其他的運作方式。就我們所見到的，均衡定律不僅是古典經濟學理論的支柱，也成為了現代投資組合理論的基礎。對均衡模型提出質疑，無疑是在掀起一場對抗學者軍團的戰爭——他們將起而捍衛被挑戰的理念，因為那就是他們的事業。雖然這個比喻可能有些誇大，但辯駁現存的經濟學信條所必須承受的挑戰，想必就像當年哥白尼質疑地心說宗教觀所承受的那樣。然而，即使要承擔風險，還是有一群科學家開始質疑這個主導我們理解經濟學與股票市場的均衡理論。

其中一個質疑的聲音來自聖塔菲研究所（Santa Fe Institute）。各個學科的科學家在這個機構研究著複雜適應系統（complex adaptive systems）——也就是那些擁有許多相互作用的組成部分，且持續回應環境而改變行為的系統。相對的，簡單系統（simple system）只擁有少數彼此互動的組成部分。複雜適應系統的例子包括中樞神經系統、生態系統、蟻窩、政治體系、社會結構，以及經濟體系。還有，我們別遺漏了另一個複雜適應系統：股票市場。

複雜適應系統其實是一個由眾多主體組成的網絡，這些主體平行運作且交互作用。系統中的主體（神經元、螞蟻，或投資者）彼此互動的過程中會累積經驗，並且因應環境變化而自我改變；這就是造成系統呈現複雜樣態與具有適應能力的主要原因。看著股市所顯露的現象，任何一個有思考能力的人都會認為這個市場呈現出了一個複雜適應系統的所有特徵。而這就說到了重點。某個系統如果就定義而言是一個複雜適應系統，也就處於持續調適的過程中，那麼，這樣的系統就不可能達到完美的均衡狀態；股票市場也是如此。

對市場來說這意味著什麼？這表示經濟均衡的古典理論正受到嚴峻質疑[12]。標準的均衡理論是理性、機械式且有效率的。這樣的理論預設了市場裡均質的投資者對股票價格都投以理性預期，並且有效率地把未來預期折現到當前市場。均衡理論更預設了沒有任何策略能獲利，因為所有策略所考量的都早已反映在市場價格上。

聖塔菲研究所提出了相反的觀點：這個非理性的市場更傾向於呈現有機體的樣態而非機械式的組織，而且並不具備完善的效率。聖塔菲認為市場裡的個體其實是非理性的，會對證券錯誤定價，因而創造了獲利策略的存在空間。在後續的章節，我們將關注人們處理金錢問題的非理性態度背後的心理因素。

這種解讀市場的替代觀點得以成形，一九八七年股市大崩盤是一大催化因素。根據古典均衡市場理論，價格驟變的原因在於理性投資者得到新的市場訊息而調整預期。然而，一九八七年之後的一些研究無法確認任何可能導致當年股價驟降的資訊。根據絕對的均衡市場理論，不可能會出現價格暴漲或暴跌，也不會有成交量或週轉率的提升。但我們都清楚知道，成交量和週轉率不斷攀升，而且日漸增強的波動率早已成為市場常態。這麼說來，市場均衡定律及其所推導出的效率市場假說，是不是已經站不住腳了？

平心而論，古典經濟學家以及現代投資組合理論的倡導者確實也意識到他們所論述的系統無法符合完全的均衡狀態。阿爾弗雷德．馬歇爾在生命晚年甚至公開表達他的疑慮。薩繆爾森承認人們的行為不是基於全然的理性，但他相信，長期而言理性與深思熟慮的投資者必定勝於非理性且受制於直覺和情緒的人。同樣的，法馬認為效率市場不需要全然的理性，也不需要完善的訊息；但是他說，因為市場確實有效率，所以個人幾乎不可能擊敗市場。

我認為，如果進一步追究，大部分經濟學家必定會坦承：市場由一群依據完善訊息來行動的理性投資者所構成，這只是一個理想化的系統，因此這樣的模型也就顯露了所有理想化系統所固有的限制。路易．巴舍利耶所說的那一群相等人數的買家和賣家，如果他們展現出薩繆爾森所說的理性，並且像法馬說的那樣處理著完善的訊息，那麼這群人與真實的投資世界肯定格格不入。投資專家若無視於真實世界而繼續倡導一個理想化的系統，可能會帶著我們走上錯誤的路徑。

然而，我們的信念之中仍堅守著平衡定律。我們會緊抓不放，是因為牛頓的系統觀在這三百年來形塑了我們思考世界的模式，而平衡定律就是這個世界觀的一部分。要剔除如此根深蒂固的觀念確實不易。然而，我們必須追隨牛頓、伽利略、哥白尼的精神，要看到世界的實相；也就是說，要對新觀念持開放的態度。

我必須明確地說：我並非要你放棄你對平衡定律的信心，或者直接否定供需法則。世界沒那麼簡單，不可能容許我做出這種非黑即白的宣言——而這就是我們的重點。在複雜的環境裡，簡單的法則不足以解釋整個系統的運作。

平衡或許真的是這個世界的自然狀態，而自然界的目標或許就是在平衡受到干擾時便即時運作以回復平衡；但這一切並非像牛頓物理學所宣稱的那樣作為世界的恆常狀態。在任何時候，我們都可能同時在市場上看到均衡與失衡的狀態。這有點像是那種同時展現兩種場景的特技攝影；其中一個著名的例子是一張玻璃酒杯的圖片，一旦你改變視角，就會從圖片中看到一個穿著古式服裝的女人剪影。兩種影像都是正確的，兩者同時存在；而目光對焦到的是哪一個圖像，則取決於我們的視角。同樣的，供需之間的平衡，以及價格與價值之間的平衡，確實存在於市場的日常運作當中；只是，這再也無法給予我們完整的答案。

一旦證明了地球不是宇宙的中心，人們看待世界的觀點立即變得不一樣；同樣的，當我們接受了市場的運作並非絕對由牛頓式的機械法則所支配，我相信我們看待市場的觀點也會改變。既然如此，我們也就有了一道明確的問題有待解答：如果牛頓世界觀有所不足，我們應該加入怎麼樣的多元思維模型？下一章的答案可能會讓你嚇一跳。

1 艾薩克・牛頓爵士的第一運動定律：運動中的物體將保持等速直線運動，而靜止的物體將繼續保持靜止，直到受到外力干擾。第二定律：施加於物體的淨外力所導致的加速度與外力絕對值成正比例，而與物體質量成反比例。第三定律：所有作用力都存在相等大小而相反方向的反作用力。

2 阿爾弗雷德・馬歇爾將會在本書第三章再度登場。

3 Alfred Marshall, *Principles of Economics*, 8th ed.（Philadelphia: Porcupine Press, 1920）, 276.

4 參見注釋第3條，p269。

5 參見注釋第3條，p287。

6 參見注釋第3條，p288。

7 Paul Samuelson, quoted in Peter L. Bernstein, *Capital Ideas: The Improbable Origins of Modern Wall Street*（New York: The Free Press, 1992）, 113.

8 參見注釋第7條，p37。

9 Louis Bachelier, quoted in Bernstein, *Capital Ideas*, 21. 譯注：資本市場線將投資組合的期望收益率和標準差（風險）表示為簡單的線性關係。投資組合由風險資產和無風險資產構成：資本市場線顯示的是風險和收益之間的關係，但這個關係也決定了證券價格。資本市場線是證券有效組合條件下的風險與收益的均衡，離開市場線表示偏離了均衡，而風險與收益的對應關係將重新形成。這時候，如果風險的報酬偏高，這類證券就會受歡迎，造成證券價格上漲，報酬最終因而降低下來。如果風險的報酬偏低，這類證券就會在市場上被大量賣出，造成價格下跌，報酬最終因而提高。所有證券的風險和收益最終會落到資本市場線，達成均衡狀態。

10 Paul Samuelson, "Proof That Properly Anticipated Prices Fluctuate Randomly," *Industrial management review* 6（Spring 1965）.

11 William F. Sharpe, "Capital Asset Prices: A Theory of Market Equilibrium under \Conditions of Risk," *Journal of finance* 19, no. 3（Summer 1964）, 4336.

12 Brian Arthur et al., "Asset Pricing under Endogenous Expectations in an Artificial Stock Market"（working paper 96-12-093, Santa Fe Institute Economics Research Program, 1996）.

第三章
生物學

無時無刻都在上演著生存競爭，只有適者生存

一九八七年的股市崩盤是大部分學者、經濟學家和投資專家所始料未及的。以均衡理論為依據的古典觀點一直以來都被視為有效，但卻完全無法預測，甚至無從敘述一九八七年股票市場所發生的事。近三十年過去了，我們又再一次得到慘痛教訓。二〇〇七年至二〇〇九年那場令人震驚的災難及其毀滅性的骨牌效應，到頭來只是加劇了世人的忐忑不安——這個體制隱藏著某些我們無從預測的東西。現有的理論經歷兩次挫敗，為其他的替代理論帶來了競爭空間。其中最主要的替代觀點是：市場和經濟應該從生物學的視角來理解。

把生物學的洞見應用到金融與投資的領域中，這種做法乍看之下令人訝異；但是，一如我們針對物理學所做的探究，在這個章節裡我們也只專注於生物學的其中一項核心概念：演化。自然界的演化過程來自自然選擇；以演化論的框架來看待市場，則讓我們發現了經濟選擇的定律。

演化的概念並非由某個人想出來的。早在西元前六世紀，希臘和中國的哲學家就說明物種可能會以不同的形式發展。然而，到了今天，演化的原理總是跟一個人緊密連結在一起——這個人的理念引發了一場科學革命，其深遠的影響力相當於一個半世紀以前的艾薩克．牛頓爵士。

一本關於進化的千年之書——《物種起源》

查爾斯．達爾文（Charles Robert Darwin）一八〇九年出生在英國舒茲伯利（Shrewsbury）的一個科學家家庭。他的祖父伊拉斯謨．達爾文（Erasmus Darwin）是個醫生與科學家，外公則是聞名的陶藝家約書亞．威治伍德（Josiah Wedgwood）[1]。

父親羅伯特．達爾文（Robert Darwin）也是一位受人尊敬的醫生，個性強勢；他堅持查爾斯學醫，並且安排他入讀愛丁堡大學（University of Edinburgh）。達爾文志不在此。他覺得課堂太無聊，目睹沒有使用麻醉藥的手術則讓他感到噁心。對他來說，自然世界有趣得多了；年輕時的達爾文花了大量時間閱讀地質學材料、收集昆蟲和標本。

羅伯特．達爾文意識到自己的兒子不可能成為醫生，於是把查爾斯送到劍橋大學學習神學。他的表現說不上傑出，然而還是獲得了神學學士學位。這段期間他跟劍橋大學一些教員所建立的關係，遠比他在正式課堂上的學習更有意義。植物學教授約翰．韓斯洛牧師（John

Stevens Henslow）允許這個熱心的業餘愛好者旁聽他的課，每天到戶外進行植物研究工作時也讓他同行。達爾文花了好多時間跟著教授，以至全大學的人都知道他就是「走在韓斯洛身邊的人」。畢業後，達爾文參與了前往威爾斯的地質考察隊，這段經驗促使他開始考慮成為地質學家。但是，威爾斯行程結束後，達爾文收到了一封信，從此改變他的人生。

那是韓斯洛教授的來信，他已經向一個海洋遠征隊推薦達爾文擔任博物學家一職。羅伯特・菲茨羅伊（Robert FitzRoy）船長帶領下的皇家軍艦「小獵犬號」（*Beagle*）即將展開科學勘探的遠航，這一趟行程有兩個目的：延續南美洲海岸線的地圖繪製工作，同時讀取時間序列數值以測量經度。航程必須完整環繞地球一圈，費時至少兩年（結果這趟行程花了五年時間）。博物學家的職位沒有薪水，實際上還得自付旅費，但達爾文對即將到來的旅程早已激動不已。

他差一點就去不成了。因為父親堅決反對，查爾斯一開始就推掉了這個機會。幸好有舅舅的介入，查爾斯最終才能成行。他的舅舅約書亞・威治伍德二世是他父親敬重的人，威治伍德說服達爾文醫生說這對年輕的查爾斯而言是個絕佳的機會。因此，當小獵犬號在一八三一年十二月二十七日啟航當天，查爾斯・達爾文成為船上的一員；他將負責收集、記錄與分析所有在接下來的航程所遇到的動植物，以及任何跟自然史有關的觀察。那一年，他二十二歲。

海上不比陸上舒服，達爾文經常暈船，航行期間他總是一個人在船上的圖書館讀書，或閱讀自己帶去的科學資料。但是，一旦靠岸他便馬上下船，急切地想要探索當地的環境。達爾文後來廣為人知的重要觀察發生在航行的早期階段，也就是在南美洲西岸距離厄瓜多約六百哩處，位於赤道附近的加拉巴哥群島（Galapagos Islands）。這個群島被公認為研究物種的最佳實驗室。

作為一位業餘地質學家，達爾文知道加拉巴哥群島被歸類為海洋性島嶼，也就是說，島嶼因火山爆發而從海底形成，最初並沒有生物存在。大自然創造了這些島嶼，然後等待生命出現。海洋島嶼最終會被生物占據，但只有會飛的動物（鳥類）或乘風而來的生物（孢子或種子）會出現在島上。達爾文推測加拉巴哥群島上的陸龜和海鬣蜥可能來自南美洲大陸；這兩種生物可以在海上游泳，也可以長時間留在水裡，所以有可能附在漂流物上隨著洋流而來。他也指出，島上還有一些其他動物，都是由之前的士兵和探險家帶來的。不過，他在群島上所觀察到的大部分情景都讓他迷惑，並激起了他的好奇心。

尤其讓達爾文深深著迷的，是島上的十三種雀科鳥類。這些出現在加拉巴哥群島的雀鳥現在被稱為「達爾文雀」。他原本以為這都是他過去曾研究過的南美洲雀科鳴鳥的亞種，可能在風暴時被吹到島上。但是，當他開始研究鳥類的分布形態時，他發現群島中的大部分島嶼只住著兩、三個品種的雀鳥，面積較大的中央島嶼才會有比較多樣的物種分布。更讓他迷惑的是，各個品種的加拉巴哥雀鳥都有不一樣的體積與行為。有的長著大喙，以種子為食；有的喙部纖細，專吃昆蟲。達爾文在島嶼之間航行，發現胡德島（Hood Island）上的雀鳥和陶爾島（Tower Island）上的不一樣，而這兩個島上的品種又與聖克魯茲島（Indefatigable Island）上的不同。他開始想像，如果胡德島的幾隻雀鳥被疾風吹到其他的島嶼上，接下來會發生什麼事。達爾文的結論是：如果外來的物種能夠適應新的棲息地，牠們就可以存活下來，然後跟島上原有的雀類一樣繁殖後代；如果無法適應，最終就會消失。這樣一條線索，織成了他日後聞名於世的理論。

達爾文在一八三六年回到家鄉時，受到英國科學家社群的熱烈歡迎。他立即成為地質學會會員，三年後被推選為皇家學會成員；他很快地適應了這些工作。在公眾的視線裡，他忙著準備發表他在地質學與生物學方面的新發現；但私下的他正在建構著新理論。

重新檢閱旅途手記時，達爾文感到極度困惑。為什麼加拉巴哥群島中某些島上的鳥類和烏龜跟南美洲大陸的物種相似，有些島嶼上的生物卻非如此？他原本以為群島上的雀科鳴鳥是同屬一個種的變種，但後來發現他帶回的是完全不同種的雀鳥，於是情況變得更難解了。達爾文也發現了他帶回來的知更鳥分屬三個種，而烏龜則來自兩個種。他開始把這類難解的問題稱為

「物種難題」，並且把他的觀察記錄在一本名為「物種演變筆記」的記事本中。

現在，達爾文開始熱衷於探索物種的變異。他如饑似渴地讀遍相關課題的所有文獻，也跟植物學家、博物學家、動物園管理人進行大量的書信往來；任何可提供關於物種突變的資料或意見的人，達爾文都跟他們聯繫上了。這些交流讓他確定了自己的假設是對的——無論是從一個地方遷移到另一個地方，或者經由時間的推移，物種確實在改變。處在那個年代，達爾文的想法何止激進，那根本是在褻瀆上帝。所以達爾文極力將他的研究保密。

隨著他更深入地研究與思考，達爾文越來越肯定演化過程正在發生，但他還無法理解其中機制。一直到一八三八年，他才終於把這些想法組織起來。那一年秋天，達爾文開始閱讀英國經濟學家托馬斯·馬爾薩斯（Thomas Malthus）的《人口論》（*An Essay on the Principle of Population*）。馬爾薩斯探討的是糧食供給與人口數量兩者之間的關係，他總結說：當生存資料（即糧食生產）直線提升時，人口會以幾何級數成長。因此，人口成長往往會超越糧食供應量的增加速度；人口數量會越來越多，直到遇上了戰爭、饑荒或瘟疫，人口成長率才會受阻。

達爾文發現馬爾薩斯的著作跟他那道無解的動植物種群難題之間，存在某種直接關聯。根據馬爾薩斯的理論，有限的糧食供應會迫使成長中的人口陷入永無止盡的生存競爭。經由多年的觀察，達爾文確認了馬爾薩斯所描述的過程也發生在動物的世界。他在筆記本裡寫道：「長久以來觀察動植物的習性，我完全可以體認到，任何地方無時無刻都在上演著生存的競爭；某個時候我突然恍然大悟，在這樣的情境之下，有適應能力的變種將會存活下來，無法適應的則被淘汰。結果就是新物種的形成。於是，我終於得到了一個理論——這個理論說明了這一切的運作過程[2]。」

達爾文的理論根植於生物間的生存鬥爭——不僅是不同物種之間，也包括物種內部個體之間的競爭。舉例來說，如果喙較長的鳥有較高的存活機會，那麼長喙的鳥就有較大的可能性把這項優勢傳給後代。最終，較長的喙將成為該物種的顯性特徵[3]。根據達爾文的推論，透過這樣的自然選擇（或稱天擇），有利的變種存活了下來，並且將優勢傳給後代。經歷幾個世代之後，小幅度的漸變將累積成大幅變化——於是，演化就發生了。

一八四二年，達爾文的新理論已經有了基本輪廓，但他拒絕發表。他或許有預感自己的理論將會引發激烈論戰，所以一心發展更進一步的論證。一八五八年六月十八日，達爾文收到一篇博物學家阿爾弗雷德・華萊士（Alfred Russel Wallace）的論文，該文章完美總結了達爾文耕耘了近二十年的理論。達爾文找了地質學家查理斯・萊爾（Charles Lyell）和植物學家約瑟夫・胡克（Joseph Hooker），徵詢這兩位親密同儕的意見；後來他們決定結合這兩人的研究，共同發表一篇論文。隔年，達爾文出版了《論生存鬥爭中的天擇，或適者生存之下的物種起源》（*On the Origin of Species by Means of Natural Selection, or the Preservation of Favoured Races in the Struggle for Life*），出版第一天即售罄。到了一八七二年，這本廣被稱作《物種起源》的著作已經第六次再版。

達爾文寫了一本世紀之書——或許，正如英國演化生物學家理查·道金斯（Richard Dawkins）所說的，這是一本千年之書。「《物種起源》改變了人類，改變了所有生命，永久的改變。」道金斯寫道[4]。這本書也改變了我們對其他知識領域的觀點，包括經濟——而這就是本章的焦點。

一個持續創新與創造性破壞的演化過程

達爾文的名著出版之後，歐洲知識分子對天擇理論著迷不已；在各個研究領域的交談、課堂與書寫作品中，都有達爾文理論的蹤影。經濟學家也不例外地被演化論的概念所吸引[5]。

第一個引人注目的是阿爾弗雷德·馬歇爾（Alfred Marshall）；他從十九世紀直到一九二四年逝世為止，帶領著英國經濟學領域（有人認為他引領著世界的經濟學發展）。馬歇爾的代表巨著是《經濟學原理》（*Principles of Economics*），這本書在一八九〇年出版，之後修訂再版七次。作為一本經濟學思想進程的綜合性論述，幾乎沒有其他著作能與之相比；事實上，這本書的第八版仍然是許多大學課程指定的重要讀本。

本書稍後的章節還會再提及馬歇爾。現在，我們先來看看他的著作第一版的首頁。在書名、作者署名、所屬大學，以及一行文字辛酸地注明「第一卷」之後，是一句拉丁文：

Natura non facit saltum.[6]

馬歇爾的讀者明白這行字，但我們大部分人都需要翻譯。「自然界沒有大躍進。」達爾文也在《物種起源》裡寫下了同一句話。這樣的致敬方式，暗示著馬歇爾的思想聯結上了達爾文作品所掀起的知識革命；而且，他或許透過達爾文主義的稜鏡而瞥見了某些經濟學觀點。對今天的我們而言，他的真實意圖仍是謎，因為馬歇爾從來沒有完整交代他的立場。

•••

馬歇爾的著作出版後不到二十年，經濟學領域冒出了一顆新星。一九〇八年，年僅二十五歲，主修經濟與法律的奧地利青年約瑟夫・熊彼特（Joseph Schumpeter）出版了他的第一本書——《經濟理論的本質》（*The Nature and Essence of Economic Theory*）。他試圖把自己區隔於經濟學的傳統靜態觀點，另提出一套較具動態特徵的理論。

在這本書中，熊彼特提出經濟的運作本質上是個演化的過程。他在第二本書，即《經濟發展理論》（*The Theory of Economic Development*, 1911）[7]中進一步延伸這個主題，而且從此成為他一生的學術關懷[8]。其實，深入研究熊彼特學說的二十世紀英國經濟學家弗里曼（Christopher Freeman）曾經說過：「他畢生所倡導的論點是：資本主義體制只能被看作是一個持續創新與經歷創造性破壞的演化過程[9]。」

熊彼特的動態經濟過程由三大基本元素構成：創新、企業家精神、信貸。這套理論的核心觀點認為，衡均狀態的追求本身就是一個適應過程。在那個過程中，創新者就是不斷改變的行動主體。經濟系統中的所有改變都來自於創新。

熊彼特所謂的創新，指的是以能夠獲利的方式應用新觀點，這些新觀點所涉及的包括產品、生產過程、供應來源、新市場，或新的企業組織形式。標準的經濟學理論認為進步是由眾多的小幅增長累積而來，熊彼特的理論則強調創新的飛躍式發展，因此會帶來大規模的瓦解與斷裂；這也就是熊彼特的名言「創造性破壞的永恆風暴」（Perennial Gale of Creative Destruction）所傳達的。

但是，如果沒有一位具遠見的企業家為創新活動領航，則即使概念創新也不會帶來任何意義。熊彼特說，必須是傑出的人，才能克服創新必然會遇到的重重障礙。若缺少了企業家往前推進的渴望與意願，許多偉大的想法都不可能付諸實現。熊彼特最後還說明，優秀企業家所引領的偉大創新，只有在特定的環境之下才能茁壯成長。財產權、穩定貨幣，以及自由貿易之類的等等條件，都是重要的環境因素，但信貸才是至關重大的。如果無法取得信貸，則徒有創新思維也難有作為。

一九〇七年，熊彼特正在構思著《經濟理論的本質》（*The Nature and Essence of Economic Theory*），當時他到劍橋拜訪了知名經濟學家阿爾弗雷德．馬歇爾[10]。當時馬歇爾已經六十五歲，健康狀況每況愈下。熊彼特知道馬歇爾著迷於達爾文的理論，亟欲與他交流。

馬歇爾認為，相較於標準的機械化理論，經濟現象其實更類似於生物學過程；曾有一段時間，他曾因為同事不認同這一點而私下斥責他們。但是，對於公開提出一套激進的新理論，他的態度卻始終含糊不明。當熊彼特告訴馬歇爾他有意倡導以生物學的視角來詮釋經濟學時，馬歇爾轉而謹慎。正要離開時，熊彼特說他「就像個熱戀中的年輕人輕率地想步入一段險境重重的婚姻，而被你這位好心腸的老伯伯極力勸阻」。馬歇爾幽默回應：「本來就是如此。如果真有什麼可為的話，老伯的勸告也只是徒然[11]。」

此次會面的十三年之後，《經濟學原理》第八版，也就是最後一版（一九二〇）出版了。馬歇爾在這個版本裡以清晰且具說服力的語氣表達了他對演化經濟學的想法；這或許是他第一次這麼做。他在前言中寫道：

經濟學家的聖域在於經濟學的生物學面向，不是在動力學面向。但是，生物學的概念比機械式的概念更複雜；一本講述基本原則的書必然有相對大的篇幅使用機械論作為類比；而且「均衡」一詞使用得相當頻繁，用來比擬某種靜止狀態。這一點，加上這本書的主要焦點在於現代生活中的一般情境，於是提出的概念是以「靜態」而非「動態」為核心。然而，書中所考慮的其實是其中導致運動的那些力量——這一切都以動態而非靜態為主調。[12]

我一直很好奇，經濟學家早在一百多年前即構思出來的生物學觀點，為何終究沒有登上最高的學術階位。或許，正如馬歇爾寫的：「生物學的概念比機械式的概念更複雜。」又或許，生物經濟學才剛剛踏進科學發展的「革命」階段。

挑戰舊有典範的科學革命

五十年前，湯瑪斯．孔恩（Thomas Kuhn）寫了一本劃時代的書《科學革命的結構》（*The Structure of Scientific Revolutions*, [1962] 1970）[13]。傳統觀點認為科學進步是透過一系列被接受的事實與理論緩步推進的；孔恩在書中對此提出挑戰。孔恩相信，有些時候進步唯有經歷革命才有可能發生。

他解釋說，在「標準科學」的運作中，科學難題都會被放置在具支配地位的主流典範（paradigm）之下來解答。只要對主流典範的普遍共識還存在，標準科學就能繼續運作。但是，一旦出現異常，情況將會變成怎樣呢？

根據孔恩，當主流典範無法妥善解釋某個觀察到的現象時，一個加入競爭的新典範就誕生了。科學家會拋下無效的模型，轉而建構出新的理論框架。你可能會認為舊典範到新典範的轉移是由一群追求真理的科學家以平和的方式共同達成的，但孔恩告訴我們的卻是相反的情況——所以才會稱為「革命」。

主流典範的擁護者面對新的替代典範，只有兩條路可走。他們可以摒棄過去所堅持的信念，拋開畢生為知識與專業所做的投注；或者，他們可以起而戰鬥。如果是第二種情形，則將引發我們所謂的「典範碰撞」；而擁護舊典範的策略是相當直接的。首先，你會用盡一切方法證明新典範無效；然後，你開始修正主流典範，試圖提升它對所在環境的解釋能力。例如，當哥白尼提出證據說地球不是宇宙的中心時，地心說受到挑戰，托勒密（Ptolemy）《天文學大成》

（*Almagest*）的信徒於是在行星繞地球的橢圓軌道上加上「本輪」來解決地心說所無法解釋的異常現象。當這樣的做法不再奏效時，他們索性把哥白尼關進監獄，直到他宣布放棄自己的理論。

在典範碰撞的過程中，科學社群開始分裂。

保守派捍衛原有的主流典範，另一群人則試圖制定新的典範。孔恩說，一旦出現這種兩極分化的現象，即宣告「政治手段失敗」。兩個競爭中的典範在碰撞時，激烈的學術論戰是正常現象；然而，除此之外還有另一個隱幽的方式讓這一切塵埃落定——時間。

孔恩發現，科學界的革命者通常「很年輕，或者是該領域的新進者」。他們為舊有的典範投入的學術資本很少，並且更「傾向於認為原有的遊戲規則已經玩不下去，因此著手構思另一套來取而代之」[14]。如果新典範確實有力，自然會吸引越來越多的科學家。如果舊典範始終無法與之匹比，沒有新人加入陣營，則自然會被淘汰。我們可以說，這就是個演化的過程。

●●●

或許我們該原諒經濟學家在過去一百年來沒有完全接受演化經濟學的理念。畢章，演化過程本身並不容易被覺察到。達爾文所說的演化過程是平穩、緩慢且持續性的——即生物學家所謂的漸變論（gradualism）。雀鳥的喙或老虎斑紋的變化並不在短短幾年內發生，而是在千百年間慢慢改變。同樣的，某個產業裡的經營者或許無法在年復一年的企業運作中覺察到任何改變。如果經濟轉型並不是一個容易觀察得到的過程，我們又怎麼能責怪將之忽略的經濟學家呢？從這個角度來說，馬歇爾是個漸變論者。

但是，有些時候改變也可能是迅速且劇烈的。生物學家稱之為「間斷平衡」（punctuated equilibrium）。在一段很長的時間內只有微小變化，然後突然發生幾項巨大改變——可能因為DNA突變，或是環境的驟然變更所致。這就是熊彼特的演化理論。在他的世界中，劇烈改變可能迅速發生，然後一切又平靜下來，再進入一段漫長、平緩但不間斷的變動。

然而，無論快慢，改變從來不間斷。因此我們必須離開牛頓，轉而擁抱達爾文的世界。牛頓的世界裡沒有變化。你可以重複進行他的物理學實驗，再做千萬次、再過千百年，你還是會得到同樣的結果。但達爾文的世界不是這樣，經濟也不是這樣。公司、產業與經濟可能在某一段時間內沒有展現出任何變化，但改變終究無可避免。熟悉的典範總有衰落的一天，問題只是在於漸進的瓦解或驟然地崩潰。

用艾法洛難題呼應天擇論

曾任教於史丹佛大學的布萊恩・亞瑟（Brian Arthur）是聖塔菲研究所的客座教授；他是其中一位願意以全新觀點來理解經濟運作的現代經濟學家。亞瑟接受的是古典的經濟學訓練，沉浸於馬歇爾和薩謬爾森的理論，尤其是均衡市場的概念，也就是供需之間的穩定狀態。但是古典經濟學家所敘述的世界，跟亞瑟所看到的真實世界並不一樣。無論他如何設法去接受有關穩定性的理論，但就是無法見到所謂的穩定性。亞瑟認為，世界一直在改變，其中盡是劇變與驚奇。演化從不停止。

一九七九年十一月，亞瑟開始在個人筆記本裡寫下他的觀察。在其中一頁，他以「經濟學的新與舊」為標題，把頁面分成兩欄，並且列出新舊經濟學各自的特徵。在「舊經濟學」一欄，投資者被視為同質、理性且能力相等。系統完全沒有展現出真正的動態；一切都處於均衡狀態。經濟學以古典物理學理論為基礎，認為系統由簡單的結構組成。在「新經濟學」一欄，亞瑟說人是獨立的個體，能力各異，而且是情緒化的；系統很複雜，總是不斷變化。在亞瑟的心目中，經濟系統並不簡單，具有內在的複雜性，因此更近似生物學而非物理學。

亞瑟是個語言溫和的愛爾蘭人，他承認自己並非第一個如此思考經濟學的人，但他無疑是第一個想要真正面對此事的經濟學家。

當初是透過諾貝爾經濟學獎得主肯尼斯・阿羅（Kenneth Arrow）的引介，布萊恩・亞瑟才開始跟聖塔菲研究所的科學家小組建立密切聯繫。一九八七年秋天，阿羅邀請亞瑟出席一場由該研究所的物理學家、生物學家和經濟學家組成的研討會，亞瑟在那裡發表了他的最新研究。這場研討會所期待的是，當時滲透於自然科學領域的概念，也就是「關於複雜性的科學」，能夠為經濟學激發出新的思考取徑[15]。關於複雜性研究有一個常見的概念：複雜適應系統由許多部分組成，每個部分會針對系統本身創造的行為模式做出調適或反應。複雜適應系統永遠處在演化的過程。這類型的系統對生物學家和生態學家而言相當熟悉，但聖塔菲研究所的科學家們認為這個概念或許可以再擴展，甚至覺得該是時候把經濟系統和股票市場的研究納入複雜性概念的視野之下。

聖塔菲研究所的研究小組從古典理論中解放出來，對經濟系統的運作提出四點觀察：

1. 分散的交互作用：經濟體系包含大量同時行動的主體，所有發生的現象皆因這些主體之間的互動而產生。各別主體的行動取決於該主體對少數其他主體的預期行動，也取決於他們所共同創造的系統。
2. 不存在總體調控者：雖然有法律與制度，但並沒有任何一個涵蓋全面的實體在控制經濟。相反的，經濟系統受控於行動主體之間的競爭與協調。

3 持續的適應：個體的表現、行動與策略，包括他們的產品和服務，都基於不斷累積的經驗而持續校正。換言之，系統具適應性。系統創造了新產品、新市場、新制度、新行為。這是個前進中的系統。

4 脫離均衡的動態：不同於古典經濟學理論中占主流地位的均衡模型，聖塔菲的科學家認為經濟系統持續變化，因此完全不是在均衡狀態之下運作。

反饋迴路是複雜適應系統的一項必要元素。系統中的行動主體首先形成期望或模型，然後根據這些模型的預測來行動。但是，這些模型可能隨著時間而改變，而改變取決於該模型的預測精確度。如果模型有用，那就維持原貌；如果失效了，行動者將修改模型以提高預測能力。顯然，預測的精確性是股市參與者的首要考量；如果我們試著把市場看成一種複雜適應系統，就會對這個現象有更全面的了解。

有關複雜系統的這一整套概念，是一種看待世界的新方法，而且不太容易掌握。複雜適應系統裡的行動主體如何互動？他們如何集體創造一個預測未來的模型，然後再集體改變這個模型？如果有一個方法能夠將這個過程具體化呈現，對於我們這些科學門外漢來說必定有所助益。布萊恩·亞瑟給了我們解答——他舉出一個他稱之為「艾法洛難題」（the El Farol

Problem）的例子來解釋。

艾法洛是聖塔菲的一家酒吧，每週四晚上有愛爾蘭音樂演奏。亞瑟是愛爾蘭人，很喜歡到那裡去。大部分時候，酒吧裡的顧客素質良好，坐在那裡聽音樂是一件享受的事。但是，在某些夜晚，酒吧擠滿了喝酒、唱歌的人，氣氛變得亂糟糟的。現在，亞瑟面對一個有待解決的難題：他如何決定哪一個晚上要到艾法洛，哪個晚上又該留在家呢？這種累人的決定讓他創立了一個他稱為「艾法洛難題」的數學理論。他說，這個理論包含了複雜適應系統的所有特徵。

亞瑟說，假設聖塔菲有一百位有興趣到艾法洛聽愛爾蘭音樂的人，但如果酒吧太吵雜，他們就不會想去了。現在，我們也假設酒吧公布了過去十週的每週來客量。有了這些訊息，音樂愛好者將建立模型來預測下週四的酒吧顧客人數。有些人可能認為人數大概會跟上一週一樣。有的人則會取過去幾個星期的平均數。更有少數人會試著把來客人數跟天氣或者同一群人可能會出席的其他活動等因素建立聯繫。要建立模型來預測出現在酒吧的人數，可使用的方法是無窮盡的。

現在，假設愛爾蘭音樂愛好者都一致認為，要維持這家小型酒吧的舒適氣氛，顧客人數的上限是六十人。這一百個人利用各自眼中過去幾週表現最理想的模型，開始預測酒吧將在什麼時候達到人數上限。每個人都有屬於自己的預測方法，因此每個星期四都會有一些人出現在艾法洛，也有一些因為預測到人數會超過六十人而選擇留在家。隔天，艾法洛公布來客數量，而這一百個音樂愛好者再次更新他們的模型，準備進行下一週的預測。

亞瑟說，我們可以把艾法洛現象看成是一種預測的生態學。在任何一個時間點，都會有一些模型是「活著」的——也就是說，這些模型可以用來預測酒吧的顧客人數。相反的，預測不準確的模型將慢慢「消亡」。每一週，新的預測方法、新模型、新信念都會相繼出現，而且彼此競爭以得到音樂愛好者的青睞。

我們馬上可以看出艾法洛難題的決策過程跟達爾文的天擇概念相互呼應，也看到了天擇論相當合乎邏輯地延伸到經濟與市場領域的應用。在市場裡，每個行動主體的預測模型跟所有其他主體的模型競爭求存；而過程中產生的反饋導致某些模型被改變了，有些則消失了。亞瑟說，這是個複雜且持續調適和演化的世界。

股市正經歷著演化過程

在聖塔菲研究所，布萊恩．亞瑟並不是唯一探索生物學和經濟學之間聯繫的科學家。法默（J. Doyne Farmer）原本是位物理學家，他知道古典經濟學依據的正是他過去所學的那一套均衡法則；但是他也深知真實的市場並不一定符合那些法則。

法默深信效率市場之說站不住腳。這對他來說是再清楚不過的。後來當上美國財政部長的勞倫斯・薩默斯（Lawrence Summers）也是一九八七年那場經濟學與複雜系統研討會的出席者之一；他曾經研究一百個最大的單日市場波動，但只能夠為其中的40％找出對應的大事件。換言之，超過半數的大幅市場波動並不是針對任何訊息輸入的反應。法默意識到這完全不符合效率市場理論。顯然，某些內在的動力正在為市場帶來過度的波動。但這些動力是什麼？法默本能的好奇心驅使他繼續往新領域探索；他認為解釋天體運動的法則或許無法給予答案，敘述生態系統現象的定律才是解答的所在。

在聖塔菲研究所一篇題為〈市場力量、生態學，與演化論〉（Market Force, Ecology, and Evolution）的論文中，法默踏出關鍵的第一步，以生物學的角度描繪出股市表現的輪廓。如下表所示，他將生物生態學裡的物種互動，類比為金融生態學裡的策略互動[16]。

【互動類比表】

生物生態學	金融生態學
物種	交易策略
生物個體	交易者
基因型（基因構造）	策略的功能性表徵
表現型（可觀測的外觀）	策略的執行（買、賣）
物種總數	資本
外界環境	價格與其他訊息輸入
選擇	資金配置
突變與重組	新策略的形成

法默也坦言這樣的類比並非完美，但這確實呈現了一種激勵人心的方式來思考市場。而且，法默的做法也把市場過程聯結到某種清楚描述系統行為與演化的科學解釋。

如果我們回顧股市歷史，嘗試辨識出不同時代的主流策略，我認為可以區分出五種主要的策略（也就是法默類比中的物種）。

1 一九三〇和一九四〇年代，由班傑明．葛拉漢（Benjamin Graham）和大衛．陶德（David Dodd）在他們一九三四年的經典著作《證券分析》（*Security Analysis*）首次提出的帳面價值折算法，是當時占支配地位的投資策略。

2 二戰之後，第二種在金融領域占主流地位的策略當屬股息模型。一九二九年大崩盤的痛苦經驗已逐漸淡出大眾的記憶；市場繁榮再現，投資者開始被高股息率的股票所吸引，對低收益債券失去興趣。這個策略如此普遍，以至配息股收益遞減，到了一九五〇年代，配息股收益在歷史上首次低於債券收益。

3 來到一九六〇年代，出現了第三種策略。投資者從發放高股息的股票轉向預期可達到高盈餘成長率的股票。

4 到了一九八〇年代，第四種策略漸成主流。華倫．巴菲特強調：投資者應該焦聚於高

「股東盈餘」（owner-earnings）或高現金流的公司。

5 今天，投資資本現金報酬率（cash return on invested capital）正在浮現為第五種新策略。

我們大部分人都可輕易辨識出這些廣為人知策略，我們也認同：每一種策略都因身價高漲而取代前一種主流策略，而這個新策略最終也會被另一個更新的策略取代。一言以蔽之，在經濟選擇之下，股市正在經歷演化過程。

經濟選擇如何發生？回想一下法默的類比——生物總體數量相等於資本，而天擇透過資本配置的方式作用著。這表示，資本額因策略的受歡迎程度而有所增減。成功的策略吸引更多資金，進而成為主流策略。當另一個有效的策略被發掘時，資金便重新配置——或者，以生物學的語言來說，動物數量改變了。如法默所說的：「可以透過金錢流向來研究市場的長期演化。金融世界的演化受金錢影響，就像生物世界的演化受食物影響[17]。」

金融策略為何如此多樣？法默認為，這個問題的解答必須從這個觀點開始：基本策略促成行為模式。行動主體蜂擁而至地採取這些明確的行為模式，由此引發副作用。當越來越多行動者利用同一套策略，則獲利性開始遞減。原本的策略逐漸失效，最終被淘汰。然後，新的行為主體帶著新的想法入場。他們制訂出可獲利的新策略。於是，資金開始轉移，把新策略推向爆炸，然後演化過程重新開始。這就是布萊恩．亞瑟所描述的經典艾法洛難題。

市場可能變得有效率嗎？如果你認同金融市場確實經歷著演化過程，那麼答案必然是否定的。正當某個策略正要修正市場的無效率時，馬上就會被別項策略所取代。市場總是維持著某種程度的多樣性，而我們知道這正是引發演化過程的最大因素。

我們發現的是：研究經濟與金融系統，跟研究生物學系統非常相似。兩者共有的核心概念就是變化，也就是生物學家所謂的演化。我們用來解釋金融策略演化的模型，其數學特徵類似於生物學家研究獵食系統、競爭系統或共生系統時所使用的公式。

●●●

金融分析師對演化的概念應該不會陌生。在市場以外，各種正在經歷變化的系統隨處可見，從時尚、語言，到流行文化，都再再展現這樣的特徵。如果以演化的概念來理解金融市場對某些人造成驚嚇，那麼原因可能來自於生物學家提及這個過程的時候所使用的字眼：變種、適應、突變、基因重組。這些都是MBA課程裡不可能出現的詞彙。

若轉換成企業世界的詞彙或許會更自在一些：因應變化、鼓勵創新、應市場需求而調整，這些眾所熟知的概念在商業領域早已具備穩固根基。簡言之，一旦碰上問題，某個物種，或產業，或公司，終將調整自身去適應環境，進而解決了問題——這即是「適應」這個概念的根本。

現在，生物經濟學的理念應該更易於讓人接受，因為這套理論已經逐漸從聖塔菲研究所蔓延開來，開始滲入主流大學以及研究企業與管理策略的顧問公司。來自麥肯錫顧問公司（McKinsey & Company）的理查·佛斯特（Richard Foster）與莎菈·凱普蘭（Sarah Kaplan）寫了一本非常重要的書：《創造性破壞：市場攻擊者與長青企業的競爭》（*Creative Destruction: Why Companies That Are Built to Last Underperform the Market—and How to Successfully Transform Them*）[18]。哈佛大學企業管理教授克雷頓·克里斯汀生（Clayton Christensen）的暢銷書《創新的兩難》（*The Innovator's Dilemma: When New Technologies Cause Great Firms to Fail*）[19]，以及跟邁可·雷諾（Michael Raynor）合著的《創新者的解答》（*The Innovator's Solution：Creating and Sustaining Successful Growth*）[20]，為這個領域帶來巨大影響。

麻省理工學院金融學教授，也是該學院金融工程實驗室主任的羅聞全（Andrew Lo），嘗試融合兩大競爭典範；他提出，經濟系統實際上依循牛頓學派的效率市場假說，同時也符合達爾文學派的生物學詮釋。

回顧我們在物理學章節裡提出的假設——雖然「平衡或許真的是這個世界的自然狀態，而自然界的目標或許就是在平衡受到干擾時便即時運作以回復平衡；但這一切並非像牛頓物理學所宣稱的那樣作為世界的恆常狀態。在任何時候，我們都可能同時在市場上看到均衡與失衡的狀態」。羅聞全的著作《適應性市場假說：從演化的觀點看市場效率》（*Adaptive Market Hypothesis: Market Efficiency from an Evolutionary Perspective*）傳達的也是這樣的觀念。羅聞全承認他在兩大衝突的思想學派之間掙扎了很多年，直到他體悟這兩者其實完全沒有衝突。

羅聞全提醒我們那個有名的寓言故事——六個盲眼祭師來到一頭大象面前，第一個祭師摸到大象的腿，說這是一棵樹；第二個摸到大象的側身，說這是一面牆。每個祭師觸摸到的是大象的不同部位，因而做出不一樣的解釋。羅聞全認為，針對市場的兩種不同詮釋也是基於這樣的方式產生的。「我發現，支持金融行為學的一方和信奉效率市場說的一方都是對的。」他說：「他們觀察的是同一個現象，只是從不同的角度出發。」

羅聞全認為，市場並非總是有效率的，也不會時時展現行為學特徵——市場是兩者兼具。他解釋說：「行為其實就是我們的邏輯思維與情緒反應相互作用之下的結果；當邏輯與情緒處在適當的平衡狀態，則市場的運作相對有效率[21]。」（我們將在後續章節進一步討論邏輯與情緒之間的拉鋸戰，及其對投資者的影響。）羅聞全提出的假設，試圖在金融世界的互動中應用演化、競爭、適應、天擇等等概念，以此打破市場效率派與行為無效率派之間的隔閡。

一個活著的系統，前進的同時也提升自身

許多思維超前的人，包括這個章節所列舉的一些人物，都相信演化論將成為金融世界裡力量最強大的學說。法默說：「生物學原則在金融互動的領域還有許多應用空間，畢竟金融體系是人類獨特的發明，有助於我們的物種演化。這是個新的疆域，探索才剛剛開始[22]。」

因此，全力把經濟系統和股票市場扭轉向一種生物學式的詮釋，這種做法是極具吸引力的。相較於物理學系統，我們在生物學系統裡發現了更多與經濟學之間的類比。但是，我們必須稍安毋躁。這樣的理解取徑還在發展之中，尚有一些缺失。根據法默，其中一項不足便是關於速度的問題：金融市場裡的創新是快速發生的，生物系統中的變化則是緩慢而隨機的。因此，法默相信市場效率或許還是相當遙不可及的。

有一些人因為演化生物學無法做出確切的預測而感到沮喪。但是達爾文從來就不曾宣稱他的理論有這種能力。達爾文演化論講述的是一種變化的歷程，以此來否定靜止狀態；以這樣角

度出發，則有助於我們更全面了解所有生物的行為。珍．雅各絲（Jane Jacobs）在她的著作《經濟就是這麼自然》（*The Nature of Economies*）[23]中完美捕捉到了當中要義：「一個活著的系統，前進的同時也提升自身[24]。」即是基於這一點，我認為生物系統（包括股票市場）不可能像物理學系統那樣擁有一個穩定的平均值。

•••

德國哲學家伊曼努爾．康德（Immanuel Kant）曾經說過：「不可能出現生物世界的牛頓。」但他錯了。達爾文的天擇論所掀起的知識革命，其力道就如牛頓的地心引力般強大。

其實，從機械世界觀到生物世界觀的轉向，被稱作「第二次科學革命」。三百年後，牛頓世界觀，也就是那個維持著完美均衡的機械化世界，終究成了「舊科學」。舊科學的宇宙由各別部分組成，依循著精密的法則，而且作用的是簡單的力。系統是線性的，所有輸入導致成比例的變化。小變化帶來小結果，大變化帶來大結果。在舊科學的世界裡，系統是可以預測的。

新科學則關乎聯結與交織。在新科學的世界裡，系統並非線性，且無可預測；突發的變化總是在發生。微小變化可能引發巨大影響，而大事件也有可能只帶來小幅度改變。在非線性系統中，各別組成部分交互作用，並且呈現出可能改變系統行為的反饋效應。複雜適應系統必須在整體的層次上研究，而非各別細究其組成部分，因為系統的行為超越了各別部分的總和。

舊科學探究的是事物存在（being）的法則；新科學關心的則是事物形成（becoming）的法則。生物學家曾經被貶為科學的「繼子」，如今卻要引領我們從舊科學走向新科學；這也未嘗不是件諷刺的事。

用查爾斯．達爾文的話來結束這個章節，是頗為適當的。他懷有寫作的天賦，而他的科學觀察記錄也成了文學巨作。他最知名的一段文字，是《物種起源》的最後一段，剛好也可作為本章的結尾。

這是件有趣的事——凝視樹木交錯的河岸，許多種類的無數植物覆蓋其上，群鳥鳴於灌木叢中，各種昆蟲飛來飛去，蚯蚓在濕土裡爬過；反思一下，這些構造精巧的形態，如此相異，並以如此複雜的方式相互依存，而這一切皆由我們周遭作用著的法則所創造出來的。以最廣泛的意義來說，這些法則就是「成長」以及相隨的「生殖」；生殖所必然包含的「遺傳」；外在生活條件的間接和直接作用以及用進廢退之下的「變異」；「繁殖率」如此之高以致引起的「生存鬥爭」，而且在「自然選擇」之下物種產生「性狀分歧」，因而欠缺改良的形態面臨「絕滅」。因此，從自然界的戰爭、從飢餓和死亡之中，高級動物的誕生隨之而至，這就是生命最受讚美的目的。這樣的生命觀是何等壯麗——原初注入於少數形態，甚至唯一形態的生命力，隨著這個星球依循既定的引力法則運轉，從如此簡單的開端化生成最美麗、最奇妙的無數生命形態，而且一切尚在演化當中。（查爾斯．達爾文，《物種起源》）

1 伊拉斯謨．達爾文是個成就卓越的醫生，也是位詩人。在他的作品尤其是《動物法則》（*Zoonomia*）裡，他寫下了對演化法則的思索，這顯然超前於那個時代。與他同代的詩人塞繆爾．柯勒律治（Samuel Taylor Coleridge）稱他這位朋友的想法為「達爾文式理論」。雖然查爾斯．達爾文後來聲稱自己的理論並非來自祖父的影響，但顯然他不可能不知道祖父的作品。

2 Francis Darwin, ed., *The Autobiography of Charles Darwin* (New York: Dover Publications, 1958).

3 儘管查爾斯．達爾文發現了這些現象，但他無法解釋物種內的變種是如何發生的。這個問題後來由奧地利植物學家孟德爾（Gregor Johann Mendel）解答；他是第一位為遺傳學建立數學基礎的科學家。今天，生物學家已經知道了物種的變種是由個體基因變異所造成的。

4 Richard Dawkins, "International Books of the Year and the Millennium," *Times literary supplement* (December 3, 1999).

5 美國的經濟學家也注意到了。其中最知名的是芝加哥大學的托斯丹．范伯倫（Thorstein Veblen）。如今他的聲望來自於他的主要著作《有閒階級論》（*The Theory of the Leisure Class*），他在其中論述了有關「炫耀性消費」的概念。在他身處的時代，他的孤癖個性與譏諷式的寫作風格在某種程度上為他的學術聲譽蒙上陰影；許多同代人錯過了這些諷刺作品。他多次提倡引入演化論與後達爾文主義的取徑來研究經濟；遺憾的是，他未深入細節。無論如何，今日的一些學者視他為這種研究取徑的先驅。例如，英國經濟學家霍奇遜（Geoffrey Hodgson）聲稱「范伯倫的作品是沿著達爾文主義路線的第一個演化經濟學研究」。（G. M. Hodgson, "On the Evolution of Thorstein Veblen's Evolutionary Economics," *Cambridge journal of economics* 1998]: 415–431.）

6 之所以「辛酸」，是因為他努力多年之後仍然沒有寫出這本書的第二卷。

7 中文版《經濟發展理論》，二〇一五年商周出版。

8 《經濟發展理論》當然是以熊彼特的母語德語寫成，英文版的書名翻譯造成了一些誤導。德文中的 *entwicklung* 通常翻譯成「development」（發展），但也有「evolution」（演化）的意思。事實上，這本書付印時，熊彼特給同事的信裡所寫的書名是《經濟演化理論》（*The Theory of Economic Evolution*）。（Esben Andersen, "Schumpeter's General Theory of Social Evolution" [paper presented at the Conference on Neo-schumpeterian Economics, Trest, Czech Republic, June 2006].）

9 Christopher Freeman, in *Techno-economic Paradigms: Essays in Honor of Car-lota Perez* (London, UK: Anthem Press, 2009), 126.

10 Sylvia Nasar, *Grand Pursuit: The Story of Economic Genius* (New York: Simon & Schuster,2011).

11 參見注釋第9條。

12 Alfred Marshall, *Principles of Economics* (Philadelphia: Porcupine Press, 1994).

13 中文版《科學革命的結構》，二〇〇四年遠流出版。

14 Thomas S. Kuhn, *The Structure of Scientific Revolutions* (Chicago: University of Chicago Press, [1962] 1970), 90.

15 這是個有趣的巧合，經歷了幾個月的籌劃，這場研討會在一九八七年舉辦，而同一年股市崩盤，導致許多人在這個時候開始質疑絕對均衡的概念是否能夠解釋市場。

16 J. Doyne Farmer, "Market Force, Ecology, and Evolution" (working paper, version 4.1, Santa Fe Institute, February 14, 2000).

17 參見注釋第16條。

18 中文版《創造性破壞：市場攻擊者與長青企業的競爭》，二〇〇三年遠流出版。

19 中文版《創新的兩難》，二〇〇七年商周出版。

20 中文版《創新者的解答》，二〇一〇年天下雜誌出版。

21 J. Doyne Farmer and Andrew W. Lo, "Frontiers of Finance: Evolution and Ef-ficient Markets" (working paper 99–06–039, Santa Fe Institute April 11, 1999).

22 參見注釋第21條。

23 中文版《經濟就是這麼自然：聰明婆婆的經濟學講義》，二〇〇一年先覺出版。

24 Jane Jacobs, *The Nature of Economies* (New York: Modern Library, 2000), 137.

第四章 社會學

我可以計算天體的運行，但無法計量人心的瘋狂

艾薩克・牛頓爵士說：「我可以計算天體的運行，但無法計量人心的瘋狂。」——如此一句謙遜的自白，來自一位被公認為那個世代最偉大的智者[1]。究竟是什麼原因讓他說出這句話？答案是：思想巨人終究也是人。

一七二〇年二月，牛頓把他的一部分財富投資在南海公司（South Sea Company）股票。這一家英國股份公司成立於一七一一年，被賦予壟斷南美洲西班牙殖民地貿易的特許經營權，作為西班牙王位繼承戰爭條約的一部分。

牛頓的持股在三個月內增值三倍，於是他決定賣出。如果故事就此結束，那也就沒事了。但是牛頓卻無法不注意南海公司；他看著一些繼續持有股份的朋友變得越來越有錢，心中倍感焦慮。到了七月，牛頓再也抵抗不住誘惑；他再次投資這家公司，以每股七百鎊的價格買進之

前以每股三百鎊賣出的股票。可是，這次他投入的不是適中的數額，而是幾乎用上他全部資產。

同年十一月，一切都結束了。「南海泡沫」破滅——就像一陣狂熱，這家公司的股票投機熱潮轉瞬成空。牛頓倉促尋機脫手，最後以每股略高於一百鎊的價格出場。要不是有皇家鑄幣廠監管一職的固定收入，牛頓的晚年必定陷入財務困境。

遺憾的是，牛頓沒有機會讀到查爾斯·麥凱（Charles Mackay）的著作《異常流行幻象與群眾瘋狂》（*Extraordinary Popular Delusions and The Madness of Crowds*）[2]；這本有關群眾心理學的傑出作品要到一百二十年之後才出現。然而，牛頓的時代還有約瑟夫·德·拉·維加（Joseph de la Vega）的著作；這位猶太商人與慈善家在一六八八年寫出了第一本有關股票市場的書《困惑之惑》（*Confusion of Confusions*）[3]。維加在書中把投機活動的藝術描繪成市場參與者之間的對話。這是精湛的敘述手法，有助於讀者加深對投機與交易的了解。

我們不難為維加的《困惑之惑》做個概述。在「第二對話」中，維加列出交易四大原則——這在三百二十五年後的今天依然適用：

原則一：不對任何人做出買股或賣股的建議。若缺乏洞察力，即使最善意的建議都會壞事。

原則二：收取眼前獲利，但不為錯過的利潤而懊悔。享有可能獲得的利益，但不期待行情永遠如願，也不祈求好運時時眷顧，這才是明智之舉。

原則三：交易的利益是小精靈的寶藏，有時候是紅寶石，然後變成煤炭，再變成鑽石，然後是燧石，最後成了晨露、成了淚水。

原則四：想要在這場遊戲中勝出，你必須有耐性，也要有錢；因為市場總是在波動，而謠言總是背離事實。心應無畏懼地承受不幸的打擊，就像獅子對著轟隆雷聲回以吼叫，而不是像雌鹿一樣嚇得拔腿就跑。

維加、牛頓、麥凱都在告訴我們一件重要的事：個人投資者和股票市場之間的關係是一道無從釐清的難題，而市場本身其實就是個體的總和。四百多年來被這道難題困惑住的，有富人也有窮人，有天才也有笨蛋——這個有關社會系統的章節，要說的就是這個故事。

社會學是人性的基礎

社會學研究人如何在社會中行動，並且從中期望了解集體行為。如果我們重新把市場上的所有參與者視作一個集體，那麼，只要我們還未了解集體行為，就無法完全了解市場和經濟體系的表現。

在人類歷史中，詩人、小說家、哲學家、政治領袖，以及神學家，都一再提出構想來解釋社會的運作方式；而社會科學家的差別在於他們遵循科學程序。這個程序的核心是：發展出一套理論（假說），然後在一個受控制、可重複的實驗環境中測試這個理論。這就是化學家、物理學家、生物學家，以及其他所有領域的科學家尋求答案時所採取的方法。

社會科學家試圖揭示並且解釋人類如何形成集體、如何在其中自我組織與互動；他們在這個探究過程中採用科學程序，構思出理論後將之建構成模型，然後跟搜集而來的數據進行比較，以此測試並驗證理論。然而，由於他們的研究對象涉及人類主觀而無從預知的行為，因此社會科學中的研究程序無法像自然科學一樣精準；在某一些圈子裡，社會科學仍然無法被接納為科學知識。

其實，有些人認為社會科學無法成熟發展，是因為這些領域不像自然科學一樣通常具備堅固而確切的量化結果。這種情況正在改變，因為電腦科技提升了社學科學家收集大量數據的能力；然而，仍然有人質疑：把針對社會體系的研究冠上「科學」之名是否正當。我們或許可以說，社會科學仍然等待著他們的艾薩克．牛頓。

社會科學的發展依循著兩種不一樣的路徑：一種是尋求涵蓋所有現象的統一理論，另一種則是進入較狹窄的領域建構專門的理論。第一種路徑由法國哲學家奧古斯特．孔德（Auguste Comte）所倡導；十九世紀中期，他建構出一門新的科學，作為天文學、物理學、化學與生物學以外的新學科。這門他稱為「社會學」（sociology）的新科學，可用來解釋社會組織，而且有助於引導社會規劃。孔德視社會研究為一體的事業；他認為，社會是無可分割的，因此針對社會的研究也必然是統一的。儘管孔德企圖把一切綜合為一體，但到了十九世紀結束時，並未如他所願的出現一個社會科學的統一理論，反而促進了各種專門領域如經濟學、政治學與人類學的發展。

經濟學是第一個在社會科學中取得獨立地位的學科。有些人認為現代經濟學的起源是一七七六年，那一年蘇格蘭經濟學家亞當．斯密出版了他的著名作品《國富論》（*Wealth of Nations*）。斯密被奉為經濟學的鼻祖，他也是第一位論及經濟如何影響社會的學者。他倡導自由放任（laissez-faire）資本主義體制，也就是一個沒有政府干涉，去除產業管制與關稅保護的經濟體制；這仍是今日經濟學家所熟悉的。斯密認為，讓經濟系統處在如此純粹自然的機制之下，也就是交給他所謂「看不見的手」，才能運作得最好。

斯密相信生產力的提升來自分工，而這也是資本所有者增加財富的方法。然而，他並非沒有意識到勞動分工對社會帶來的效應：普遍技能與手藝的退化、婦女與兒童可能被併入勞動人口、社會傾向分化成彼此利益衝突的經濟階層。他也承認，總會有資本所有者試圖限制工人的工資。這於是激發了卡爾·馬克思（Karl Marx）和其他的社會主義者提出了有關經濟體制的抗衡觀點——他們認為，資本主義只是社會發展的過渡階段，終將被另一種更人性的經濟制度所取代；那將是以合作、計畫為基礎的體制，人們在其中共同擁有生產資料（means of production）。

經濟與社會的相互作用，在社會科學領域中成了辯論議題，因此對於政府運作的探索也就更深入了。到了十九世紀，就像經濟學家沉浸於探究資本的效應，另一群社會科學家也開始對國家的角色著迷不已；他們後來被稱作政治學家。這個新的政治學家群體馬上著手研究亞當·斯密的自由放任經濟對政治體制的影響。政府如何回應工人階級之中新冒現的民主訴求，同時保護資本家的私有財產權？決定哪些人在何時、何處應當享有哪些資源，以及這些資源該如何分配，這也就成了政治學這門新興學科的核心關懷了。

不久後，社會科學領域中除了經濟學與政治學以外，又出現了另一個獨立的學科：人類學。從一開始，人類學就分成兩大分支：體質與文化。體質人類學（physical anthropology）

關注的是人類作為一個物種的演化歷史，以及人類的遺傳體系，如全世界各個群體的族群遺傳學。另一方面，文化人類學則探究原始社會與當代社會中各種制度的社會面向。也就是在這個時候，社會學開始取得獨立地位。開始時，文化人類學家和新興社會學家的身分界定有些混淆；後來，社學會家開始把探索焦點局限在當代社會，原始社會的研究則成為人類學家的領域，這兩個學科的分化於是清晰了。

到了二十世紀，社會學更進一步區分為社會心理學（social psychology）與社會生物學（social biology）。社會心理學研究個體思維與集體思維跟社會秩序的關係；他們試圖解釋文化如何影響心理，集體心理又如何反過來影響文化。關於這方面，我們將在下一章有更深入的討論。

社會生物學家的事業發展要歸功於查爾斯·達爾文（Charles Darwin）。演化論在學術圈漸漸被接受，作為科學理論也日趨完善，一些科學家於是跨前一步，提出一種解讀社會的生物學視角。其中最重要的倡導者是耶魯大學的社會學家威廉·薩姆納（William Graham Sumner）——他創設了社會達爾文主義（Social Darwinism）學派，企圖把亞當·斯密的自由放任經濟學原則與達爾文的天擇概念連結起來。

在薩姆納看來，生物在自然界中的生存競爭，以及人們在社會上生存競爭，兩者有緊密關聯。他認為身處於市場就像在自然中求存一樣，都是稀有資源的無止盡競爭，而對人類作用的天擇機制必然會導向社會、政治與道德倫理的進步。

第二次世界大戰之後，社會達爾文主義在學術領域中就完全銷聲匿跡了。到了近期，當中的生物學概念又再重新浮現。一群以艾德華．威爾森（Edward O. Wilson）為代表的科學家再度提出社會科學與生物學的連結，催生一個新的研究領域——「社會生物學」（sociobiology）[4]。然而，他們都拒絕以天擇機制來合理化社會不平等，認為那是對達爾文理論的粗劣誤解。相對的，這個新的社會生物學家社群專注於更科學的原則，探究演化論及其與社會發展的關聯。

股票市場是個複雜系統

所有這些社會科學的領域，無論是社會學、政治學、經濟學，或是各自所包含的次領域，其實只是作為不同的平台，讓人站在上面思考更宏大的共同問題：人類如何組織成群體或社會？這些群體又如何運作呢？政治學的研究讓我們了解人們如何創建政府；經濟學的研究則揭露人們如何生產與交換物品；所有學科領域各司其職。當然，每個個體都有可能同時參與不同的群體，要理解人類行為必將面對更重要的問題——如何調和各學科所帶來的洞見，以及各種知識之間的相互影響。

雖然大一統社會科學理論的追求到十九世紀末早已被摒棄，來到二十一世紀初的此時，嶄新的探究興趣卻正在導向一個我們或許可視之為「新統一取徑」的趨勢。科學家現在開始研究整體系統的行為──關注的不僅是個體和群體，而是他們之間的互動方式，以及這些互動如何影響後續的系統行為。這樣的交互作用讓我們的社會系統持續處在社會化（socialization）的過程中；而社會化過程不只改變個體的行為，往往還會導致非預期的集體行為。

要如此研究人類，可真是個複雜的視角。但是，人就是這麼複雜，想要理解人類行為就只能從這個複雜性著手。幸運的是，複雜理論（*complexity theory*）可作為科學探究的引導。

• • •

在之前的章節，我們確認了經濟體系和股票市場都是複雜系統。*Complexity*（複雜性）一詞源自拉丁文 *plexus*，即相互交織的意識。論及複雜，我們會直覺地認為要從整體中區分出其中個體將會是一件很困難的事。再者，把個體抽出來單獨研究是沒有用的，因為我們知道個體行為在極大的程度上，會被集體中的人際互動所影響。我們也知道了經濟體系和股票市場是適應系統。因此，當其中個體跟系統之外或之內的其他個體互動時，系統的行為就會跟著改變。

現在，許多社會科學家都以同樣的假設為出發點。他們意識到人類所組成的制度，無論是經濟、政治或社會，都屬於複雜系統。而且，社會學家更確認了適應性（adaptability）作為所有社會系統的共同特徵。

這些具備開創精神的科學家開始研究複雜適應系統，他們的研究成果讓我們對人類這個宏大的社會系統有了更深入的理解；延伸開來，我們對特定系統如股票市場也就具備了更強大的洞察力。

系統的其中一個面向是其形成過程。人們如何聚在一起形成複雜系統（社會單位），進而以某種秩序進行自我組織？這個探討延伸出一個新的假設，即自我組織（self-organization）理論；這套理論提供了一個普遍架構來說明所有社會系統的運作行為。

「自我組織」是一個過程，指的是系統在沒有任何中央權力，也沒有任何組成部分有能力事先計畫及施加意志的情況下，自行在系統中形成結構。我們可以在化學、生物學、數學、電腦科學的領域裡看到自我組織的過程；在人際網絡或社會之中，這樣的過程也在發生。

伊曼努爾・康德（Immanuel Kant）在他的《判斷力批判》（*Critique of Judgment*,

1790）裡最初使用這個名詞。康德指的是這樣一種實體：實體中的部分或「器官」就像擁有自己的思維一樣進行運作，甚至有能力調控自己。他寫道：「每一個部分皆在其餘部分的作用之下存在，而且是互為目的而生……唯有在這樣的情境與這樣的條件下，該產物才是有組織性或自我組織的存在。」

雖然與一九六〇年代的系統理論有所關聯，但自我組織的概念作為一種理論，始終未能在主流的學術文獻占有一席之地；一直到一九八〇年代物理學家開始探索複雜系統，情況才開始改變。俄裔化學家伊利亞．普里高津（Ilya Prigogine）是普及自我組織理論的功臣；他在一九七七年以熱力學的自我組織概念獲得諾貝爾獎。

經濟學家保羅．克魯曼（Paul Krugman）著有二十本書、超過兩百篇學術論文，也是二〇〇八年諾貝爾經濟學獎得主；他對自我組織理論展開了系統性的探索，尤其專注於與經濟有關的面向。《自我組織經濟》（*The Self-Organizing Economy*，1996）為了說明自我組織系統的運作，克魯曼要我們想像洛杉磯這座城市。我們知道，今天的洛杉磯並不是單一同質的地景，而是由不同的社經階層與各種族裔社區所組成，包括韓國城、瓦茲區（Watts）、比佛利山莊（Beverly Hills）等等；城市周圍還有許多商業區。所有這些區塊的產生，並不是因為當初的城市規劃者在地圖上畫了區隔線，而是基於自發的自我組織過程。韓國人會搬到韓國城與同族人一起生活；隨著人口增加，更多韓國人住進這裡，因此這個自我組織的社區也就更進一步地自我強化。克魯曼說，不存在任何中央調控者為每個人決定住處，這座城市就是以這樣的方式自發演化、組織成目前的樣態。

論及自我組織與自我強化的系統，一座大城市的演化是相對易懂的例子；但我們在經濟體系之中也可以觀察到類似行為。如果暫時撇開偶發的外生事件，如石油危機或軍事衝突所導致的衰退和之後的恢復，克魯曼認為經濟週期主要是因為系統的自我強化效應而產生。在經濟繁榮時期系統的自我強化過程會導致更大的建設與生產活動投入運作，直到投資報酬率開始遞減，然後迎來經濟衰退期。經濟衰退本身成了自我強化的效應，導致生產力低落，而低產量最終提升了投資報酬率，於是又開始了新的週期。有些人認為美國聯準會（Federal Reserve）透過調整利率與公開市場操作，實際上成為經濟體系的中央控制者；但我們都知道聯準會並不是全能的。停下來想一想，我們會發現證券與債券市場並沒有中央控制者，兩者都是自我組織與自我強化系統的絕佳例子。

我們必須牢記的是，自我組織理論到頭來也只是一個理論。對於社會系統的運作方法，自我組織理論貌似提供了一個合理的解釋，但其實沒人能夠建構出一個模型來測試這個理論，更別說預測系統的未來行為。然而，若要尋求一個統一的理論來解釋社會的運作，那麼自我組織理論確實是相當合理的選項。

複雜適應系統的第二個特徵，也就是適應性，必須放置在突現理論（theory of emergence）之中來理解。突現理論說的是系統中的個體單位，如細胞、神經元、消費者，如何結合在一起而創造出某種大於各部分之總和的作用。克魯曼指出，亞當・斯密的「看不見的手」就是突現行為的完美例子。為了滿足物質需求，個體與個體之間從事買賣活動，而眾多的個體活動創造出一個突現的結構，名為市場。個體之間的相互調適，以及系統的自我組織行為，兩者交織在一起並創造出系統的整體運行模式；而這個創造出來的結果，是一種超越個體總和的突現特徵。

跟自我組織的概念一樣，突現理論也只是理論。然而，關於人們如何聚在一起，以及如何自我組織，突現理論確實為我們提供了一個值得深思的解釋。雖然科學家無法做出自我組織現象的模型，但對於突現行為的模型，他們則取得了卓越的進展。

蟻群行為的啟示

洛斯阿拉莫斯國家實驗室（Los Alamos National Laboratory, LANL）是美國能源部最大的實驗室，也是世界最大的跨學科研究機構之一。該實驗室占地四十三平方英里，工作人員近一萬人，其中包括物理學家、工程師、化學家、生物學家，以及地球科學家。

LANL因為研發第一顆原子彈而聞名於世，但這個機構現今有了更寬廣的願景，也進行了一些以保護地球與提升地球環境素質為目的的研究。LANL執行中的計畫非常多，以下僅列出其中一小部分，讓讀者了解這個機構的研究計畫所涉及的領域有多廣闊——LANL有集成奈米技術中心（Center for Integrated Nanotechnologies）；能源安全中心（Energy Security Center），專門研究可靠、安全、永續性的碳中和能源方案；地球物理學與行星物理學研究所（Institute of Geophysics and Planetary Physics）；中子散射中心（Neutron Scattering Center）；以及高磁場實驗室（High Magnetic Field Laboratory）。

其中最重要的是生物安全科學中心（Bio-Security Science, CBSS）。CBSS在二〇〇八年成立，致力於研究對國家安全、公共衛生及農業造成威脅的傳染源，無論是自然、突現或人為的傳染源，並且減低其危害。

這個中心有一項「生物威脅削減計畫」（Biological Threat Reduction Program），由蓋瑞·瑞斯尼克博士（Dr. I. Gary Resnick）和諾曼·強森博士（Dr. Norman L. Johnson）主持。

強森畢業自威斯康辛大學（University of Wisconsin）化學工程系；早在那時候，他因為處理了別人歸類為「過於困難」的問題而享有名氣。強森把他的成就歸功於一個異質的團隊——這樣的團隊結合不同學科領域的貢獻而促成協作方案，以此打破知識的籓籬。

加入洛斯阿拉莫斯國家實驗室之後，強森創設了「智識共生計畫」（Symbiotic Intelligence Project, SIP）。這個計畫企圖了解資訊系統如網際網路，以及人類解決問題團隊所具備的獨特能力，旨在創造出大於兩者總和的能力。這種新創的知識能力，是來自集體的突現特性（emergent property）。「突現」一詞或許對一般人而言相對陌生，但強森說突現經驗是很尋常的。數千年來，社會的結構性特質讓人類社會產生集體能力來解決危及生存的困境。

根據強森的解說，自我組織系統有三大特質。第一、本機處理器（local processor）的簡單連結，即可產生複雜的總體運作。就社會系統而言，個體成員就是本機處理器。第二、解決方法來自於多樣化的個別輸入。第三、系統的功能性（functionality）與穩健性（robustness）皆大幅優於任何一個個體處理器。強森相信，人類與網絡（網際網路）的共生，將在集體的層次上創造出遠勝於個體單獨行動的成效。他所預想的是，「人類跟分布式智能資訊系統進行更多互動，將會產生前所未有的能力來解決組織與社會相關的問題[5]。」

網際網路的一大好處在於幫助我們處理資訊；強森說，相較於過去的系統，網際網路有三個顯著的優勢。第一、過往系統的資訊往往處於實體的分隔，而網際網路可以整合廣泛領域的知識。第二、網際網路可以抓取並且展示資訊的深度。透過數位化，系統有能力在幾乎不增加成本的情況下針對單一的主題生產大量資訊。第三、網際網路具備正確處理資訊的能力。個體之間的傳遞失誤有時候會導致重要訊息的流失，接下來的心理學章節將會有相關討論。網際網路的訊息交換可以準確傳輸，就像書籍或文件一樣傳遞資訊。這三大優點，加上其中相互連結的千千萬萬個體，讓強森相信這些因素能夠大幅增強自我組織系統中集體的問題解決能力。

為了說明突現的現象，我們可以取一個常見的社會系統為例——蟻群。螞蟻是一種社會性昆蟲，牠們群聚而居，蟻窩成員的行為以群體生存而非任何個體的生存為出發點；因此，社會科學家對蟻群的決策過程一直以來充滿興趣。

螞蟻搜尋食物，然後確定食物源與蟻窩之間的最短距離；這個過程是螞蟻最有趣的行為之一[6]。螞蟻在這兩個地點之間的路徑上留下身體分泌出來的費洛蒙，讓牠們能沿著同一條路走，也以此告訴其他螞蟻發現新食物的地點。

開始時，食物搜尋是一個隨機的過程，螞蟻往各個方向出發。確認食物的位置之後，牠們返回蟻窩，沿途釋放費洛蒙。然而，螞蟻這時候展現的是解決問題的精密集體方案：整個蟻窩集體一致選擇了最短的路徑。如果某一隻螞蟻在食物與蟻窩之間隨機找到一個較短的路徑，那麼，路程時間縮短會導致沿路的費洛蒙濃度較高。其他蟻蟻傾向於選擇費洛蒙濃度最高的路徑，因此走上了這條新發現的路徑；選擇這條路徑的螞蟻越多，留下的費洛蒙也就越濃，於是吸引更多蟻蟻跟進，直到這條路徑成為整個蟻窩的首選。科學家已經透過實驗證明了「費洛蒙路徑」的機制確實幫助蟻群解決了最短距離的問題。換言之，最理想的解決方案來自於蟻群集體行為的突現特徵。

諾曼·強森跟許多人一樣對蟻群行為深感興趣，於是以此出發，企圖測試人類解決集體問題的能力。他建構出一個電腦版的迷宮，其中有無數路徑，但只有少數是短距離的。這個電腦模擬程式有兩個階段：學習階段與應用階段。在學習階段，受測者原本不具備任何關於迷宮的特定知識，他只是自行探索直到達成目標。這相當於螞蟻開始尋找食物時所依循的程序。在應用階段，受測者就只是應用之前所學的知識。強森發現，受測者在第一個階段平均需要三十四點三步走出迷宮，第二個階段則平均需要十二點八步。然後，強森把所有個體的解決方法結合起來帶入應用階段，以此尋找出集體的解決方法。他發現，只要納入最少五位受測者，結合起來所得的解決方法就會優於每個個體的平均。只需要結合二十位受測者以取得集體方案，就能找到走出迷宮的最短路徑——即使他們對這個問題並沒有整體的理解。強森認為，這個集體方案即是系統的突現特徵。

雖然強森的迷宮只是一個以電腦模擬的簡單問題解決方案，但這確實呈現出突現行為。這樣的模擬也讓我們更了解自我組織系統要產生突現行為所必須具備的基本特徵——多樣性。強森如此解釋：如果個體的貢獻來自於每個人面對問題時所產生的廣泛而多樣的異質經驗，那麼最終出現的集體方案便會具備更大的穩健性。有趣的是，如果系統的個體只限於表現優越的個體，則集體方案的品質會下降。顯然，面對結構的非預期變化時，多樣性的集體將具備較理想的適應能力[7]。

把這樣的視角放置到我們的論述中，強森的研究告訴我們的是：如果股市由多樣化的主體所組成，智力從高到低的人都包含在其中，就理論而言，這樣的組成比單純由精明行動者所構成的市場來得更強健。乍看之下，這樣的發現是有悖常理的。面臨今日市場的動盪情勢，我們首先責怪的就是那群訊息不足的投資者或當沖交易者的種種不專業行徑。但是，如果強森說得沒錯，那麼，多樣化的參與者，無論是精明或像傻子一樣的投資者、交易者以及投機客，這樣的組成其實讓股票市場變得更穩健，而不是更脆弱。

諾曼・強森還有另一個重要的洞見——他發現，只要系統保有足夠的多樣性，對中等程度的干擾（他指的是任何衝突性或破壞性的活動），就相對不易被影響。為了證實這一點，強森蓄意把其中一人的貢獻素質降低，但發現這樣的舉動並不會影響整體參與者找到走出迷宮的最短路徑。即使是最大程度的擾亂，集體行為也只會稍微延緩，最後還是會找到最短路徑。唯有受到極大幅度的干擾，集體決策的過程才會瓦解。

諾曼．強森的研究發現抵觸了有關群眾行為的傳統觀點。從梭羅（Henry David Thoreau）、卡萊爾（Thomas Carlyle）到尼采（Friedrich Nietzsche），這些十九世紀的偉大思想家對集體的判斷力始終有所質疑。梭羅說過：「一旦成為群眾的一分子，就瞬間成了笨蛋。」尼采告訴我們：「群眾的素質不可能達到當中最優秀成員的層次。」而卡萊爾寫道：「我不相信來自愚昧個體的群體智慧[8]。」但是，針對群體智慧做出最坦率批評的，非古斯塔夫．勒龐（Gustave Le Bon）莫屬。

勒龐是法國社會學家與心理學家，畢生研究集體行為與群眾心理；一八九五年出版的《烏合之眾：大眾心理研究》（*La psychologie des foules*）[9]是他的集大成之作。初讀這部著作，勒龐似乎預見了諾曼．強森後來提出的理論。他在著作中寫道：群眾是一個獨立的有機體，且大於其組成部分的總和；它具備自主的運作能力，並以此形塑其身分與意志。然而，強森認為突現自群眾的是更優越的思維能力，勒龐得到的結論卻與此相反。與梭羅、卡萊爾、尼采和麥凱一致，勒龐認為群眾「不可能完成需要高度智能的行動」，而且「群眾的智能往往劣於獨處的個人」[10]。

誰才是對的？

答案就在這本優秀作品中：《群眾的智慧：如何讓整個世界成為你的智囊團》（*The Wisdom of Crowds: Why the Many Are Smarter Than the Few and How Collective Wisdom Shapes Business, Economies, Societies, and Nations*[11]。這本書的作者是《紐約客》（*The New Yorker*）雜誌的專欄作者索羅維基（James Surowiecki），他有意針對麥凱的概念，即「群眾的瘋狂」，並提出一個簡潔有力的論點：「**在恰當的情況之下，群眾會顯露出非比尋常的智慧，而且往往比其中最聰明的人更聰明**[12]。」（楷體文字為本書作者所加。）

索羅維基著作的開頭，是英國維多利亞時代博學家法蘭西斯．高爾頓（Francis Galton）的故事。高爾頓在一篇一九〇七年發表於《自然》（*Nature*）的文章裡，描述了他在西英格蘭家禽與肉畜商展中促成的一場比賽。展場中放了一頭大牛，讓出席者猜測牛的重量。共有七百八十七個人付了六便士參加這項比賽，其中只有少數的農民和屠夫，他們被視為內行人；而絕大部分的參賽者根本不具備任何有關農場動物的專門知識。基於這些資訊，高爾頓推測群眾當中有極少數的人能做出精明的估量，以及少數一無所知的人，而其餘的絕大部分人則頂多只能做出平庸的猜測。從這樣的人群組合，高爾頓預測這七百八十七個參賽者最終只能帶來愚蠢的估計值。他錯了。

牛隻的實際重量是一千一百九十八磅。高爾頓收集了所有參與者的估計值，並畫出分布曲線。他得出的是，估計值的中位數與正確重量的誤差低於0.8%，估計值的平均數甚至落在0.1%誤差的範圍內。換言之，估計值的平均數是一千一百九十七磅。他發現，分布圖中左右尾部的誤差相互抵消，剩下的是精煉過的訊息。

根據索羅維基，優質的集體決策需要的是兩大關鍵變數：多樣性與自主性。異質的個體會針對問題的解決方式提出各式各樣的想法與意見，如果群體之中如此分布著各種異質決策，則所得的結果將優於一群志趣相投的思考者所做的決策。

另一個關鍵變數是自主性；這並不是意味著群組中成員必須處於孤立狀態，而是指這些成員基本上不受其他成員的影響。自主性對於集體決策過程非常重要，原因有二；索羅維基如此解釋：「第一、避免個體的失誤出現關聯性。個人的錯誤判斷只要不是系統性地導向同一個方向，就不致於破壞集體的判斷力。第二、擁有自主性的個體較有可能取得新訊息，而不只是侷限於群組中每個人早已熟知的舊資訊[13]。」

股票市場是烏合之眾？

以索羅維基的研究成果與強森的科學理論為基礎，來自密西根大學（University of Michigan）的史考特・佩吉（Scott Page）繼續深入探研集體智慧的理論[14]。佩吉是複雜系統、政治學與經濟學教授，也是密西根大學複雜系統研究計畫的現任主任。

跟強森一樣，佩吉設計了一系列電腦模擬的解決問題情境，以此證明異質群體嘗試解決問題時所產生的突現結果。例如，佩吉把十至二十個技能各異的行動主體聚合在一起，然後讓每個群組解決相對困難的問題。每個群組裡都會有一些人具備解決相關問題所需的特殊知識，同時也有一些人能力較低。佩吉發現的是，由極度聰明和能力較低的個體所組成的群組，解決問題的能力通常優於那些單純由聰明的行動主體所組成的群組。而且，與其花時間分辨出聰明的行動主體並且把他們聚在一起解決問題，單純隨機組合的行動主體所得出的結果其實也不相上下。

佩吉在他的著作《差異：多樣性如何創造更好的群組、公司、學校與社會》（*The Difference: How the Power of Diversity Creates Better Groups, Firms, Schools, and Societies*）中

堅定地說：「多樣性的視角與方法讓群組找出更多與更好的問題解決方案。」他進一步指出：「多樣化的預測模型（predictive models）讓群眾得以做出準確的預測[15]。」

何謂「預測模型」？好萊塢股票交易所（Hollywood Stock Exchange，電影票房的未來預測）、愛荷華電子市場（Iowa Electronic Markets，政治競選的未來預測）以及Intrade（號稱世界領先的預測市場，幾乎所有你想得到的事物都可下注）都是預測模型的例子。每一個預測市場都是由多樣化的群體組成，其中的主體自主行動做出決定。正確的決定將給予獎勵，而這些市場聚合了集體的決定。

這些預測市場的效率如何？換言之，正確預測未來事件的成功率有多高？證據顯示，預測的準確度非常高。

我們還可以觀察另一個預測市場——那就是股票市場。

•••

現在我們來到十字路口。股票市場究竟是麥凱所說的烏合之眾，盲目的投資者不受控制地一再把景氣帶向盛衰榮枯；還是像高爾頓的商展出席者那樣，能夠奇蹟般地做出正確的預測？

答案取決於脈絡。也就是說，必須視情況而定。

我們知道，股市是一種獎勵基礎（incentive-based）的制度，聚合了投資者的決斷。我們需要了解的是市場的多樣性程度，以及參與者的相互自主性。如果市場具備充分的多樣性，而且更重要的是，市場參與者彼此獨立做出決斷，那麼市場就可能是有效率的。索羅維基提醒我們，不該只是因為市場出現一些不理性的投資者，就認定市場沒有效率。事實上，效率市場假說的辯護者正是利用「群眾智慧」作為一個相當具說服力的說詞來解釋市場的效率[16]。

但是，如果參與者失去了自主性呢？當市場參與者的決斷不再相互獨立，而是成為方向一致的意見，情況會變得如何？系統將會實際喪失其多樣性，因而失去了創造理想解決方案的可能性。如果多樣性是集體創造理想方案的關鍵要素，那麼多樣性的喪失必將帶來糟糕的結果——或者，就股市而言，多樣性的缺失將導致市場失去效率。

科學家現在開始專注於探究多樣性流失的原因。麥可·莫布新（Michael Mauboussin）有兩本重要著作：《再想一下：好決策的關鍵思考術》（*Think Twice: Harnessing the Power of Counterintuition*）和《魔球投資學》（*More than You Know: Finding Financial Wisdom in Unconventional Places*）；他說，「當人們不再以自己所擁有的訊息做決定，而是依據他人的

行動，則導致多樣性流失的資訊階流效應（information cascade）就會產生。市場的榮景、風向、潮流，乃至崩壞，背後成因即是資訊階流效應[17]。」社會網絡論者把社會關係視為節點和紐帶，節點代表個體行動者，而紐帶就是行動者之間的關係；該論者認為這個是適當的框架，可用來理解資訊階流效應何以席捲整個巨大群體。

莫布新也提醒我們，多樣性流失不僅發生在大群體之中，小群組也會出現這種現象。無論是委員會、陪審團或小型工作團隊，破壞群組多樣性的資訊階流往往來自某個依據少量事實，甚至完全不根據事實行事的支配型領導者。

為了說明這一點，莫布新引用了哈佛大學法學院教授凱斯．桑思汀（Cass Sunstein）的研究。桑思汀首先根據成員的立場分成自由派和保守派兩個小組，然後讓他們在小組內部辯論各種爭議性的課題，如同性婚姻和平權法案。之後，桑思汀再重新分組，讓每個小組成員平均混合著自由派與保守派；新的小組重新辯論之前的議題。我們或許會以為新的異質化小組會得出立場較為溫和的辯論結果。可是，由於每個小組都出現了一個強勢領袖，於是小組成員最後達成的共識甚至比前一輪的討論結果更為極端。而且，這個結果其實就跟強勢領袖的意見一致——無論該領袖是自由派或保守派，都有能力影響其他組員，讓所有人一致倒向他的立場。

多年來許多作品觸及群體的社會附從（Social Conformity），其中最有名的大概是一九四〇年代由所羅門・阿希（Solomon Asch）所進行的社會心理學實驗。他研究的是個體在群體壓力之下的從眾行為；莫布新也提及了這項研究。

阿希先組成幾個八人小組，每個小組被要求完成一項非常簡單的任務。一張紙板被分成兩半，左邊畫有一條直線，右邊畫有三條長度不同的直線，其中一條的長度與左邊的那一條相等。小組被要求找出三條線之中與左邊直線長度相等的那一條。開頭的幾次實驗都順利進行。然後，研究執行者給出暗號，八人小組中的其中七人（他們事先被告知實驗方法）故意把左邊的線配對至右邊一條明顯較短的直線。阿希想要測試其中唯一真實受測者的反應。

結果發生什麼事？有幾位受測者保持自主性，堅守原本的決定；但是，大約有三分之一的受測者為了附從小組而改變自己的決定。阿希的發現是：縱使群組的決定明顯拙劣，仍然對個體決定造成深刻影響[18]。

基本面投資者和順勢操作者

當災難發生，我們自然會想要找出主要原因，這樣就可避免另一場災難的發生，或至少因為對事件的了解而得到些許安慰。我們最期待的，就是能夠指認出事件的某個單一、明確、高度可辨識性的原因，但往往無法如願。許多科學家認為，生物學、地質學與經濟學領域中的大規模事件，並不一定是某個單一的大事件所造成，而是由許多較小的事件延伸開展而來，最後造成雪崩似的效應。丹麥理論物理學家巴克（Per Bak, 1948-2002）發展出一套解釋系統運作的整體理論（holistic theory），稱為「自我組織臨界性」（self-organized criticality）。

根據巴克的說法，由千千萬萬個交互作用的部分所組成的大型複雜系統，不僅會因為單一的災難性事件而崩潰，也有可能因為一系列小規模事件的連鎖效應而瓦解。巴克常用沙堆作為比喻來說明自我臨界性的概念。想像這樣一個裝置，讓沙一粒一粒落在一張大桌面上。開始時，沙子平鋪在桌面上，然後慢慢形成小沙堆。沙子一顆隨著一顆落下時，沙堆越積越高，並且在每個側方形成斜面。沙堆最終無法再升高；到了這個時候，沙子滑落斜坡的速度相等於裝置落下沙子的速度。沙堆的形成並不需要有人去安置每一粒沙子，因此巴克將之類比成一個自我組織系統。每粒沙子以無數種的組合方式連結在一起。當沙堆達到高度的極限時，我們可以說它已經到達了臨界狀態——越過這個界線，系統就不再穩定。

在這個臨界點，只要多落下一粒沙子，那粒沙就會啟動崩塌現象，於是沙子開始從斜面滑落。每顆滑落的沙子一旦到達穩定的位置，就會停止滑落；否則，它會繼續滑動，可能觸及另一些不穩定的沙子，造成更多沙子從斜面滑落。一直到所有不穩定的沙子重新找到穩定的位置，崩塌現象才會停止。如果崩塌之後沙堆變平了，我們便可以說沙堆處於臨界之下；一直到更多沙粒落下且提高斜面角度之前，沙堆都會維持在臨界之下。

巴克的沙堆隱喻是個強大的工具，有助於我們理解各種系統的運作。無論是自然系統或社會系統，我們都可在其中發現這樣的動態：系統變為一組互鎖的次系統，自行組織並且把系統推向臨界狀態的邊緣；在某些情況下，次系統激烈地彼此分離，重新組織成下一個狀態。股票市場屬於這類系統嗎？巴克說，這是無庸置疑的。

巴克與另兩位同事合著的論文《多元化股市的價格變動》（Price Variations in a Stock Market with Many Agents），為這個論點進行辯護[19]。這三位科學家建構了一個非常簡單的模型，嘗試掌握股市裡兩類主體的行為。他們稱這兩類主體為噪音交易者和理性投資者。雖然可能對幾位作者有所冒犯，我還是選擇使用我們較熟悉的說法來指稱這兩個群體——基本面投資者和順勢操作者。順勢操作者在價格上漲時買進，下跌時賣出，如此從市場變動中獲利。基本面投資者則不以市場價格的變動作為買賣依據，而是基於證券的外在價格及其內在價值的落差來決定行動。如果股票的價值高於當前交易價格，基本面投資者就會買進股票；如果價值低於當前價格，他們則會賣出。

大部分時候，順勢操作者和基本面投資者的交互作用堪稱平衡。市場的整體運作並不會帶來任何可見的變化。我們可以這麼說：此時沙堆正在增高而且還未出現崩塌現象。換言之，市場仍保有多樣性。

但是，當股票攀升，順勢操作者相對於基本面投資者的比例便會增加。這是不難理解的。當價格高漲，大量基本面投資者獲利了結後撤離市場，同時也有大批順勢操作者被這波漲勢吸引而來。當基本面投資者的人數相對縮小，股市即將進入泡沫化；巴克說，這是因為股票已經攀升到遠遠高於基本面投資者願意接受的公允價格。沿用沙堆隱喻，一旦市場中的基本面投資者減少、順勢操作者增加，則沙堆側面變得更傾斜，增加崩塌現象的機率。同樣的，我們也可以換個說法：當基本面投資者和順勢操作者的組合失衡時，我們即將迎來市場的多樣性流失。

我們必須注意到一點：雖然巴克的「自我組織臨界性」概念解釋了崩塌現象的整體狀況，但卻無法讓我們多了解系統中單獨的崩塌事件。因為巴克的理論不能預測單獨的崩塌事件，我們需要仰賴的是其他有待發掘的科學知識。

但這完全不會貶損巴克理論的重要性。實際上，巴克以自我組織臨界性來解釋複雜適應系統的運作模式，其可靠性得到許多權威經濟學家的認可，包括諾貝爾物理學獎得主菲利普·安德森（Philip Anderson）以及聖塔菲研究所的布萊恩．亞瑟（Brian Arthur），他們兩人都認同自我組織系統易於被不穩定的波動所影響，而且不穩定性早已成為經濟系統無可避免的特徵之一。

顯然，股票市場的不穩定性是每個參與者所熟悉的痛苦經驗。市場總是會有危險的臨界點，而我們往往就在那裡踢到鐵板。如果我們對這個過程多了解一些，也許就會對種種挫敗感到較為舒坦。想要更理想地改善這種不穩定動態，我們必須回去探索社會科學的領域。

•••

政治學家黛安娜．李查（Diana Richards）所探究的是，由相互作用的主體所構成的複雜系統，為何會變成不穩定。或者，用巴克的話來說，她試圖了解由個體組成的複雜系統如何走向自我組織的臨界點。

根據李查的剖析，複雜系統必然聚合了大量由系統中的個體所做的選擇[20]；她稱之為「集體選擇」（collective choice）。當然，所有個體的選擇結合起來並不一定會產生明確的集體選擇；而我們也無法期待個體的選擇能夠聚合成一個穩定的結果。李查說，當系統中所有的主體以某種方式聚合訊息，以讓系統達至單一的集體決策，集體選擇因而成形。要達到這樣的集體決策，所有主體並不一定要掌握相同的訊息，重要的是他們對各種選擇皆抱持共同的解釋方式。李查稱這種共同解釋為共有知識（mutual knowledge），並且認為這是所有複雜系統維持穩定的關鍵要素。共有知識的程度越低，不穩定狀態的可能性也就提升。

說到這裡，顯然有一道問題有待我們解答：人們如何從聚合在一起的眾多選擇中做出決定？李查說，如果沒有明顯的偏好，系統便傾向於持續在各種可能性之間輪轉。你或許會以為這樣的輪轉會造成不穩定，但李查認為，只要其中主體對於各種選項抱持相似的思維概念（也就是共有知識），就不會危及穩定性。只有當系統中的主體對於各種可能選擇不具備共同的概念，系統才會陷入不穩定的危機。而這顯然就是股市的狀況。

如果我們後退一步檢視股票市場，就能夠辨認出其中的幾個群體，他們展現的是不同的後設模式（meta-model）。我們已經知道基本面主義者和順勢操作者所使用的是不一樣的後設模式。至於那些對個別公司沒有興趣，只關注總體市場走勢的宏觀交易者，他們遵循的又是哪一種後設模式呢？多空操作的避險基金呢？統計套利交易者與企業家有什麼差別？還有以量取勝而尋求穩定絕對報酬率的操作者。這些群體所操作的是不一樣的現實；對於市場的運作方式，以及自己在市場裡如何操作，他們所感知的都不同。現實中，股票市場裡同時存在多種後設模式——如果李查的理論是正確的，那麼不同的後設模式為市場帶來週期性的波動。

以這樣的角度來檢視複雜系統，我們得以理解系統失穩的原因，因此找出確切的方法來減低整體的不穩定性。這樣的解讀有兩大含義。第一、李查認為我們應該思考的是各種思維概念背後的信念結構，而不是人們做出的特定選擇。第二、如果共有知識失靈，那麼我們該檢視的或許是知識在系統內傳遞的方式。接下來有關心理學的章節，我們將把焦點轉移到這兩大要點：個體如何形塑信念結構，以及股市如何交換訊息。

• • •

到目前為止，我們已經有了確切的指引來分析社會體系。無論是經濟、政治，或社會系統，我們可以說這些系統都是複雜的（其中包含大量個體單位），而且具有適應性（個體的行為會改變，以適應個體之間，以及個體與整體系統之間的互動過程）。我們也了解這些系統具備自我組織的特徵；而且，一旦組織起來即產生突現行為。最後，我們也知道複雜適應系統總是不穩定，而且會週期性地達至「自我組織臨界性」的狀態。

我們研究了橫跨自然與社會科學不同領域的大量複雜適應系統，才得到這些結論。這所有研究中僅局限於理解系統如何運作；至於預測系統的未來行為，我們仍未取得突破性的科學成果，尤其是涉及人類這種無從預知的個體所組成的複雜社會系統。但我們可能正在往一個更有價值的方向前進。

針對複雜自然系統與複雜社會系統的研究，差別在於我們有可能改變社會系統中的個體行為。我們仍無法改變颱風的路徑；但是，面對由人組成的群體時，我們可以影響個體對各種情境的反應，因而改變群體行為。換個說法：雖然自我組織臨界性是經濟體系等各種複雜適應系統的內在特徵，而且必然帶來一定程度的不穩定性，但是，一旦我們更深入了解把系統推向臨界點的原因，我們也就有能力改變可能發生的崩塌。

1 *Church of England quarterly review* (1850), 142.

2 中文版二〇一五年由大牌出版。

3 中文版二〇〇七年由財訊出版。

4 譯註：雖然中文譯名皆為「社會生物學」，但這個新興學派自稱為「sociobiology」，與早前傾向達爾文天擇論的「social biology」在學術領域中有所區別。

5 Norman Johnson, S. Ramsussed, and M. Kantor, "The Symbiotic Intelligence Project: Self-Organizing Knowledge on Distributed Networks Driven by Human Interaction," Los Alamos National Laboratory, LA-UR-98–1150, 1998.

6 Marco Dorigo, Gianni Di Caro, and Luca M. Gambardella, "An Algorithm for Discrete Optimization," *Artificial life* 5, no. 3 (1999): 137–172.

7 我們聽聞許多奇聞軼事，或許不知道那就是突現行為的證據。宋妲（Sherry Sontag）與朱爾（Christopher Drew）合著的暢銷書《盲殺夜驚魂》（*Blind Man's Bluff: The Untold Story of American Submarine Espionage*）講述的是一個引人入勝的突現事例。作者提到了一九六六年裝載著四顆原子彈的B–52轟炸機墜毀的事件；搜尋者找到了其中三顆原子彈，但剩下的那一顆卻杳然無蹤，而蘇聯軍隊正在逼進。海軍軍官克瑞文（John Craven）被賦予尋找遺失炸彈的任務。他模擬出可能發生在第四顆原子彈的各種不同情境，再請打撈隊伍的成員下注猜測原子彈的蹤跡。然後，他使用電腦程式測試每一個可能的位置，結果竟然在不需要出海的情況下，透過集體的解決方案找到了原子彈的精確位置。

8 James Surowiecki, *The Wisdom of Crowds: Why the Many Are Smarter Than the Few and How Collective Wisdom Shapes Businesses, Economics, Societies, and Nations* (New York: Doubleday, 2004), xvi

9 中文版二〇一四年由五南出版。

10 參見注釋第8條，xvi。

11 中文版二〇一三年由遠流出版。

12 參見注釋第8條，xv。

13 參見注釋第8條，p41 。

14 Scott E. Page, *The Difference: How the Power of Diversity Creates Better Groups, Firms, Schools, and Societies* (Princeton, NJ: Princeton University Press, 2007).

15 參見注釋第14條，p13。

16 參見注釋第14條，p13。

17 Michael J. Mauboussin, *Think Twice: Harnessing the Power of Counterintuition* (Boston: Harvard Business Press, 2009, 50.《再想一下，好決策的關鍵思考術》二〇一〇年天下文化出版。《魔球投資學》二〇一七年寰宇出版。

18 參見注釋第17條，p55。

19 Per Bak, M. Paczuski, and M. Shubik, "Price Variations in a Stock Market with Many Agents" (working paper 96–09–078, Santa Fe Institute Economics Research Program, 1996).

20 Diana Richards, B. McKay, and W. Richards, "Collective Choice and Mutual Knowledge Structures," *Advances in complex systems* 1 (1998): 221–236.

第五章

心理學

投資人必須接受的是，往往無法察覺到自己正在做出壞決策

二〇〇二年，有兩個人共同獲得諾貝爾經濟學獎——弗農·史密斯（Vernon Smith）的得獎原因是「建立了一系列實驗室實驗法，作為經驗分析的手段，尤其是針對替代市場機制的研究」；丹尼爾·康納曼（Daniel Kahneman）則因為「從心理學研究的角度對經濟科學提出整體性的洞見，尤其關乎人類在不確定情境之下行使判斷力和決策力的方式」而得獎。這個獎項對兩人來說當然都是非凡的成就，但對康納曼而言更是如此——他並非經濟學家，而是一位心理學家。

心理學研究的是人類心智的運作。乍看之下，好像跟投資世界裡那一堆沒有人情味的資產負債表或損益表扯不上關係；況且心理學這個學科總是讓人想起這樣的畫面——治療椅上躺著一個受盡折磨的靈魂。但是，處理精神障礙只是心理學領域的一小部分。這個學科的名字即是「心理運作的探究」，而心理學家想要理解的是關於頭腦運作的所有面向——包括控制認知（思

維和認識的過程）的部分，也包括控制情緒的部分。因此，心理學家研究我們如何學習、如何思考、如何溝通、如何體驗情緒、如何處理訊息並且做出決策，還有，引導行為的核心信念如何形成。

人類不是完美的思想者，這不是什麼新的洞見。心理學的歷史可追溯到古文明時代的埃及、希臘、中國和印度，比西格蒙德・佛洛伊德（Sigmund Freud）和卡爾・榮格（Carl Jung）的作品早了一千年多。證據顯示，早在十八世紀，在摩洛哥的費茲（Fez）就有伊斯蘭醫師為精神疾病患提供治療的紀錄。然而，直到二十世紀末期才出現的這個觀念：心理學在經濟決策的過程中有所作用。這是相當激進的概念，破壞了原有的古典理論模型。現代投資組合理論建立在理性假說之上，因此，若說個人決策是非理性的，這肯定成了顛覆性的觀念。新一代的思想家將幫助我們重新調整視角；這一群新的思想家並非經濟學家，而是來自心理學的領域。

丹尼爾・康納曼是法國籍猶太人，在巴黎成長；幸運的是，二戰期間德國占領法國時，康納曼和家人遷往英屬巴勒斯坦，也就是後來的以色列。他在耶路撒冷希伯來大學（Hebrew University of Jerusalem）修讀心理學與數學。畢業後，他在以色列國防軍的心理部門服役，負責的工作包括設計出評估軍官學校應試者的心理測驗。在美國加州大學柏克萊分校取得心理學博士學位後，康納曼回到以色列任職耶路撒冷大學心理學系講師，從此開啟了他的學術生涯。

一九六八年，康納曼邀請阿摩司．特沃斯基（Amos Tversky）到他的其中一堂專題研究課演講。特沃斯基是一名數學心理學家，也是當時認知科學領域的先驅人物。隨後的三十年間，他們的研究工作深層交集，後來獲得諾貝爾獎。他們的研究取徑非常獨特，因為這兩位學者都決定不去探究人們判斷中的特定錯誤，除非行動者自己先覺察到其中的愚蠢。康納曼說：「人們以為我們研究的是愚蠢行為，其實不是。我們研究的是我們自己。」對於他們的工作，康納曼說過一句讓人難以忘懷的話：「諷刺的研究[1]。」

遺憾的是，特沃斯基一九九六年辭世六年之後，他們的研究成果得到諾貝爾獎的肯定。因為諾貝爾獎不頒給已去世的人，所以特沃斯基的名字沒有出現在得獎者名單中。康納曼接受頒獎時表示，這個研究成果是「他與已故的阿摩司．特沃斯基兩人經歷長時間密切無間的合作而得的」。

康納曼和特沃斯基的學術成果催生了行為金融學（Behavioral Finance），這個學科嘗試以心理學理論解釋市場的無效率現象。如果我試圖列出並討論他們所有的研究論文，那必定超出這個章節的範圍，甚至超出這本書的篇幅。所幸的是，《不確定概念下判斷：捷思與偏見》

（*Judgment under Uncertainty: Heuristics and Biases*, 1982）這本精彩的文集涵蓋了他們大部分的研究成果。你會在其中讀到所有你早已習慣的行為金融學用語，如錨定效應（anchoring）、框架效應（framing）、心理帳戶（Mental Accounting）、過度自信理論（overconfidence）、以及過度反應理論（overreaction）等等。不過，損失規避（*Loss aversion*）的概念也許才是他們對個體行為最重要的洞見。

一九七九年，康納曼和特沃斯基發表了一篇題為〈展望理論：風險下的決策〉（Prospect Theory: An Analysis of Decision under Risk）的論文。這篇文章後來成為權威經濟學期刊《計量經濟學》（*Econometrica*）有史以來引用次數最多的論文。當時，關於個體如何做出經濟決策，效用理論（utility theory）是學界的普遍信條；這是由紐曼（John von Neumann）和摩根斯坦（Oskar Morgenstern）的著作《賽局理論與經濟行為》（*The Theory of Games and Economic Behavior*, 1944）所普及的理論。效用理論假設替代選項的呈現方式對個體而言並不重要，最重要的是個體總結出哪一個選項對自己最好——也就是納入風險的判斷之後，能夠獲得總體滿意度。對於這一點，康納曼和特沃斯基都不太確定。在一個理想化的世界，效用理論或許適用；但他們知道個體並不會總是以理想化的方式來行動。

康納曼和特沃斯基的研究證實，替代選項的的框架方式能夠顯著影響個體所做出的結論。

在他們最有名的實驗研究中，實驗者提出兩套針對六百人的公共衛生計畫，要求受試者選擇其中一項。在第一組實驗中，對受試者提出的兩套計畫分別是：（a）確定能拯救兩百人性命，或（b）有三分之一的機率救活六百人，而三分之二的機率救不到任何人。受測者一面倒選擇a。另一組實驗的兩個選項是：（a）四百人確定會死亡，或（b）有三分之二的機率造成六百人死亡，三分之一機率所有人存活。現在，受試者選擇的是b。試算一下，你就會發現這兩組實驗中的選項是一樣的。第一個版本中被救活的人數，與另一個版本中無法被救活的人數，兩者是相等的。

康納曼和特沃斯基實際發現的是，當人們正在做一個對獲利有所預期的決策時，通常會厭惡風險；但是，當他們正在做一個會帶來某種損失的決策時，則傾向正視風險。效用理論注重的是最終的獲利；展望理論則以「損失規避」的概念為核心，看重的是損益兩者。康納曼和特沃斯基證明了人們不僅著眼於最終將獲得的財富，同時也關注獲得最終財富的過程中所遞增的利益與損失。

展望理論最重要的一項發現是：個體實際上傾向於規避損失。康納曼和特沃斯基透過數學運算，得出個體面對損失時的懊悔程度，高於獲得相等利益時開心程度的2到2.5倍。這是一項讓人震驚的揭示。目前已廣為人知的損失規避概念鑲嵌在展望理論之中；這個概念迫使經濟學家重新檢視他們對於個體決策過程的基本假設。

頻繁進出是投資人的殺手

儘管行為金融學是相對新的研究領域，卻在全球大部分的商學院中廣受關注。有趣的是，這個領域有一些優秀的學者來自芝加哥大學的經濟學系——過去提出理性投資者的效率市場理論而獲得諾貝爾獎的學者，就來自這間大學。

理察·塞勒（Richard Thaler）原本任職於康乃爾（Cornell）大學，現在是芝加哥大學布思商業學院（Chicago Booth School of Business）的行為科學與經濟學教授。他的研究焦點在於對投資者的理性行為提出質疑。

多年來，塞勒有機會向康納曼和特沃斯基以及行為金融學領域中的許多學者學習，並且與他們共事。他的幾篇研究論文收錄在他那本廣受歡迎的著作《贏家的詛咒：不理性的行為，如何影響決策？》（*The Winner's Curse: Paradoxes and Anomalies of Economic Life*, 1992）[2]。然而，投資人最熟悉的大概是另一篇他在一九九五年發表的文章〈短視損失規避與股權風險溢價之謎〉（Myopic Loss Aversion and the Equity Risk Premium Puzzle），這是他與施羅莫·本納茨（Shlomo Benartzi）兩人的共同作品；本納茨是加州大學洛杉磯分校安德森管理學院

（UCLA Anderson School of Management）的教授，也是該校行為決策研究小組的副主任。在這篇文章裡，塞勒和本納茨把展望理論中的損失規避概念直接連結到股票市場的現象中。

他們為這篇具有開創性的文章所下的標題，指引著我們去討論兩個相關聯的觀點：第一、股權風險溢價令人費解；第二、康納曼和特沃斯基明確指出的損失規避行為，是一種非理性的傾向，讓投資者無法看見長遠利益，也就是說，投資者變得短視。

許多投資者聽過股票風險溢酬（*Equity risk premium*）這個概念，但真正了解的並不多。股票風險溢酬指的是，無論從任何角度衡量，具有內在風險的投資，以股票市場為代表的收益率，高於以美國十年期公債為例的無風險收益率。（稱之為「無風險收益率」，因為截至目前為止，美國政府未曾違約。）投資者從個股或整體股市得到的收益率高於無風險投資的收益率，而兩者的差異就是投資者承擔股市較高風險（即股票風險）所得的報償。例如，某支個股的收益率是10％，同個時期的無風險收益率是5％，則股票風險溢價為5％。風險溢價高低因投資者對特定股票或整體股市的感知風險而異。

根據紐約大學史登商學院（Stern School of Business at New York University）金融學教授阿斯沃思．達莫達蘭（Aswath Damodaran），隱含股票風險溢酬在一九六一年的3％以下及一九八〇年代的6.5%以下之間遊移。

塞勒和本納茨被兩個問題所困惑。第一個問題是：股票風險溢酬為什麼這麼高？第二個問題則是：既然我們知道多年來股市報酬率高於公債，為什麼還是有人願意持有公債？他們認為，答案就在康納曼和特沃斯基所提出的兩個核心概念之中。第一個是損失規避；第二個則是被稱為心理帳戶的行為學概念。

塞勒說，心理帳戶意指人們解讀財務結果的方法。為了把這個概念連結到論述中，塞勒重提了薩謬爾森過去提出的一個疑問。一九六三年，薩謬爾森問他的同事願不願意接受這樣一場賭局：下注者有50%的機會贏得兩百元，而50%機會輸掉一百元。他的同事婉拒了，但接著說，他願意賭一百次，條件是他不需要知道每一次的開盤結果。這個反向建議讓塞勒和本納茨靈光一閃。

只要符合兩大條件，薩謬爾森的同事就願意下賭注——延長這場遊戲的時程，同時減少觀看結果的頻率。把這樣的觀察挪到投資領域，塞勒和本納茨做出了以下推論：投資者持有資產的時間越長，該資產就變得更具吸引力，前提是避免經常對該投資項目進行評估。如果你不是每天檢查你的投資組合，就不需要為每天的價格波動而焦慮；持有越久，就越不需要面對市場的無常變化，你的投資選擇看起來也就更具吸引力。換言之，損失規避以及頻繁的評估週期，是投資者不願承擔持股風險的兩大因素。塞勒和本納茨借用了醫學名詞，提出「短視損失規避」（*myopic loss aversion*）的概念，指的是投資者的損失規避以及評估投資項目的頻繁度兩者結合在一起的行為。

接著，塞勒和本納茨思考著短視損失規避是否可以用來解釋股票風險溢酬。他們想要探究的是，怎麼樣的損失規避與評估頻率組合能夠解釋股票報酬率的歷史形態。他們因而提問：要多久評估一次股票的投資組合，才能讓投資者無感於過往股票和債券報酬率的分布形態。答案是：1年。

先不論一年評估一次股票投資組合是否可行，得出這個時程點的科學證據是相當直接明瞭的。塞勒和本納茨以1小時、1天、1週、1個月、1年、10年和100年為時程，檢驗股票的報酬率、標準差，以及獲利機率。然後，他們以2為「損失規避係數」（loss-aversion factor），算出效用函數（utility function）——效用等於價格上漲機率減去兩倍的價格下跌機率。根據報酬率的歷史資料，持有時程必須長達一年，效用函數才會向上交叉穿越為正數。

塞勒和本納茨認為，所有有關損失規避的討論，必須同時說明計算報酬率的頻率。如果投資者評估的是短時程的績效，顯然就會對股票這類高風險投資興致缺缺。塞勒和本納茨說：「損失規避是活生生的事實；相反的，評估頻率是可以改變的策略選擇，至少原則上可如此假定[3]。」

在我看來，投資者無法在股市獲利，最大的心理障礙就是短視損失規避。我投身投資領域的二十八年來，親眼目睹投資者、投資組合經理、投資顧問，以及大型機構基金的董事會成員如何艱難地面對損失（損失規避），而頻繁披露損失則會讓他們更痛苦（短視損失規避）。極小部分優秀的人能夠克服這個情緒重擔。

華倫・巴菲特（Warren Buffett）是個有能力控制短視損失規避傾向的人，因而也成了世界上最優秀的投資人——這或許一點也不讓人意外。我總覺得，華倫・巴菲特的成功主要歸功於他的混合式投資工具，也就是波克夏・海瑟威（Berkshire Hathaway）公司。這家公司持有普通股，也擁有旗下的全資公司，這獨特的構成讓巴菲特佔盡優勢。以他的導師班傑明・葛拉漢（Benjamin Graham）的話，巴菲特宣稱自己「我是商人，所以是更好的投資人；同時也因為我是個投資人，所以成了更好的商人」[4]。

舉例來說，商人巴菲特知道只要他的公司持續穩定獲利，他的投資就會有持續升高的價值。他不需要等待市場給他肯定，就如他常說的：「我不需要仰賴股票價格來得知我早已知道的價值。」

一九八八年，巴菲特投資十億元在可口可樂公司，那是當時波克夏公司最大筆金額的股票投資項目。後續十年，可口可樂公司的股價上漲十倍，而同時期的標準普爾五百指數（S&P 500）則上漲三倍。然而，這並非持續一貫的。在那十年當中，有六年的時間可口可樂公司表現優於大盤，其餘四年的漲幅則低於整體市場[5]。以損失規避的數學公式來算，投資可口可樂公司所帶來的是負值的情緒效用（六年的正值效用，減掉四年的雙倍負值效用；六減八，得負值）。

巴菲特也許讀過維加《困惑之惑》的第四原則：「心無畏懼地承受不幸的打擊，就像獅子對著轟隆雷聲回以吼叫，而不是像雌鹿一樣嚇得拔腿就跑。」

價值投資之父跨越時空的啟示

班傑明・葛拉漢透過他的兩本經典作品《證券分析》（*Security Analysis*）與《智慧型股票投資人》（*The Intelligent Investor*, [1949] 1973）[6]，在股票市場中為三代投資人領航。這麼說一點都不誇大——他的價值投資（value-investing）方法幫助了成千上萬的投資人挑選個股。

然而，他的投資心理學觀點卻常被忽略。

葛拉漢的教學與寫作致力於讓人了解投資與投機的關鍵區分——不僅是定義上的區別，他實際所傳達的訊息遠遠超出於此。普通股同時擁有投資以及投機的特性，他強調我們必須對此有所認知。也就是說，我們知道股票的價格走勢最終取決於企業的經營表現，但也必須同時意識到，「由於大多數人根深蒂固的投機傾向或賭性，也就是受制於希望、恐懼與貪婪，因此普通股大部分時候都遭受不合理且過度的價格波動所影響」[7]。

他警示我們，投資者對市場的上下波動必須要有所準備。他指的是心理準備，同時也是財務上的準備——不僅理智上理解市場衰退的可能性，更要在下跌趨勢發生時讓自己的情緒能安然應對。該如何適當反應呢？在他看來，投資人只需要像個商人一樣——價格若沒吸引力？忽略就好了。

「當持有的股票正處於不合理的下跌走勢時，投資人如果讓自己驚慌失措或過度憂慮，他也就把基本的優勢糟蹋成劣勢。」葛拉漢這麼說。「對這種人而言，如果他的股票在市場上不再有任何報價，他反而輕鬆了，因為他至少不需要因為別人的錯誤決策而承受精神磨難[8]。」

此時葛拉漢對「精神磨難」的傳神說法，直接觸及因短視損失規避引發的破壞力；而這時候離塞勒和本納茨發表論文的時間還有四十五年。

網路是幫手還是原兇？

到目前為止，我們各別從理論觀點（葛拉漢）、學術研究（康納曼、特沃斯基、塞勒、本納茨）與實踐（巴菲特）的層面檢視心理學與投資。巴菲特成功超越心理層面的過失而開創非凡事業，他顯然是個特殊的人物。然而我們也知道，法則一直都在，而巴菲特只是特例。

一九九七年，美國加州大學行為經濟學教授特里．奥登（Terence Odean）發表一篇題為〈投資者為何過度交易？〉（Why Do Investors Trade Too Much?）的論文。為了解答這個疑問，他檢閱了一萬名匿名投資人的績效記錄。

奥登以七年（一九八七至一九九三）的時間追蹤了97,483筆交易，這些交易來自一萬個從某家折扣經紀商那裡隨機選取的帳戶。他發現的第一件事是，投資人每一年都會賣出後再重新買進投資組合中近80％的個股（週轉率為78％）。然後，他取這些投資組合跟各個期間（四個月、一年、兩年）的市場平均價比較；並且在其中發現兩個令人驚訝的傾向：（一）投資者買進的股票始終落後於市場；而（二）他們賣出的股票往往表現優於市場[9]。

奧登想要更深入了解，因此接著調查66,456個家戶的交易行為與績效。他跟加州大學戴維斯分校金融學教授布萊德·巴伯（Brad Barber）合著了一篇論文〈交易危害財富〉（Trading Is Hazardous to Your Wealth, 2000），文中比較了頻繁交易與不常交易這兩類投資人的績效記錄。他們發現，活躍的交易者平均而言績效最差，而交易次數最少的反而得到最高的報酬率[10]。這結果意味著，受短視損失規避影響最深而經常因此賣出股票的人，表現遠遠不如那些有能力抗拒本能衝動而堅守部位的投資者。

遺憾的是，情勢對身處困境的投資人而言可能越來越不利。奧登和巴伯在〈網際網路與投資者〉（The Internet and the Investor, 2001）這篇文章裡指出，網路為投資人帶來的弊端可能大於利益。這個說法乍聽之下或許不合情理，畢竟網路帶來的是種種資訊優勢。可是奧登和巴伯說，網路上的大量資訊讓投資者輕易找到證據來支持他們的直覺，因此對自己挑選股票的能力過度自信。

「網際網路為投資領域帶來改變，讓線上的投資者錯覺自己已經取得知識與控制力，因而可能加劇投資者的過度自信。」他們進一步解釋：「當人們得到更多資訊作為他們預測或評估的基礎，對預測準確度的信心，往往比準確度本身提升得更快[11]。」他們宣稱，資訊超載可導致知識錯覺（*illusion of knowledge*）。

還有一點：因為有了網路，投資者現在可以即時查看他們的部位。過去，投資者可能每天或每週查看一次股票價格。現在，投資者透過線上交易，他們只要在電腦前，甚至走在路上滑一下智慧型手機，就可以即時檢視他們的投資組合。

回想塞勒和本納茨一九九五年那項提出「短視損失規避」概念的研究。他們發現，每小時評估一次股票的表現會為投資者帶來最糟糕的績效。可想而知，如今投資者每六十秒檢查一次投資組合，短視損失規避將發揮多大的破壞效應。

無畏飛行員或怕老婆的男人

專業投資管理人致力於幫助投資者精確評估他們的風險容忍度（risk tolerance）。投資顧問的主要職責在於做出適當的資產配置，然而，他們總是在市場上漲時看著客戶追加買進的股票，然後在市場轉向低迷時無助地看著他們把股票賣掉而改買債券，這一切讓投資顧問感到挫敗。目睹投資人的進取態度和保守作風持續交替，促使人們重新思考有關風險容忍度的研究取徑。

計算風險容忍度的傳統作法相當簡單、直接。投資顧問使用一系列的訪談和問卷調查，了解在各種設想的情境之下客戶如何看待他們的投資組合。例如，當股票市場下跌20%而客戶的投資組合中有一半的標的為個股，此時資金正承受暫時性的10%虧損，他們感覺如何？然後，他們再提出另一個假想的情境，一個接著一個。這個方法背後的理論是，透過研究各種市場情境並且調整資產配置，我們就能完善地建構出符合客戶風險圖像（risk profile）的投資組合。這個取徑的問題在於，無論檢視過多少種不同的情境，錯誤評估客戶風險容忍度的可能性仍然大於正確評估的可能性。

為什麼會這樣？據傑出的社會心理學家狄恩．普魯特（Dean G.Pruitt）所說，投資的這種行為出自「華特．米堤效應」（Walter Mitty effect）[12]。

華特．米堤是詹姆士．瑟伯（James Thurber）的短篇小說作品〈白日夢冒險王〉（The Secret Life of Walter Mitty）中的虛構人物。這篇小說一九三九年發表在《紐約客》（*The New Yorker*）雜誌，一九四七年改編成電影，由丹尼．凱伊（Danny Kaye）主演。華特．米堤的個性逆來順受，完全活在蠻橫妻子的恐嚇之下，只能以白日夢來回應這一切——他幻想自己奇蹟式地轉變成一個勇猛英雄。這一刻他還在恐慌承受著妻子的刻薄言語，下一刻他已經變成了無畏的戰鬥機飛行員，獨自執行危險任務。

普魯特認為投資者對市場的反應就像華特．米堤對人生的回應。當市場走勢看好時，他們在自己的眼中成了勇敢的投資人，熱切於接受更大的風險。然而，當市場衰退時，他們隨即奪門而出。所以，如果直接要求投資者述說自己的風險容忍度，你得到的答案或許是（牛市時的）無畏飛行員或（熊市時的）懼怕老婆的男人。

如何應對華特．米提效應呢？我們應該另尋間接評估風險容忍度的方法。你必須看透那些標準化提問背後所隱藏的訊息，探究其中的心理學含義。

我跟維拉諾瓦大學（Villanova University）的賈斯丁．葛林（Justin Green）博士合作之下，發展出一套風險分析的方法；這個方法聚焦於個體的人格特質，而非直接詢問與風險有關的問題。我們辨識出關鍵的人口學因子與性格取向，綜合考量這些因素有助於我們更準確地衡量投資者的風險容忍度。

我們發現，與風險共處的能力跟兩項人口學因素有關：年齡和性別。較年長者比年紀較輕的投資者更謹慎，而女性也比男性更警戒。個人財富不是重要因素——擁有的金錢多寡看來對風險容忍度並沒有影響力。

還有兩項重要的人格特質：個人控制感取向（*personal control orientation*），以及成就動機（*achievement motivation*）。第一種人格特質指的是，一個人在多大的程度上感覺自己有能力控制他所身處的環境以及他的人生決定。自認掌握控制能力的人，即稱為「內控者」（internals）。相對的，「外控者」（externals）自認控制力薄弱，覺得自己就像一片隨風飄搖的葉子。根據我們的研究，絕大部分願意承擔高風險的人都可被歸類為內控者。第二項人格特質，即成就動機，說明的是一個人的個性有多大程度的目標導向特質。我們發現，高風險承擔者同時也表現出目標導向的特徵，即使高度專注於目標可能導致急劇的沮喪情緒[13]。

了解自己的風險容忍度往往比單純地評估個人控制感和成就動機來得複雜。若要揭開這些性格特質與風險承擔兩者之間真正的關係，就必須同時了解自己如何看待所處的風險環境[14]。你是否認為股票市場是（一）一場只能以運氣取勝的遊戲，還是（二）一項必須仰賴準確的訊息加上理性決策來取得成功的事業？

心理學研究已清楚證明，「所做的決策承載著多大風險，受個人信念影響——也就是說，他認為決策結果仰賴於技能，或者純粹只是機率[15]。」一般而言，如果認為結果取決於技能，就會一貫做出中等至高度風險的選擇。但是，如果認為結果仰賴於機率，則會限制自己做出較為保守的選擇。

綜合以上，我們來看看這所有人格特質的元素如果相互作用。假設年齡和性別不變，我們可以透過以下三大人格特質來指認出高風險容忍度的投資者：（一）他們會設定目標，（二）也相信自己能控制環境且有能力影響結果，最重要的是，（三）他們視股市只是偶然性的困境，資訊及理性選擇將能通往成功。

• • •

心理學家說，我們理解抽象或複雜概念的能力，依賴的是我們心智裡為某個現象所形塑的運作模型。我們的心智模型再現（represent）的是一個真實或假定的情境，就像建築師的模型代表的是計畫中的建築物，或者就像彩色的 Tinkertoy 玩具組可拼湊成複雜的原子結構[16]。以通貨膨脹為例，我們的心智模型再現的是通貨膨脹對我們而言所意味的事物——可能是更高的汽油或食物費用，或者必須給員工付更高的薪水。

這個論點最初由蘇格蘭心理學家肯尼思・克雷克（Kenneth Craik）提出。在他那本簡短但卓越的著作《解釋的本質》（*The Nature of Explanation*, [1943] 1952）中，克雷克說人類是訊息的處理器，會針對現實世界建構出一套心智模型，以此來預見即將發生的事件。他認為，我們在腦袋裡「依據外在的現實以及可能的行動來形塑一個縮小版的模型」，因此能夠以此「嘗試各種選項後做出最好的選擇、為未來情境做出反應、把過去事件累積而來的知識利用在當前與未來的事件上，並且在面對緊急狀況時採取完善、安全、有效率的應對方法」[17]。克雷克說，心理學領域最偉大的探索，就在於揭示個體如何建構此類心智模型。

讓人悲痛的是，克雷克三十一歲時因為腳踏車事故而英年早逝。自此之後，大部分有關心智模型的研究都由普林斯頓大學（Princeton University）心理學教授菲力普．強森萊德（Philip N. Johnson-Laird）所主導。他做了一系列對照實驗以檢視人們建構心智模型的方式，從中發現人們思考時往往以數種方式犯下系統性失誤；這些發現詳盡記錄在他的著作《心智模型》（*Mental Models*, 1983）中。

首先，我們傾向於假定每個模型都是等概率（equiprobable）的。也就是說，同時面對好幾種不同的心智模型時，在我們的思維裡，我們很可能賦予所有的模型同等重量，而不是分別衡量每個模型可能帶來的作用。我們可以這麼說：人類的頭腦不是專為貝氏推論而設計的[18]。強森萊德還發現，人們針對某個現象可能擁有好幾種不同的心智模型，但往往只會專注於少數幾個，甚至有時候只能聚焦在其中之一；依賴於受限的心智模型數量，顯然會導向錯誤的結論。強森萊德也告訴我們，心智模型通常再現的是正面現象而非反面——建立一個通貨膨脹「是什麼」的模型，比建構一個通貨膨脹「不是什麼」的模型來得容易許多。

後續的研究顯示，整體而言我們總是以錯誤的方式使用心智模型。對於想要解釋的現象，我們建構的是不完全的再現模型。即使模型精確無誤，我們也常常不當使用。我們總會忘記模型的細節，而時間的流逝增強了我們的健忘傾向，因此模型總是不穩定。最後，我們還有一個致命的傾向——根據迷信及未經證實的信念來建構心智模型。

我們透過心智模型來理解抽象概念，因此良好的心智模型對投資者而言特別重要——對大多數投資者而言，市場與經濟體制運作的背後，其實是讓人卻步的抽象概念。此外，心智模型決定了我們的行動；所以，以劣質訊息為基礎的不良模型終將導致低劣的投資績效，這一點都不讓人意外。

相信的力量成就了市場

到底是什麼原因驅使人們接受不可靠的訊息，甚至以此為行動依據？例如，明明就沒有人可以預測股市的短期走向，但為什麼投資者仍然被所謂的市場預測專家所迷惑？在其他方面表現精明的人，會突然聽信某個預測者對市場的看法，甚至有時候會依賴這些預言做出投資決策。他們為什麼會如此輕易受騙？根據麥克·薛莫（Michael Shermer）的著作《如何相信》（*How We Believe*, 2000），答案就在於信念系統（belief system）的力量。

我們必須以一個心理學家普遍接受的假設為前提——人類是尋求模式（pattern-seeking）的生物。實際上，人類作為物種生存至今，仰賴的即是這種能力。薛莫寫道：「那些最精於尋找模式的人（如站在獵物的上風位置不利於打獵、牛糞有益於農作物等經驗），留下最多子孫，而我們就是他們的後裔[19]。」物種演化的力量讓我們根深蒂固地想要尋找某種模式來解釋世界，而那些模式也就形成了信念系統的基礎，即使這些信念似是而非。

薛莫要我們回想中世紀，這樣有助於我們理解信念系統的作用。在那個時代，90％的人口不識字；而人類所能得到的少量科學訊息，則由一小群知識精英所壟斷。其餘的人只能依賴詛咒、巫術、惡魔等等來理解他們身處的世界。瘟疫是恆星與行星排列失調所引發的。孩童死亡是囚山洞裡的吸血鬼和食屍鬼所害。晚上看見流星劃過，或聽見狼嗥聲，天亮前將會死去。

牛頓科學革命以及民眾整體認字率的提升，減少了這類怪異迷信。化學取代了煉金術。帕斯卡（Pascal）的數學概念解釋了壞運。社會衛生減少了疾病發生率，而進步的醫學延長了人類壽命。總之，我們可以這麼說：科學世代的來臨減少了思維錯誤與荒唐無稽的信念。但是，薛莫認為這一切並沒有完全消除我們的魔力思考（magical thinking）。許多運動員仍然會進行奇異的儀式來維持連勝紀錄。買彩票的人依賴占星術的預兆。許多人因為「13」這個數字而受驚嚇，更有無數人因為害怕厄運降臨而依照指示轉寄連環信。人們的腦中充斥著魔力的想像，這無關教育程度、智力、種族、宗教或國籍。

薛莫說，雖然我們不是生在史前時代，但我們的頭腦卻是在那時候形塑的，而且在整個人類歷史中都一貫維持這種運作模式。我們至今仍無法抵抗魔力思考的誘惑，因為人類是尋求模式的生物，即使面對無法解釋的事物也要找到解釋。我們無法信任混沌與失序狀態，所以尋求答案，即使得到的解答來自於魔力而非理性思維。能夠以科學解釋的，我們訴諸科學；不能的，就留給魔力。

薛莫在他的最新著作《輕信的腦》（*The Believing Brain*, 2011）中談到，迷信來自於我們對模式的虛假鑑定。我們的腦袋是個信仰引擎，會本能地尋找模式並且賦予意義。毫不意外地，我們尋找的是那些鞏固原有信仰的訊息，與信仰有所抵觸的則被忽略。薛莫稱之為「依賴信仰的現實」。我們都聽過「眼見為憑」這種陳腔濫調，但薛莫認為，信仰決定所見。

當我了解了薛莫那些關於魔力思考與信仰引擎的概念之後，再回來看看市場預測專家的誘惑，一切就明瞭了。我們人類在遠久的演化過程中對不確定性一再感到極度不安與焦慮；因此，一旦有人承諾可以幫助我們減緩焦慮，我們總是願意聆聽。即使理性告訴我們預測專家不可能預測明天或下個星期的市場走勢，我們還是寧願相信他們有這樣的能力——因為另一個選項（對市場走向維持「不知」）實在讓人不安。

巴菲特所傳達的教誨

這個章節開頭已說明，心理學研究分成兩大範疇：情緒與認知。心理學與投資之間的交互作用，涉及的是這兩個範疇，有時候兩者同時作用。到目前為止，我們分別從兩個不同的範疇出發來思考人類心理的各別面向，以及這些心理面向與投資的關係。班傑明．葛拉漢讓我們覺察到自己如何混淆了投資與投機，因而產生嚴重的認知錯誤；他也警惕我們種種由情緒導致的投資失誤。我們透過行為金融學的觀點，檢視了許多人類處理金錢的弱點。我們深入探討了對風險的接受度。我們了解了心智模型如何幫助我們掌握抽象概念，也看到了不可靠的模型如何帶來讓人沮喪的投資報酬。最後，我們回顧人類亟欲尋找模式來解釋世界的傾向——即使找來的模式並非建立在真實的訊息之上，只是基於那些遵循信仰魔力的思考罷了。

以上這些事情，我們必須逐件討論，並且以線性的方式進行；但我們同時也知道，現實中這一切並非如此井然有序。沒有任何東西比人類的腦袋更複雜，更沒有任何事物比人類的行動更紊亂。我們以為自己在投資，卻持續表現投機的行為。我們明明有一套明確的理財計畫，卻僅僅讀了一篇雜誌報導就決定從眾，因而毀了整個計畫。我們認真且持續多時研究某支股票，同時又聽取所謂市場預測專家那些似是而非的意見。這一切都同步發生。混亂的環境充斥著太多的謠言、失算，好壞訊息交織在一起——費雪．布萊克（Fischer Black）稱這一切為「噪音」。

在我眼中，布萊克是個非凡的投資專家。加入高盛集團（Goldman Sachs）之前，他曾是芝加哥大學與麻省理工學院的金融學教授。在他的專業領域中，布萊克最為人知的或許是他跟麥倫．修斯（Myron Scholes）與羅伯特．默頓（Robert Merton）的共同貢獻，即制定了我們今天所使用的選擇權訂價公式。然而，讓我對他留下深刻印象的，則是一九八六年他在美國金融學會（American Finance Association）的主席就職演說。這場演講題目很簡單，就是「噪音」；但這位備受尊敬的學者在演說中無畏地採取與同儕相異的立場，挑戰一個被廣為接受的論點——股票價格是理性的。布萊克認為，我們所看到的並不是純粹的訊息所驅動的理性價格，因為在市場中所聽聞的大部分其實都是噪音，帶來的只有混亂。處於錯亂的投資者又更進一步讓噪音升級。布萊克說：「因為有噪音，所以我們的觀察殘缺不全[20]。」他解釋說，系統中形成的噪音最終導致價格無法再為生產者和消費者提供有用的訊息，無法指引他們的經濟決策。

面對市場的噪音，我們是否有任何應對方案？我們能不能區分出噪音價格與基本價格？明顯的答案是：你必須了解投資標的的經濟基本面，如此就能夠準確覺察到價格正處於公司的內在價值之上或之下波動。這也是葛拉漢和巴菲特所傳達的教誨。但是，根深蒂固的心理因素總是遮蔽了這種近乎常識的忠告。我們應該忽視市場的噪音，這說來容易，真正應對這些噪音所造成的心理效應則又是另一回事。投資者需要一個可以讓他們減低噪音的程序，如此才較容易做出理性決策；而這道程序所指的，不多也不少，恰恰就是精確的訊息交換。

• • •

一九四八年七月，數學家克勞德·夏農（Claude E. Shannon）在《貝爾系統技術期刊》（*The Bell Systems Technical Journal*）發表了一篇劃時代的論文〈通訊的數學理論〉（A Mathematical Theory of Communication）。他在文中寫道：「通訊所要處理的根本問題，就是在某個端點完全一致或近乎一致地複製另一個端點所選擇的訊息[21]。」換言之，通訊理論大致上關乎的是A端點與B端點之間訊息的精確與完整傳達。這是一項工程學的挑戰，同時也是心理學的挑戰。

通訊系統由五大部分組成：

(1) 訊息源：產生訊息或訊息序列。

(2) 發信器：針對訊息操作以產生可以透過頻道傳送的訊號。

(3) 頻道：發信器與接收器之間用來傳送訊號的媒介。

(4) 接收器：重構訊息（執行與發信器相反的操作）。

(5) 終點：預期的訊息接受者。

投資的通訊系統為何？我們的「訊息源」是股票市場或經濟體系；這兩者都會持續產生訊息或訊息序列。「發信器」包括撰稿者、記者、企業管理層、券商、理財專員、分析師，甚至是任何一個傳遞訊息的人，如計程車司機、醫生、鄰居等等。「頻道」可能是電視、廣播、報紙、雜誌、期刊、網站、分析師報告，或者是任何形式的日常對話。「接收器」是人的心智，這是處理與重構訊息的地方。最後的「終點」，即是重構訊息並依此行動的投資者。

夏農提醒我們，從源頭到達終點之前，有好幾個階段可能會危及訊息品質。他如此警戒：最大的危險在於系統內的噪音，訊息可能在頻道的傳輸過程中，也可能在發信器或接收器的端點遭受干擾。我們不應該自動假定發信器總是精確地從訊息源（市場）整合資訊，然後放置到傳輸頻道中。同樣的，接受器也可能錯誤處理訊息，導致終點出現錯誤。我們也知道，在同一個頻道中同步傳輸多樣的零碎訊息，會提升噪音量。

為了解決通訊系統中的噪音，夏農建議我們在接收器與終點之間放置一個他所謂的「校正裝置」。這個裝置將導入來自接收器的訊息，然後分解出噪音後再重構訊息，以便讓資訊精確抵達終點端。

論及投資者如何處理資訊，夏農的校正系統是個完美的隱喻。我們必須在心中為我們的訊息渠道放置一部校正裝置。這部校正裝置的首要任務是確保從源頭而來的訊息得以維持其完整性——它必須篩掉錯誤的訊息源，當訊號錯亂時馬上重構訊號。這道程序其實就在我們的控制範圍內——也就是提升搜集與分析資訊的能力，並且利用這些資訊加深我們的洞察力。

校正裝置的另一面，也就是向著接收端點的那一面，必須確保訊息經由妥善傳輸而來，而且接收過程精確無誤，不受心理偏差影響。這道程序同樣也在我們的控制範圍內，只是頗具挑戰性。這個章節闡述了因情緒而起的失誤以及錯誤思維如何以各種方式阻斷原本理想的投資決策，我們必須覺察這一切，並且時時對這類心理過失有所警惕。

投資者容易錯下結論

為我們帶來「多元思維模型」這個概念的查理．蒙格，投入了許多時間思考我們如何從不同的領域積累片斷知識以形成「普世智慧」。他說，在投資的領域裡我們顯然需要掌握基本的會計與金融學知識。統計學與機率理論的理解也同樣重要，我們將在「數學」的章節裡討論。但是，他認為最重要的是心理學的知識，尤其是他所謂的「人類誤判心理學」（psychology of misjudgment）。

查理警戒我們遠離心理捷徑。他認為我們過於輕易下結論，因而容易被誤導，也易於被操縱。「就我個人而言，我現在使用的是某種雙軌的分析方法。」查理進一步說明：「第一，理性思考的話，到底是哪些因素在實際支配其中所涉及的利益？第二、有哪些潛意識的影響力在發揮作用？那都是我們的頭腦在潛意識層面的自動運作，基本上都是有用的，但常會出現機能異常。」[22]查理以他自己的方式形塑了某種克勞德．夏農所建議的「校正裝置」。

心理學探索的是我們的慣性行為，這是一門魅力無限的學科。尤其讓我振奮的是，在這個普遍被認為只有冰冷數字的投資領域裡，心理學竟然有如此強大的作用。做出投資決策的時候，我們的行為有時候漂浮不定，總會前後矛盾，甚至偶爾還做出傻事。有時候，我們那些無緣由的決策總是一再地悖於邏輯，有時候則根本無從辨識出任何決策模式。我們基於無法解釋的理由做出好決定；做出壞決定時，也同樣說不出什麼好理由。

所有投資者必須接受的是，他們往往沒有覺察到自己正在做出壞決策。我們現在知道了，要完全了解市場與投資，就要先了解自己的無理性。研究「誤判心理學」，徹頭徹尾就跟精明剖析公司的資產負債表一樣重要，甚至還可能更重要。

1 Michael Lewis, "The King of Human Error," *Vanity fair* (December 2011): 154.

2 譯註：此書中文版《贏家的詛咒：不理性的行為，如何影響決策？》由經濟新潮社出版（2009）；原文書名的副標是「經濟生活的矛盾與異常」。

3 Richard Thaler and Shlomo Benartzi, "Myopic Loss Aversion and the Equity Risk Premium Puzzle," *Quarterly journal of economics* 110, no. 1 (February 1995): 80.

4 巴菲特用另一種說法詮釋了葛拉漢的名言：「當作生意去做的投資，是最精明的投資。」Benjamin Graham, *The Intelligent Investor* (New York: Harper & Row, [1949] 1973), 286.

5 股票與投資組合鮮少百分之百的時間都表現優於市場。我花了很多時間考查股票與投資組合的持有期，得到的發現是：長期表現優於市場的股票或投資組合，通常在持有期間有40－60％的時間表現優於市場。（見 Robert G. Hagstrom, *The Warren Buffett Portolio: Mastering the Power of the Focus Investment Strategy* [New York: John Wiley & Sons, 1999].）這個研究領域有許多空間有待深入探究。

6 中文版《證券分析》（第六增訂版），二〇一一年寰宇出版；中文版《智慧型股票投資人》（全新增訂版），二〇一六年寰宇出版。

7 Charles Ellis, "A Conversation with Benjamin Graham," *Financial analysts journal* (September/October 1976): 20.

8 Graham, *Intelligent Investor*, 107.

9 Terrance Odean, "Do Investors Trade Too Much?" American economic review (December 1999).

10 Terrance Odean and Brad Barber, "Trading Is Hazardous to Your Wealth: The Common Stock Investment Performance of Individual Investors," *Journal of finance* 55, no. 2 (April 2000).

11 Terrance Odean and Brad Barber, "The Internet and the Investor," *Journal of economic perspectives* 15, no. 1 (Winter 2001).

12 Hagstrom, *Warren Buffett Portfolio*, 155.

13 參見注釋第12條。

14 參見注釋第12條。

15 Michael Lupfer and Mark Jones, "Risk Taking as a Function of Skill and Chance Orientations," *Psychological reports* 28 (1971):

27–32.

16 在此而言，「心智模型」一詞在這裡的應用，比查理．蒙格的用法還要更具體；蒙格的用法比較接近「關鍵原則、核心理念」的意思，比較沒有「形體再現」的意味。

17 Kenneth Craik, *The Nature of Explanation* (London: Cambridge University Press, 1952).

18 譯註：貝氏推論（Bayesian inference）是一種統計推論的方法，透過某些觀察結果來確定特定假設的機率，同時讓這些機率更接近於真實值。

19 Michael Shermer, *How We Believe* (New York: W. H. Freeman, 2000), 36.

20 Fischer Black, quoted in Peter L. Bernstein, *Capital Ideas: The Improbable Ori-gins of Modern Wall Street* (New York: The Free Press, 1992), 124.

21 Claude Shannon, "A Mathematical Theory of Communication," *The Bell Systems technical journal* (July 1948).

22 Charles T. Munger, *Outstanding investor digest* (May 5, 1995): 51.

第六章
哲學

無序不過就是對秩序的誤解

在這本書所綜覽的所有知識領域之中，哲學是最容易，也是最困難的。說是最容易，因為哲學知識處理的是那些在日常生活中影響著我們每一個人的熟悉課題；而來到這個世界上的我們，都具備了思考這些課題的基本條件——頭腦、思維、靈魂。

這同時也是最困難的學科，原因只有一個——哲學要我們思考。跟科學不一樣的是，哲學並沒有預先隱含的絕對答案。例如，量子力學即使再難懂，只要能夠掌握基本概念，就可以相當有信心地繼續往前探索，因為我們至少知道了探索對象的根本之處在哪裡，除非科學界又有了新的發現。同樣的，一旦我們理解了天擇和遺傳學的概念，也就知道了演化論的精髓。但哲學並沒有這樣的絕對性；這個學科所揭示的真相帶有個體性與獨特性的本質，而且只有親身探索的人才會得到。

這並非意味著哲學無法學習。要釐清自己的信念，最好的方法就是去探究世界上偉大哲學家的理念；甚至有人認為那是唯一的方法。但是，就本質而論，哲學思想無法完好無缺地從一個人的思維傳到另一個人的思維之中。任何哲學信條，無論由誰提出，必定得先通過我們的詮釋、經驗與信念的認知「濾網」，才能真正為自己所擁有。

追尋智慧

「哲學」的英文字 *philosophy* 源自希臘文，通常被翻譯成「愛」（love）與「智慧」（wisdom）。所以，「哲學家」（philosopher）意指熱愛智慧且孜孜不倦探尋意義的人。追求智慧是一個無止盡的積極探索過程。真正的哲學家心懷洞悉萬物的熱忱，對他而言這是個沒有終點的追尋。

在某種意義上，哲學始於人類最早期的生活形態——在那個史前時代，人類社會奮力想要了解他們身處的世界。不過，作為一門正式的研究學科，我們可以相當確定地說，至少就西方世界而言，哲學始於公元前六百年左右；當時古希臘有一群認真的思考者，想要跳脫宗教信仰的強行支配，另闢新徑來探索宇宙。隨後的兩千六百年，許許多多人棲身於哲學領域裡，有的聞名於世，有的默默無聞；而且其中有多少的人，就幾乎有多少種的信念與觀點。這個學科其中一本綜合性的參考書《牛津哲學指南》（*The Oxford Companion to Philosophy*）篇幅超過一千頁，其中包含哲學家名冊以及他們所提出的概念，還有一些其他相關主題。我們將以當前的目的為考量，把這個龐大的知識體系加以簡化，只取用與本書內容最相關的部分。

若純粹作為架構的簡化，我們可以把哲學探究分成三大範疇。第一個分支是面向世界總體本質的批判性思考，也就是形上學（*metaphysics*）。我們已經知道，物理學面向的是物質世界、有形物體與自然世界的力；這個學科研究桌子和椅子，以及它們的分子結構，也研究斜面運動或自由墜落的球體，以及控制太陽和月亮的運動法則。形上學的意思則是「超越形體」。當哲學家討論形上學的議題時，他們所描述的是獨立存在於我們身處的空間與時間範圍之外的思想，例如「上帝」或「來生」此類概念。他們的論述中不存在任何諸如桌子或椅子的有形物體，而是自然世界之外的抽象思維。進行形上學的辯論時，哲學家都願意承認所處世界的存在，他們彼此不認同的，是關於這個世界的本質與意義的各種觀點。

哲學研究的第二個範疇，探索的是以下三個彼此相關的領域：美學、倫理學，與政治學。美學是關於美的理論。進行美學論述的哲學家嘗試釐清的是，美對人而言是什麼——無論美存在於他們所投注的對象物，或者存在於他們所達至的心靈狀態。美學的研究並非膚淺的探索，因為我們對美的想像會影響我們對事物好壞的判斷。倫理學作為哲學的分支，探究的是關於是非的問題——何謂道德、何謂邪惡；哪些行為是適當的，哪些行為又是不妥的。倫理學檢視的是人們所進行的活動、他們所持有的判斷與價值觀，以及所追求的品格。跟倫理學緊密連結的是政治哲學。倫理學探問的是社會層次的是非問題，政治哲學所辯論的議題則包括社會的組織形式、社會需要的法律，以及個人與社會組織之間必要的連結。

哲學的第三個分支是認識論，探究的是知識的界限與本質。認識論（Epistemology）一詞源自希臘文：*epiteme* 意指「知識」，*logos* 的字面意思則是「論說」，也泛指任何形式的研究或智力探索。所以，認識論研究的即是「知識的理論」。簡言之，當我們進行一項認識論的探究時，我們正在對「思考」進行思考。

當哲學家開始思考「知識」時，他們嘗試探索的是：何者是可知（knowable）的事物、知識（相對於信念）如何構成、認識的條件（與生俱來，或是透過經驗習得），以及在什麼情況下我們才能說我們「知道」。他們也思考我們可以從不同的事物中得到哪些知識。例如，我們知道物理學的知識有別於生物學的知識，生物學的知識也有別於社會學的知識，而社會學知識又有別於心理學知識。

哲學的所有分支透過各種不同的方式觸及我們的日常生活。每個人對世界都抱持著某種觀點，甚至也可能有某些超越現實世界的理念。這時候，我們摒棄那些理性有序的研究及其所衍生的種種無可爭論的假說，而讓形上學帶著我們理解世界的整體。我們對美麗與荒蕪、對與錯、公與不公，也都有自己的想法。針對這些議題，美學、倫理學與政治學引領我們進行系統性的探究，從中了解個人與社會應該擁護的規律與原則。最後，我們總會在某些時候對自己的思考方式產生疑惑。針對這些疑問，認識論有助於釐清我們如何形塑信念；當思考過程出錯時，我們透過認識論來排除錯亂思緒。

無庸置疑，哲學領域的這三大分支都是值得我們付出努力的智識追求。但是，在這個章節我們將把論述限縮在認識論的範疇。或許有人會說，兼顧社會責任的投資活動與哲學中的美學、倫理學與政治學完全相關；但我並不想要在這裡辯論各別企業的是非對錯。我更不會觸及投資與宗教信仰的關係。這些無疑都是值得探究的議題，但必定有其他人比我更精於此事。我深感興趣的是有關認識論的探問。我亟欲得知的是思維的形塑過程，更想知道如何能學習到良好的思考技巧。

思考不僅僅關乎知識的取得，思考的過程也有好壞之分。我們可以藉由學習良好的思考方法，盡可能避開思維中的混亂、噪音與模糊。我們不僅更能覺察到可能的替代選項，也更有能力做出可信的論證。我們如何思考投資，最終將決定我們如何行動。如果我們能夠有意識地採取認識論的架構，在某種程度上時時檢視自己的思考過程是否嚴謹、一貫，這將有助於我們提升投資績效。

市場真的無序？

市場是個複雜適應系統，並且呈現此類系統的所有特徵——這是貫穿這本書的其中一個基本概念。到目前為止，我們對於複雜適應系統的探究，採取的幾乎都是科學的路徑。我們對市場行為研究，採用的是物理學家、生物學家、社會學家與心理學家的視角。在這個過程中，我們試圖揭示系統複雜性的科學原理，所以你可能會認為哲學對此事的貢獻不大；但是，波士頓大學的科學哲學與科學史中心（Center for Philosophy and History of Science at Boston University）研究員李・麥金泰爾（Lee McIntyre）不認同這種看法。他認為哲學知識是理解系統複雜性的關鍵變數，而且，任何有關複雜性的科學研究都必須涵蓋哲學解讀[1]。

麥金泰爾提出的第一個疑問是：有關複雜適應系統的研究，就其性質而言該屬於認識論問題還是本體論（ontological）問題。所謂本體論，可以理解為形上學的分支之一。本體論問題指的是關乎存在（being）的問題，例如：現實的本質是什麼？現在，現實的本質或許過於複雜，超越我們理解能力的範圍。若是如此，則我們對於現實本質的無從理解，是一個本體論的問題。但是，如果我們因為欠缺相關知識而無法理解現實的本質，這時候我們所面對的就成了認識論的問題了。本體論的局限來自於事物的本質；認識論的局限則源於理解能力的不足。

科學謎團之所以無解，是基於事物的本質，還是源於我們對世界的理解不足？每一次開始展開科學探究工作時，科學家總要面對一道終極問題：世界是無從確定的嗎？還是，眼前的探究是為了揭示某些暫時隱藏而有待發掘的變項？關於複雜適應系統的研究直接觸及這道問題。我們知道這些系統是非線性的，所以無法使用傳統的線性方式來研究。我們也知道，這類系統的突現特徵一旦簡化或縮減到個體的層次，只會落得無蹤無影，所以化約論（reductionism）的研究方法也不適用。複雜適應系統必須在一個能夠不損及系統整體性的敘述層次上進行探究。「因此，複雜理論背後的中心思想是：對於某些系統我們的知識是有局限的，即使是規律有序的系統，因為我們必須在不排除系統複雜性的探詢層次上研究系統的秩序。」麥金泰爾如此解釋[2]。

但是，這種理解的局限，背後意味著什麼？複雜適應系統真的無法解釋（就本體論而言）嗎？或者，系統無法解釋只是因為我們對系統的理解能力有限（就認識論而言）？這個提問是哲學的基本議題，而且跟三百五十多年前被提出的那個問題一樣。牛頓發表他的運動定律理論（認識論）之前，自然和宇宙的運作長久以來都讓人困惑，被認為是無可解釋的（本體論）。

麥金泰爾相信，神祕難解並非複雜適應系統的固有特徵；這類系統展現如此面貌，只是因為我們的敘述能力有限。「一旦接受複雜系統的複雜性只是呈現在敘述中，我們就有可能找到其他的替代敘述，也就是系統的重述（*redescription*），從中得到比較簡單且科學能夠處理的規律性。」〔標楷體為本書作者所加〕他解釋說：「如果複雜系統背後存在秩序，而且複雜性得以透過替代的敘述方式來排除，這豈不是意味著某種重述方式相較於其他敘述方式更能突顯系統的秩序[3]？因此，麥金泰爾促請我們別把複雜性視為世界的內在特徵；相反的，複雜性乃是由我們的思考方式所衍生。若重述詩人亞歷山大・波普（Alexander Pope）的名言，無序不過就是對秩序的誤解。

麥金泰爾指出，一旦深入探索，表面所呈現的無序狀態也就變得較不混亂了；他認為科學家的使命是尋找不同的敘述方式，以深入系統的表層。暫停下來思考一下，麥金泰爾的意思是說，科學探索真正的核心在於尋求新的方式來敘述所觀察的現象。

然而，重述並不是科學的獨占領域，也是科學家以外的人試圖了解事物的關鍵工具。如果事物仍然處於神祕狀態，我們的任務便是改變敘述方式，為該事物提供重述。我們可以這麼想：當我們試圖理解事物時，有時候思考會陷入堵塞狀態。我們可以這麼說：重述是打通思緒的強大工具。舉例來說，我相當確定的是，我們無法理解市場的其中一個原因在於我們被套牽在均衡論的敘述中，以為市場必然如此表現。為了達至更高層次的理解，對於種種外觀呈現複雜性的系統，無論是金融市場、社會與政治體系，或物質世界，我們都必須保持開放的思維以接受各種新的敘述方式。

但是，別以為我提倡的是某種無拘無束的智識探求。科學家的目標是解釋自然界的事物，所使用的敘述不該違反科學對自然世界的基本假設。投資者的目標，是以相容於市場基本運行原理的敘述方式來解釋市場。我們不可把任何僅僅在表面上為事物提供合理解釋的敘述，或任何敘述方式的組合，草率拼湊在一起。若現象沒有秩序可觀察，就不可無中生有。自然並非總是如你所願，市場也是。天真地為各種事件強附因果的關係，也必定立即顯示無效。

●●●

「無法解釋，是因為無法敘述。」

他聲音洪亮地大喊，震憾了整個講堂。這並非一時的無意之舉，顯然有人在生氣、惱怒。一陣震驚，我們都嚇呆在座位上。現場一片靜默。慢慢地，有一些人轉過頭去，想知道這個發射火箭砲的聲音到底來自何方神聖——原來是本華・曼德博（Benoit Mandelbrot）。

當晚研討的課題是個大哉問——股票市場是否有效率？那是聖塔菲研究所一場三日研討會的一部分。該研討會的主題是「超越均衡與效率」，由聖塔菲的研究員法默（J. Doyne

Farmer）教授與耶魯大學考爾斯基金會（Cowles Foundation）的堅納格普魯斯（John Geanakoplos）教授召開。研討會的出席者來自各個領域，有物理學家、經濟學家、數學家、金融學教授、基金經理，包括幾位世界上最優秀的投資專家。

以下列出的是該研討會的部分出席者：羅勃・席勒（Robert Shiller，耶魯大學，二〇一三年諾貝爾經濟學獎得主）、弗蘭科・莫迪利安尼（Franco Modigliani，麻省理工學院，一九八五年諾貝爾經濟學獎得主）、理察・塞勒（Richard Thaler，芝加哥大學）、理察・羅爾（Richard Roll，加州大學洛杉磯分校）、史蒂芬・羅斯（Steve Ross，麻省理工學院）、麥可・莫布新（Michael Mauboussin，瑞信／美盛資金管理公司）、比爾・米勒（Bill Miller，美盛資金管理）、布萊恩・亞瑟（Brian Arthur，史丹佛大學）、默里・蓋爾曼（Murray Gell-Mann，一九六九年諾貝爾物理學獎得主）；當然，還有曼德博。

本華・曼德博（1924–2010）是一位特立獨行的數學家。他在七十二歲時進入耶魯大學執教，成為該大學歷年來年紀最大的受聘者；在此之前，他在IBM的湯瑪士・華生研究中心（Thomas J. Watson Research Center）服務了三十五年。他在整個職業生涯中獲得了超過十五個榮譽博士學位。曼德博發展出碎形幾何（fractal geometry）理論（這也是他所創的名詞），並且應用到物理學、生物學與金融學的領域。碎形指的是一個粗糙或零碎的幾何形狀，可以分成數個部分，且每個部分都至少近似於原本的形狀。這樣的特徵被稱作自相似性（*self-similarity*）。

你或許在想：「即使碰到了，我也不會知道那就是碎形。」但事實可能讓你訝異——碎形在自然界中隨處可見，它們就在周圍，而我們每天都會見到。碎形的例子包括雲朵、山丘、樹木、蕨類植物、河川網絡、花椰菜和青花菜等等。這些物品的樣貌具有相當明顯的循環特徵。樹木的分枝或者蕨類植物的葉片，就是它整體的縮小版。在皮膚的表層之下，我們發現血管與肺血管也是碎形系統。從三萬呎高空往下看，過去被認為無法測量的海岸線，也是大自然中的碎形。對此開始萌生興趣的人可以看看曼德博所著的《大自然的碎形幾何學》（*The Fractal Geometry of Nature*），這本書把碎形幾何帶入主流數學的領域，是一本對後世留下重大影響的著作。

曼德博讓我著迷的，倒不是碎形幾何學在數學上的精準嚴密（當然這確實讓人嘆為觀止），而是在於他跟我們一起看著同一個自然界的構成，但卻得出不一樣的覺察。「雲朵不是球形、山丘不是錐形、海岸線不是圓環、樹皮不是平滑的，而閃電也不是直線行進[4]。」他對雲朵和閃電的敘述跟我們不一樣，所以，他對這些事物會有不一樣的解釋，也就不讓人意外了。現在，我們總算比較能夠領會他在那個夜晚的聲明——「無法解釋，是因為無法敘述。」

在投資領域，敘述很重要嗎？是的，很重要。但我們現在針對敘述所做的探究，並不會觸及數學——那是下一個章節的內容。我們會繼續留在哲學的領域裡，而接著登場的人，可被譽為二十世紀最傑出的哲學家。伯特蘭·羅素（Bertrand Russell）說他是「最完美的典範，完全符合傳統意義上的天才；他充滿熱忱、知識淵博、信念堅定、個性強勢」[5]。

現實來自你觀察事情的角度

路德維希·維根斯坦（Ludwig Josef Johann Wittgenstein, 1889–1951）是一位奧地利哲學家，他的研究以邏輯、數學哲學、心智哲學、語言哲學為主。眾人視他為知識淵博的思想家，以為他著作等身，但令人驚奇的是，他生前只發表了一篇書評、出版了一本兒童辭典以及一本七十五頁的短篇著作《邏輯哲學論》（*Tractatus Logico-Philosphicus*, 1921）。

第一次世界大戰時，維根斯坦在前線服役的時候寫下了《邏輯哲學論》的要點，然後一九一八年八月離開戰場時完成了這本書。這本書帶著雄心壯志，想要確認語言與現實之間的關係。維根斯坦在職業生涯前半，主要的學術關懷一如《邏輯哲學論》所呈現的，在於探索命題（propositions，即對於事實之某種形式的表述）與他所處世界之間的邏輯關係；他相信，只要能夠為這個關係提供一套邏輯解釋，他就能解開所有的哲學難題。

維根斯坦晚年的轉折令人震驚——在他生命的最後二十二年裡，他一再反駁過去在《邏輯哲學論》裡所寫下的結論。「我被迫承認我在第一本書裡所犯下的重大錯誤。」他如此坦言。然後，他重新開始記下他的片斷想法，不過是以簡短的段落形式書寫。他的思緒在不同的課題之間跳躍——「關於意義、理解、命題、邏輯的概念、數學的根本、意識狀態等等」。他說，當初他嘗試「把思維結合成整體」，但同時也很快發現自己不可能做得到。「如果違反自然的傾向，硬是把我的思維推向單一方向，我的腦袋就會陷入癱瘓。從事研究這項工作的本質，就是會迫使我們進入寬廣的思維，在不同的方向之間交叉跳躍。[6]」

他沒有再出版後來的書寫作品，但是，這些手記在他逝世後被結集成書，題為《哲學研究》（*Philosophical Investigations*, 1953）。許多學者視這本文集為二十世紀最重要的其中一本書，被譽為「跨界的名著，對不同的專門領域與哲學取向而言都充滿吸引力[7]。」

維根斯坦相信字詞的意思由它們在任何語言遊戲（language-game）之中的功能所構成。關於這個世界，他認為不存在任何一種全能且獨立的邏輯，一切仰賴我們的觀察；維根斯坦退一步思考，提出這樣的主張：我們所見的世界由我們所選擇的字詞所定義，也由字詞賦予意義。簡言之，世界依我們的了解所造。

為了說明這套關於意義的新哲學如何運作，他畫了一個簡單的三角形。

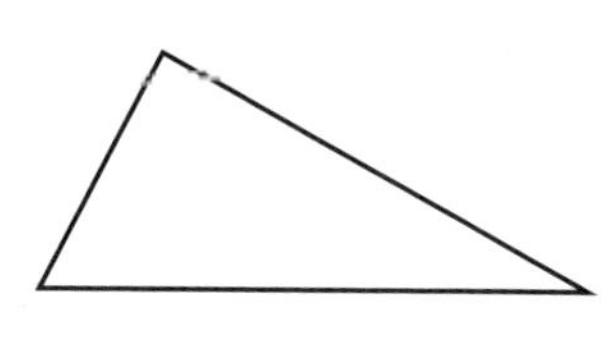

接著他寫道：「以這個三角形為例。這個圖像可以被視為一個三角形的洞、一個立體物、一個幾何圖形；它可能由底部支撐著，或以頂端為固定點懸掛著；可以是座山、是個楔子、是個箭號或指針；它可能是個被翻倒的物件，原本的底部是右邊較短的那一面；它也可以是半個平行四邊形；甚至可能是其他的各式各樣物品……你現在把它想成是這個，然後你看著它，把它當作是這個，於是你便用看待這個的方式來看它，它也就成了這個。」他以這個更具說服力，也更有詩意的方式來闡述他的信念——現實由我們選擇的語言所形塑。字詞賦予意義。[8]

這與投資有何關？我們將會看到，股票跟維根斯坦的三角形有許多共同點。

亞馬遜是鑽石還是璞玉？

一九九七年五月十五日，亞馬遜公司（Amazon）公開上市[9]。證券承銷商所設定的目標價位是每股18元。首個全天交易日結束時，該股票以每股23元交易，一天內上漲28％。到了一九九九年十二月，正值科技泡沫之際，亞馬遜的股價已超過一百元。這家公司處變不驚，一些分析師預測亞馬遜將會達到每股三百元。

這家公司在一九九四年由傑夫．貝佐斯（Jeff Bezos）創辦，一年後上線，成為一家網路書店。網路泡沫化以及後來的股價崩潰期間，市場冒現太多新創的網際網路公司，許多公司成立後隨即被淹沒，根本無從追蹤市場動態。但是亞馬遜不一樣。許多網際網路新創公司在納斯達克股票交易所（NASDAQ）上市，納斯達克綜合指數終於在二〇〇二年十月九日觸底，從一九九九年的高峰下跌78％，而亞馬遜此時依然屹立不搖。

亞馬遜在科技股崩盤時期全身而退，你或許以為這家公司會因此得到投資者的道賀。可是，分析師隨即認定亞馬遜公司的股價極度高估。他們說，雖然這家公司躲開了斷頭台，但也已經時日無多。到了二〇〇二年年底，亞馬遜的股價現金流量比達90倍，同時公布了二百四十萬元的虧損。

空方認為，相較於實體書店，亞馬遜的價值被極度高估。即使這家公司後來偏向多元化經營，跨入影音光碟、電腦軟體、電玩、電子產品、服飾、家具、玩具、食品等等領域，以上那種論調仍然固著。看跌的投資人首先拿亞馬遜公司與巴諾書店（Barnes & Noble）比較，再跟沃爾瑪（Wal-Mart）比較。相較於這兩家公司，亞馬遜的本益比及股價現金流量比確實比傳統零售商高出許多。

相反的，多方看見的則是這家公司不同的一面。在他們眼中，亞馬遜跟巴諾書店或沃爾瑪不一樣，反而更類似於電腦公司戴爾（Dell）。起初，空方對於這樣的對比感到震驚。戴爾是一家個人電腦與電腦產品的直銷商，是一九九〇年代其中一支表現優良的股票。一九九五年至一九九九年間，相較於標準普爾五百（S&P 500 Index），戴爾上漲七千八百六十%，相當於二百五十%的漲幅。多方把亞馬遜跟這樣一家股市贏家相提並論，空方斥責這是牽強附會。

但是，如果你退一步重新看待亞馬遜公司，就會發現這家企業的運作其實更像戴爾，而不是沃爾瑪。戴爾從世界各國的分配中心組裝及運送個人電腦。這家公司直接從網路上接收電腦訂購，因此免於龐大且高成本的銷售團隊。亞馬遜跟戴爾一樣從網路上接收訂單，也像戴爾那樣從他們的其中一個分配中心寄出顧客訂購的商品，免去了成本高昂的實體零售店面。這樣的商業模式讓這兩家公司得以用負數的營運資金來運作（顧客先付款，然後他們才繳付給供應商或製造商），因此有可能達到超過一百％的資本報酬率。

把亞馬遜和沃爾瑪放在一起比較，是否說得通呢？這兩家企業販售的商品確實一樣，但是他們的共同點也僅限於此。沃爾瑪擁有九千五百家實體商店，雇員超過二百一十萬人，平均每人為公司帶來20萬元的銷售額。亞馬遜擁有六十九個分配中心，五萬一千名員工，每個員工為公司產生95萬元的銷售額。

順道一提，沃爾瑪未來五年的銷售額預期將達到每年9％的成長。亞馬遜的銷售額在同個時期的預期年成長率則是28％。

網路星期一（Cyber Monday），也就是感恩節假期後的星期一，是當今一年之中最大的購物日；網路零售商通常會在這一天降價促銷以刺激買氣。網路星期一當天的線上銷售額，壓倒性地高於早三天的黑色星期五（Black Friday）實體商店銷售額[10]。

應該以巴諾書店的狀況來敘述亞馬遜這家公司嗎？還是沃爾瑪？或者是戴爾？

曼德博說得沒錯。無法解釋，是因為無法敘述。

維根斯坦仍然活著。

被一流故事所矇蔽的投資人

我們所選擇的字詞為我們的觀察賦予意義（敘述）。為了更深入解釋／捍衛我們的敘述，我們針對我們所相信的事物發展出一個故事。說故事並沒有錯；實際上，這確實是傳遞想法的有效方式。如果你暫停下來思考，就會發現我們彼此之間的交流其實就是透過一系列的故事講述。故事是開放的，且帶有隱喻性而非決定性的特質。回想第一章所提到的雷可夫和詹森（《我們賴以生存的譬喻》），就根本而言我們確實是以隱喻的方式在思考與行動。

今日，科學家與哲學家捨棄了「說故事」（storytelling）一詞，改用「敘事」（narrative）。而且，「敘事」其實也成了主流用語。哲學家、醫生、科學家所說的「敘事知識」，即是當「一個人透過認知、象徵與實際的手段來理解故事的意思與意味」時所使用的知識[11]。記者與政治家也使用這個詞。選舉時，我們總是聽到人家說某某候選人的「敘事」，或說某候選人需要「改變他們的敘事」。沒錯，投資人也使用敘事。金融危機發生後，產生了一個有關經濟復甦的敘事。為了對抗金融危機而大量印鈔，隨即而來的便是一套有關通貨膨脹的敘事。有關通貨緊縮的敘事則講述著一個讓人沮喪的故事——過去幾十年來所積累的龐大債務需要耗費多年來償還，導致物價和薪資下降。

然而，即使幾乎每個人都使用敘事，以敘事知識作為訊息交換的方法，但並非沒有遭受批評。事實上，講故事的一方以及依統計數據說話的一方，長久以來存在著緊張關係。一九五九年五月七日，英國知名的物理學家與小說家斯諾（C. P. Snow, 1905–1980）發表了一場題為「兩種文化」的演講。（這場演講後來出版成《兩種文化與科學變革》〔*The Two Cultures and the Scientific Revolution*〕一書。）斯諾說，世界上許多問題無法被解釋，最大的障礙在於社會中的「兩種文化」，即人文學家與科學家之間的溝通隔閡。他認為，教育品質下降是因為科學家對偉大文學作品的無知，而人文學家也一樣缺乏科學知識。

斯諾寫道：「我多次在聚會中聽到有人對於科學家在人文知識方面的不足感到錯愕；這些人就傳統的文化標準而言都是高階知識分子。我曾經有一兩次被激怒了，於是問了在場的人是否能說出熱力學第二定律。他們反應冷淡，沒有人能回答。然而，我所問的問題不過就是相等於科學版本的『你有讀過莎士比亞的作品嗎？』」[12]

這場人文學家與科學家歷經半世紀的爭論，跟投資者有何相關呢？因為投資者用來描繪市場或經濟的敘事方式，有時候缺乏了精確數據，不足以構成適當的敘述。而且，正如我們所得知的——如果敘述有所缺失，得到的解釋往往就會是錯誤的。

為這個主題貢獻良多的，是天普大學（Temple University）數學教授約翰．包洛斯（John Allen Paulos）。包洛斯也是個暢銷作家，知名作品包括《數學盲》（*Innumeracy*, 1988）和《數學家讀報紙》（*A Mathematician Reads the Newspaper*, 1995）。這兩本都是有趣的書，但是他在一九九八年出版的《從前有個數：故事中的數學邏輯》（*Once Upon a Number: The Hidden Mathematical Logic of Stories*），才是跟我們這一章的哲學討論最為相關的。

包洛斯告訴我們，人人都是說故事的高手，對統計數據也相當能接受。但是，說故事的人鮮少導入統計數據來為故事辯護。同樣的，善於引用統計數據的人卻鮮少能夠把這些數據所揭露的訊息放置在適當的脈絡中。「一邊是形式的統計概念，另一邊是對事物的非形式理解及其所衍生的故事；遺憾的是，人們總是無視於這兩者之間的連結。」包洛斯說。「他們認為數字來自敘事以外的另一個領域，而非視之為敘事的摘要、補充或總結。人們往往以直截了當的方式引述統計數據，少了故事的支持，也沒有任何脈絡給予意義[13]。」

包洛斯說，聆聽故事時，我們往往會為了享受故事而傾向於暫時擱置心裡的懷疑。但是，當我們評價統計數據時，為了免於受騙，我們通常不這麼願意擱置疑慮。包洛斯接著說明兩種統計學上的錯誤。如果我們觀察到根本不存在的事物，那就是犯了第一種錯誤；如果事物確實存在而我們無法觀察得到，那就是第二種錯誤。根據包洛斯，追求娛樂且希望避免犯下第二種錯誤的人，往往較偏好故事而非數據。對娛樂效果並不在意且亟欲避開第一種錯誤的人，則較傾向於選擇數據而非故事[14]。

●●●

投資者必須覺察到敘事的滑坡謬誤（Slippery slope）。故事總會不經意地提高我們的信心，讓我們以為故事本身就是證據。「故事的焦點在個別事物而非一般狀況，專注於動機而非動態，著重於環境脈絡而非原始數據。」包洛斯如此解釋[15]。投資者主要使用故事敘述來解釋市場與經濟，因此數據的缺失弱化了他們的敘述。為塞謬爾・詹森（Samuel Johnson）作傳而聞名的作家詹姆士・包斯威爾（James Boswell）曾經說過：「無知者相傳且相信的千篇故事，握在計算家手中即瞬間熄滅[16]。」

我們從本華・曼德博、路德維希・維根斯坦、斯諾，以及約翰・包洛斯等人那裡學到的事物，彼此都相互關聯。要提供正確的解釋，則正確的敘述非常關鍵。然而，事物往往擁有超過一種敘述方式。即使如此，我們仍舊長篇大論地捍衛我們所選擇的敘述，建構出詳盡且富娛樂性的敘事來表達我們的論點，卻不理會其中是否存在統計上的矛盾。

知識分子最難以坦承的，就是自己的錯誤。我們都知道，在行為上我們都受制於確認偏誤

（confirmation bias）。我們熱切地讓自己的思維環繞著任何一件乃至所有跟自己的陳述相符的事物。明明是頑固，我們卻常常誤以為那就是所謂的堅定信念。我們寧願冒著整路出錯的風險，也不會願意承認個人的錯誤。

在投資的世界，沒有人是完美的。有時候我們犯的只是微小錯誤，可輕易補救。有的過失則是無可挽回的。指認自己的缺失非常不易，如果這些缺失來自於僵固且深層的信念，情況更是如此。要成為成功的投資者，我們必須要有重述（redescriptions）的準備。幸運的是，哲學為我們豎立了路標，讓我們的路走得更順利、更有覺察力。我們在實用主義的哲學知識裡找到這樣的路標。

實用主義的啟發

作為哲學的正式分支，實用主義（Pragmatism）只有大約一百年的歷史。一八九八年威廉·詹姆士（William James）在加州大學柏克萊分校發表了一場演講，實用主義隨即成為眾所矚目的學說。在這場題為「哲學概念與實用結果」的演講，詹姆士提出了他所謂的「皮爾斯的原則、實用主義的原則」。顯然這是向他的朋友兼同儕，即哲學家查爾斯·皮爾斯（Charles Sanders Peirce）致敬。

在距離當時的大約二十年前，美國麻省劍橋的一小群科學家、哲學家與其他領域的學者，包括詹姆士、皮爾斯和奧利弗．霍姆斯（Oliver Wendell Holmes），組成了「形上學俱樂部」（Metaphysical Club），讓成員在其中批判性地討論有關信仰和現實的形上學議題。俱樂部裡中的討論為皮爾斯帶來刺激，促使他漸漸遠離形上學的抽象概念，轉而尋求另一種定義現實的方式。皮爾斯原本是個數學家，他相信，現實並不是純粹抽象概念的作用，而是實體之間實際關係的作用。（他把實體稱為符號，反映出他的代數專業。）

透過形上學俱樂部的激烈討論，皮爾斯的理論變得更精練，最後提出這樣的主張：人們透過思維來消除疑惑，然後形塑信念；信念引導後續行動，而後形成習慣。因此，若想要知道某個信念的確實內容，該看的不是信念本身，而是信念所帶來的行動。他把這樣的主張稱作「實用主義」（pragmatism）；他說，這個詞的字根與實踐（*practice*）或實用性（*practical*）相同，因而進一步鞏固他的想法——某個觀念的意義，等同於該觀念帶來的實際結果。他解釋說：「我們對於任何事物的觀點，其實就是我們對這個事物的可感知作用的觀點。」

在他一八七八年那篇經典的論文〈如何釐清觀念〉中，他繼續寫道：「思維的全部功能就在於製造出行動的慣性。因此，要彰顯它的意義，我們只需要確認它所製造出來的習慣；因為某個事物的意義就在於它所涉及的習慣[17]。」

〈如何釐清觀念〉首次發表時，這篇論文在皮爾斯的小圈子以外掀起一些漣漪。俱樂部的另一個成員威廉．詹姆士深刻地被皮爾斯的理念所影響，二十年後把這個概念帶入公眾的視野，而這一切就從一八九八年在柏克萊的那場演講開始。

我們必須指出，皮爾斯所關心的，在於發展出一個邏輯方式來解決哲學難題——具體而言，是一套為事物確立意義的方法。根據他的意圖，這個概念將主要應用在科學研究。詹姆士則把皮爾斯的方法更普遍應用到思考的領域之中。他從有關意義與真實的狹隘問題轉移開來。詹姆士說，某個信念為真實，不是因為它經得起邏輯的檢驗，而是在於持有這個信念讓人得以跟世界建立更有用的關係。

詹姆士的結論跟皮爾斯一樣——哲學家浪費太多時間在辯論抽象原則（形上學議題），以及證明或反駁各種哲學信條。反之，他認為哲學家應該探問的是：抱持某個哲學觀點，相較於另一個觀點，將帶來哪些實際的影響。說得更直接一些，詹姆士問道：就這個人的實踐經驗而言，他所持信念的「兌現價值是什麼」？這個提問也是詹姆士的名言。

詹姆士是個擁有個人魅力的講師，很受歡迎，於是他的名聲遠遠超越皮爾斯，被視作實用主義的主要倡導者。後來，皮爾斯開始跟詹姆士的學術事業保持距離，甚至為他自己的理論冠上另一個稍微不同的名稱：效驗主義（*pragmaticism*）。他說這名稱過於醜陋，不會被劫持。皮爾斯晚年成了一個怪異的遁世者，生活貧苦。威廉．詹姆士給予他經濟上的支持；至於他所投身且從中獲到名聲的這個哲學學派，他一直以來都認定皮爾斯才是創立者。

●●●

詹姆士在一八四二年出生在一個活躍且不因循守舊的知識分子家庭。他的父親亨利．詹姆士（Henry James）是個神學家，也身兼哲學家。他教育孩子的方式，是讓孩子們坐在成人賓客席間，參與他們的討論；他甚至持續不懈地帶著家人搬遷到歐洲各大城市居住，為的是尋找知識的刺激。威廉的弟弟與父親亨利同名，長大後成為有名的小說家。

年輕時，威廉想要成為專業藝術家，但很快便體認到自己缺乏天賦，難以成就。十八歲時，他進入哈佛大學勞倫斯科學學院（Lawrence Scientific School of Harvard University），之後在哈佛醫學院取得醫學學位，專精於心理學。他得到哈佛大學的教職，一八九〇年出版的經典文本《心理學原理》（*Principles of Psychology*）讓他以心理學家的身分樹立聲譽。就如我們所知道的，他在同一個時期也漸漸地把他的聰明才智投入到哲學的探究。

詹姆士的視野異常寬廣。他廣泛地研讀古典哲學著作，也跟好幾位當代哲學家過從甚密，尤其是皮爾斯。相較於大部分哲學家，他在心理學領域所得到的訓練讓他能夠更全面了解人類的思維運作。他也著迷於演化論，這在當時還算是新穎的學說，美國的科學家社群為之興奮不已。（達爾文《物種起源》差不多就在詹姆士進入哈佛大學修讀本科學位的時候出版。）這所有的影響跟他的思考融會貫通之後，詹姆士漸漸發展出符合他個人風格的實用主義理論。在他的學術生涯中，他投入了絕大部分精力在實用主義的書寫與教學，兩者皆大受歡迎，以至詹姆士成為了這個哲學學派最知名的倡導者，而他的思想也就成了大眾對實用主義的普遍理解。

用最簡易的方式來說，實用主義主張（陳述的）真實性與（行動的）正確性取決於實際結果。某個理念或行動如果能帶來有意義的改變，那就是正確、真實、良善的。因此，要理解某個事物，我們必須問的是：它帶來了哪些改變、哪些影響？詹姆士寫道：「真理（truth），即是被證明能夠為相信者帶來好處的任何信念[18]。」

如果真理與價值皆由世間的實際應用所決定，那麼，一旦情境改變或者對世界有了新的發現，真理也就改變了。我們對真理的理解會演化。達爾文露出微笑。

就此而言，實用主義與大部分早前的哲學學派處於完全對立的位置；那些學派堅持他們的真理（無論他們如何推論而得）都是絕對且不變的。但是，詹姆士認為，對於任何事物我們都不可能期待得到絕對的證明。例如，追問「上帝存在」是否能夠被證明，只是在浪費時間，因為所得到的答案是無關緊要的。我們只需要問自己：相信或不相信上帝會為我們的生活帶來什麼改變。這樣的態度成為了詹姆士實用主義取向的核心。

詹姆士為普羅大眾設計了一系列演講課來傳播他的理念。他選擇面向大眾，因為他認為處理哲學問題的終極權力在於大眾，不在於哲學家。在那個還沒有電視的時代，這樣的演講活動得到熱烈反應，詹姆士廣受歡迎。他的演講風格充滿活力，而巧妙措辭則讓他流露出與小說家弟弟共有的天賦。

一九〇七年在紐約一場題為「實用主義意味著什麼」的大型演講中，詹姆士請在座的聽眾觀察科學在過去那些年來如何演化。他說，當第一個數學或物理學定律被發現時，人們相信他們已經「真正解開了全能上帝的永恆旨意」，因此視那些定律為絕對的。他接著說，後來科學繼續發展，我們也才了解過去那些基本定律只是近似真實而非絕對。況且，定律的數量也不斷增加，每個學科之內都存在著各種表述各異的定律。他表示，科學家終於知道了沒有任何理論是「對現實的絕對轉錄，但任何一者都有可能從某個角度而言是實用的」[19]。

詹姆士指出，信念最大的用處在於幫助我們概括舊的事實（facts），並且引導我們發現新的事實。他也提醒聽眾：所有的信念畢竟都是人為的。信念是一種概念性語言，用來記下我們對大自然的觀察，所以信念也就是成了我們的經驗所選定的。因此，他總結說，「某個觀點（這是我們經驗的一部分）如果能夠讓我們跟我們經驗中的其他部分建立令人滿意的關係，這個觀點就算是正確的」[20]。

我們如何從舊的信念轉向新的信念？根據詹姆士所述，這個過程就跟任何一個科學家所經歷的一樣。

一個人早已儲存了許多舊有的主張，但他經歷了一項新的經驗，讓過去那些想法開始相互拉扯。某個人反駁了那些想法；或者他在某個反思的瞬間發現那些主張相互矛盾；或者他聽到了一些與過去的想法不相符的證據；或者，他有了新的渴望，但那些想法再也無法滿足他。這一切帶來了內在的苦惱，他發現原來自己的思維一直以來都像是個陌生人；他想要透過改變過去的種種想法來逃離苦惱。但他也想要盡可能保存它們，因為一旦碰上了有關信念的事，我們都是極端保守的。所以他試著先改變這個，然後再改變那個（因為它們以各種不同的方式抵抗改變），直到他至少冒出了一些想法可供移植到原有的想法之上，同時保持最低程度的騷動；這些新冒現的想法在舊有的主張與新的經驗之間進行調解，以巧妙、適當的方式將兩者融合在一起[21]。

（以上說明了我們的思維如何處理觀點的演化；如果你覺得這一段描述很熟悉，那你所想的並沒有錯。詹姆士的傳神描繪預演了五十年後湯瑪斯．孔恩〔第三章〕的理論。）

總結詹姆士的說法：新的理念被採納而舊的真理同時被保存下來，過程中保持著最低程度的擾亂。新的真理就像是個調解人，使過程變得平順，幫助我們從某個地方移到下一個地方。詹姆士說：「當我們的想法成功發揮了它的調解者角色，則這個想法就是正確的[22]。」信念如果有助於我們從某個地方轉向另一個地方，即被視為正確且擁有「兌現價值」。真理於是成了動詞，而非名詞。

所以，我們可以說實用主義是個引領我們航向不確定世界的過程，讓我們免於陷在絕對性的孤立荒漠。實用主義沒有偏見、沒有教條，也沒有刻板的標準；它歡迎所有假設，願意思考任何證據。如果你需要真相，拿去；如果你需要宗教，拿去；如果你需要實驗，那就去做。「簡單來說，實用主義擴大了尋找上帝的範圍。」詹姆士說：「對於可能的真理，實用主義唯一的檢測是：哪一項是對我們最有用的引導[23]。」

實用主義被認為是獨特的美國哲學。這個學派的全盛期（二十世紀初期）也是美國西進運動的時期，而實用主義在許多方面與西進運動的拓荒精神相互呼應。那也是美國經濟與工業快速起飛的時代，社會上的樂觀主義及新世界的成就感似乎在呼喚著一種新的哲學。到了更近期，實用主義的本質常常被扭曲為機會主義——任何手段，只要能夠帶來令人滿意的結果，都可被合理化，即使所採取的是腐敗的手段。這完全不是詹姆士的本意。他最優先關注的是道德；他提出一套哲學方法，為的是讓人能夠跟人類同胞、跟我們的環境一起過著幸福且光明的生活。

概括而言，與其說實用主義是一種哲學，不如說那是一種做哲學（*doing philosophy*）的方法。實用主義因開放的思想而興盛，且樂於擁抱實驗。它拒絕僵固與教條，歡迎新觀點。實用主義堅持無偏見地考慮所有可能性，因為新的重要洞見往往會被誤認為輕浮，乃至愚蠢的見解。實用主義重新定義舊的問題而找到新的理解。你或許可以回想這個章節前面李・麥金泰爾所提到的：對於我們不理解的事物，重述是很重要的。「重述」在威廉・詹姆士帶給我們的訊息當中同樣占據核心地位，雖然他並沒有直接使用這個詞。我們嘗試新事物，對新思想抱持開放態度，試圖採取不同的思考方式——這就是我們學習的途徑。這也是知識進展的方式。簡言之，要建構與使用多元思維模型框架，實用主義是一種完美的哲學方法。

投資只有對的結果，沒有對的真理

對實用主義者而言，該信賴的不是絕對的標準或抽象的概念，而是實在的結果——也就是那些實際運作，而且能夠幫助你達成目標的事物。投資者極度熱切地想要了解市場的運作，如此他們才能達成目標。他們體認到投資模型的局限，也很快地意識到任何模型對於它所設定的應用目的都是非常敏感的。

例如，想一想經典的「價值股」策略——選擇低本益比、低股價淨值比，以及股息率高於平均水準的股票。學術研究顯示這樣的策略可帶來高於市場平均水準的報酬率，而這就是該模型的依據。我們知道，模型往往傾向於在短時間內保持有效，然後就出乎意料地失效了。突然間，模型不再具有提供解釋的價值，但有些人仍然堅持認為這個模型精確地再現世界的運作。我們怎麼會知道呢？

如果你相信的真理與此相符，那麼，在未來一段很長的時間之內，你很可能仍然緊抱著你的模型，無論它是否有效，因為你相信它跟市場的某些深層結構相符。這樣的真理即相等於絕對的知識。現在，我們來看看實用主義的取徑。如果你是個實用主義者，當某個模型不再有效時，你繼續堅守的時間通常比較短。實用主義者明瞭這個模型只是為了幫助你完成某個工作而存在，任何模型都一樣。

什麼是價值的最佳估量？許多人認為約翰・威廉斯（John Burr Williams）的貼現現金流（Discounted Cash Flow, DCF）理論是衡量經濟價值的最理想模型。我們應該把威廉斯的

DCF模型視為「第一級模型」。然而，許多投資者迴避了其中固有的困難[24]。他們轉而選用某種「第二級模型」來解釋現象，可能是低本益比或其他以會計變數為基礎的衡量方法；然後，他們僵固地認定這個第二級模型是唯一的正確方法。

股票市場就是一個巨型的貼現機制，股票在其中持續被重新估價。有時候，某支股票反映了最理想的公司現金流（DCF模型），剛好也是低本益比個股；有時候，呈現最理想貼現值的卻是高本益比的股票。沒有任何測量方式是絕對的，也不可能總是正確。實用主義投資者可以，也應該在不違反第一級模型的情況下選用任何有成效的第二級模型，同時捨棄那些沒有用的。

記住，詹姆士告訴我們，即使「一個人的信念經歷了最巨大的變革，大部分舊有的想法依然屹立不倒」。即使我們接受了某個新觀念，我們仍然可以讓舊有的觀念進行最低程度的修正，然後保留。從實用主義者的角度來說，當我們正在為事物尋找有效的解釋時，以上這種做法是被容許的，甚至會被視為適當的舉止。詹姆士說：「挑戰它們的界限，以讓它們接受新事物；但盡可能以原本最熟悉的方法來看待這一切[25]。」

成功投資者的哲學根基展現在兩個方面。第一、他們迅速地指認出第一級與第二級模型的差異，因此從來不會讓自己受制於第二級模型的絕對性。第二、他們使用實用主義的探詢方法，而且使用範圍遠遠超越金融與經濟的領域。說他們用玩魔術方塊的方法進入投資領域，最恰當不過。成功的投資者熱忱地採取任何一個角度、立基於任何一個可能適用的學科知識，如此去檢視每一件事，為正在發生的事做出一個最理想的敘述，或重述。唯有這麼做，投資者才能取得立足點，做出精確的解釋。

想要表現得比其他人更好，或者更重要的，想要擊敗市場，唯一的方法就是採用跟別人不同的方式來詮釋所得到的資料。對於這一點，我認為還需要擁有不同於他人的訊息源和經驗[26]。投資領域中的偉大人物都有一項突出的特徵——他們都擁有廣泛的興趣。當你的視野寬廣，就能更全面地理解你所觀察到的事，然後運用這些洞見為自己取得更大的投資成就。

這個承載著我們的生活與工作的世界，正在以極度驚人的速度變化；當你以為事物的變動速度已到了極限時，事物便瞬間再度加快變化的腳步。在這樣的世界裡，成功需要靈活的思維。在快速變遷的環境中，靈活的思維總是勝於僵固、專斷的思維。

學習哲學的「兌現價值」是非常真實的。用簡單的話來說，哲學給我們更好的思維。一旦你踏入哲學的領域，你就會發現自己漸漸有了批判性的思考。你開始以不同的方法看待某個情境，也開始用不同的方法來進行投資。你看得更多、理解得更多。你認得模式，因此較不害怕驟然而至的改變。有了持續開放的思維，你開始品味各種新冒現的想法，並且知道自己該如何應對；如此，你也就堅定地走上了正確的道路。

1 Lee McIntyre, "Complexity: A Philosopher's Reflections," *Complexity* 3, no. 6 (1998): 26.
2 參見注釋第1條，P27。
3 參見注釋第1條，P28。
4 Benoit Mandelbrot, "Introduction," *The Fractal Geometry of Nature* (New York: W. H. Freeman, 1982).
5 Brian McGuinness, *Wittgenstein: A Life—Young Ludwig 1889–1921* (Berkeley, CA: University of California Press, 1988), 118.
6 Ludwig Wittgenstein, *Philosophical Investigations* (Englewood Cliffs, NJ: Prentice-Hall, 1958), v.
7 Douglas Lackey, "What Are the Modern Classics? The Baruch Poll of Great Philosophy in the Twentieth Century," *Philosophical forum* 30, no. 4 (December 1999): 329–345.
8 Wittgenstein, *Philosophical Investigations*, 200.
9 自二〇〇三年起，我在美盛資產管理公司的投資組合即持有亞馬遜公司股票。後來亞馬遜一直是該基金以及我們公司另一個機構帳戶中最大持股量的股票。
10 Susan Crawford, "The New Digital Divide," *New York times, Sunday review* (December 4, 2011): 1.
11 Rita Charon, MD, PhD, "Narrative Medicine," *JAMA* 286, no. 15 (October 17, 2001).
12 C. P. Snow, *The Two Cultures* (The Rede Lecture, Cambridge, UK, May 7, 1959), in *The Two Cultures and the Scientific Revolution* (1963).
13 John Allen Paulos, *Once Upon a Number: The Hidden Mathematical Logic of Stories* (New York: Basic Books, 1998), 12.
14 John Allen Paulos, "Stories vs. Statistics," *New York times* (October 24, 2010), http://www.NYTimes.com.
15 參見注釋第14條。
16 James Boswell, quoted in John Allen Paulos, *A Mathematician Reads the Newspaper* (New York: Basic Books, 1995), 6.
17 Charles S. Peirce, "How to Make Our Ideas Clear," *Popular science monthly* (January 1878). Also in *Pragmatism: A Reader, ed. Louis Menand* (New York: Random House, 1997), 26.
18 William James, "Pragmatism: Conception of Truth," lecture 6 in *Pragmatism* (New York: Dover Publications, [1907] 1995),

30.

19 參見注釋第18條，P22。

20 參見注釋第18條，P23。

21 參見注釋第18條，P24。

22 參見注釋第18條，P26。

23 參見注釋第18條，P31。

24 要正確使用股息貼現模型，必須進行複雜的計算。公司的未來成長率為何？將會產生多少現金？未來的預期現金流增長時，何為適當的貼現率？這些艱難的問題都必須解答，因為所得到的答案就是模型的輸入值。讓情況更複雜的是，使用這個模型做長時程的預測，還要擔心其中隱含的不確定性。而且，得出的數值對環境因素高度敏感，即使是成長率或貼現因數的微小變化也可能帶來大幅度的數值改變，因此又更進一步增加了難度。基於這些原因，投資者往往採取捷徑（第二級模型）來確定價值。

25 James, *Pragmatism*, 321–324.

26 關於實用主義哲學，及其與投資哲學的關係，我非常感謝我的朋友兼同事比爾·米勒（Bill Miller）提出了他的珍貴洞見。

第七章
文學

誰說福爾摩斯不能教我們投資？

這本書的啟發來自於查理．蒙格提出的概念，即多元思維模型框架；當查理講述這個概念時，偶爾有些聽眾會向他提問該如何學習那些模型。他們可能使用不同的方式來框構問題，但基本上他們所問的都一樣：「了解不同學科的核心概念，並且以此建構自己的框架，我當然知道這件事非常重要；但是我完全沒有從學校學到這些，而現在我正在要從零開始。坦白說，這太累人了。我該如何培養知識的深度和廣度，以讓我走向普世智慧呢？」

查理並不是個故作圓滑的人，他的回答非常直接了當。他說，大部分人並沒有接受過適當的教育；太多學科系所過於狹隘、固守疆域、過度沉醉於學科內部的議題，以至偏離了那些培育真正有教養的學生所該做的事。即使取得名校的學位，並不一定意味著我們已經獲得了他所謂的普世智慧——甚至可能根本還未起步。

他笑著說，如果這是我們所面臨的情況，那麼答案很簡單：我們必須自我教育。前人早已寫下那些核心原理或真正的大概念（big ideas），只待我們去發掘，並且內化成自己的知識。

你需要的媒介就只是一本書，或者，一整個圖書館的藏書，再加上其他傳統或現代的媒體，例如報紙、雜誌、評論節目、技術期刊、分析師報告，以及網路上的數位資料等等。這並不只是關乎量的問題。不會有人愚蠢到建議你讀遍物理學、生物學，或任何這本書觸及的領域當中所有的讀物。即使你真的能夠博覽群書，面對著浩如煙海的思想，我保證你不會因此開智，你的思維只會變得更迷亂。所以我們要談的是如何成為一個具備敏銳鑑別力的讀者——針對你所讀的進行分析，並且放置在更廣大的脈絡下評估其價值，然後決定拋棄或納入你自己的多元思維模型，成為框架的一部分。

是的，我知道，你已經有太多東西要讀。但我想請你停下來想一想，你是不是花了太多精力閱讀不適當的讀物。我猜想你目前經常閱讀的（也就是那些你覺得「但是我必須要讀」的東西）大概都是一些堆疊論據的資料，而不是那些能夠提升理解力的讀物。在這個章節，我們更關心的是後者，而不是前者。認真提升自己的閱讀技巧，我們也就能夠經由閱讀而獲得新洞見。這會讓我們受益無窮——不僅大大增加各個領域的知識，同時也培養出更敏銳的批判思維。

在這個章節，你將學習如何分析一本書（或其他閱讀材料），並且批判性地評估其內容。你可以因此評斷某份讀物是否值得花時間深入研究。這個過程跟分析某項投資的獲利潛能並沒有什麼分別，而且兩者都有共同的目標——形成具有依據且思路清晰的決策。你會想起查理．蒙格和華倫．巴菲特都一致強調的事——了解企業的基本面，也就是對於你所投資的商業模式要有所了解。而且，他們所說的是真正的了解，不只是數據的搜集，而是那種唯有經過仔細研究與理智分析才能得到的了解。深思熟慮後做出投資選擇，跟用心閱讀一本書，兩者要求的是同樣的思維能力。

但是，要讀哪一些書？哪個課題？先後順序如何？我們該怎麼選擇，以及怎麼確定自己用對的方法把書中的概念內化成自己的知識？這就是我們在這個章節所要討論的：讀什麼？如何讀？為何而讀？

我們先到大學校園走一趟吧。

成為一個好的思考者，而非只成為好的交易員

每週五晚上，美國馬里蘭州安納波利斯的聖約翰學院（St. John's College）全體師生都會聚集在法蘭西斯．史考特．凱伊（Francis Scott Key）講堂聆聽一場正式演講。主講者可能是

該校教員，也可能是受邀的外來講者，講題或許是關於一本書、一位知名作家，或者某個論題如評判、愛或智慧。院方有點諷刺地表示，這是學生唯一聽課的時間。演講之後，聽眾可以表達他們的意見或提出問題，就當晚的課題跟主講者進一步討論。交流時段的前半個小時只開放給學生提問。聖約翰學院相信這樣的課程形式能夠達成兩大目的：一、培養學生持續接觸陌生題材的習慣；二、讓學生有機會提升公開發言的技巧。

但這樣的活動安排在週五晚上，那不正是大部分大學校園的派對時間嗎？這也正顯示了聖約翰學院的校風跟其他大部分大學不太一樣。事實上，這間大專院校確實有別於美國的其他大學[1]。聖約翰是一所四年制人文教育混合大學，以其「名著選讀大系」（Great Books program）而聞名。整體學程以閱讀與討論西方名著為主，沒有學科或系別之分，也沒有選修課。在為期四年的學程，該校學生將閱讀文學、哲學、神學、心理學、物理學、生物學、政治學、經濟學與歷史等領域的經典名著，並且以十八至二十個學生組成研討班，在其中進行密集討論。他們也以更小型的班學習音樂、視覺藝術、語文（前兩年學習希臘文，後兩年學習法文）、數學，以及實驗科學。

課程選書基本上以作品年代來編排（參考附錄中的「聖約翰學院名著選讀書單」）。一年級的學生專注於古希臘思想家。第二年的課程有羅馬時代、中世紀、文藝復興時期的作品，包括古典音樂與古典詩。到了第三年，學生閱讀十七與十八世紀思想家的主要著作。四年級則開始接觸十九和二十世紀的名著。

本書第一章，我們提及班傑明・富蘭克林在一七四九年寫了一本著名的小冊子宣揚他的教育理念；在聖約翰學院，透過前述這種密集且正式的課程安排，學生有機會閱讀與探討各種名家著作，從中獲得了富蘭克林早在二百五十年前所提倡的博雅教育[2]。

正在構思這個章節的內容時，我接觸了幾位目前身在投資領域的聖約翰校友。他們一致認為，聖約翰學院並沒有教他們如何成為優秀的交易員、投資銀行家、理財顧問或金融分析師，而是讓他們成為一個更好的思考者——然而，優越的思考者必然也會在工作上有更良好的表現[3]。

目前在阿布奎基（Albuquerque）經營 Portfolio 資產管理公司的李・曼森（Lee Munson）說：「聖約翰的教育給予我某種觀點，讓我有了更廣闊的世界觀。我必須思考所有的可能性，才能獲得成功。單靠典型金融學課程的狹隘觀點是不夠的。這是再清楚不過的事實。作為一個交易者，我抱持著這樣的觀念——我所看到的，都是一再重複的形態；或許看起來不太一樣，但其實都是同一個東西。別人總認為這些事情都是第一次發生的，所以這個觀念讓我取得了一個比他們更好的視角。」

「在商學院，他們教你一些東西——比如公式、定律、圖表。但那都只是在計算機上輸入數字而已。更糟的是，你只學習到一種做事的方式，結果你根本不可能快速轉換思維來應付瞬息萬變的市場。當然，市場研究很重要，而且要做得詳盡、透徹，但是到了決策的時候，不要只把眼光局限在市場或某個產業。往外看，讓自己有更廣闊的圖像，你的思緒會變得更自由。如果你不懂得如何思考，你就會一直虧錢。」

IPC併購顧問公司的資深副總裁堂．貝爾（Don Bell）補充說：「我在聖約翰學到另一件讓我獲益良多的事——如何跟他人在敏感課題上進行建設性的討論，而不只是單純地各自表述意見。你可以看到自己正在逐步掌握這種技巧。大一時，每個人都急切地表達自身論點，他們並沒有真正在聆聽，只是等著別人喘氣的空檔，好立即接上去說出自己要說的話。但是，到了第三或第四年時，我們都學會了如何細心聆聽，衡量別人所說的，然後以謙恭而非咄咄逼人的方式講解自己的看法。這是我在生活中每一天都用得上的技巧。」

畢業自聖約翰學院聖塔菲校區的史帝夫．鮑林（Steve Bohlin）認同閱讀原典的價值。他說：「當你讀過了原典，你就不會想要讀其他二手詮釋的作品了。在聖約翰，我們學習把原始的論點分解成各個基本原理，然後從那裡重新建構。」這是某種類型的逆向工程，或鮑林所謂的「學會學習」。鮑林目前是聖約翰學院投資委員會的負責人，這表示他跟無數想要管理該學院捐贈基金的投資專家進行過面談。他所接受過的獨特教育對這份工作有幫助嗎？他說：「我在聖約翰學過的那套解構論點的方法，如今我用來檢視這些基金管理人。大部分創造出 alpha 係數的基金經理不過是放大了 beta 係數，我想要知道的是基金經理的核心原則，以及這些核心原則如何產出額外報酬[4]。」

當葛雷格・科蒂斯（Greg Curtis）在一九九〇年加入聖約翰學院董事會時，他開始出現在講堂與研討課上。因為孜孜不倦地投入於名著選讀課程，聖約翰學院頒予他名譽校友。今天，他是該校的榮譽退休董事會成員，而他對聖約翰以及名著選讀的熱忱絲毫未減。他說：「聖約翰學院今天所提供的教育就跟一九三〇年代所提供的一樣。這是原則基準（principle-based）的教育，要求對原典的精確考究。其他學院或許也有人文教育的課程，但強度不可能跟聖約翰相比。在聖約翰的學習經驗是愉悅的，但也相當可怕，因為你必須跟西方文化最偉大的思想進行最嚴苛的奮戰。接受過了這種訓練，你也就準備萬全去面對世界了。可是，一旦你離開了聖約翰，面對那些沒有經歷過這種嚴格訓練的人，你會對他們種種不可靠的工作表現感到失望。」

•••

回顧第五章，阻撓我們做出理想投資決策的心理困境，其實就是溝通——即精確且完整地傳遞無噪音的訊息。從訊息源頭開始，整個通信鏈必須免於噪音的干擾。在理想的情況下，所傳遞的訊息是精準而正確的（否則，我們就只不過是在精確地傳遞錯誤訊息），跟當前正在處理的事項有一定程度的相關性（否則就只是白忙一場），並且觸及當下的根本問題（否則就只是重複收集數據，而不是提升洞見）。

確保原始訊息的正確性與相關性的其中一種方法，就是加入校正裝置；我們在第五章討論過了這一點。在電子通信系統，校正裝置就是一塊有形的配備。對於我們的心理通信系統，校正裝置則是任何我們用來鑑定訊息的思維認知機制。此類裝置當中特別強大的一種（至少就傳輸端而言），就是善於分析的閱讀能力，以及批判性思考的能力。

一口成為具備洞察力的讀者，我們就有能力辨識所閱讀的材料是否值得傳輸出去。這對於身在投資或金融界的我們來說特別重要，因為往往大量的閱讀材料中只有一部分能夠給予我們些微價值。出於自我保護，我們必須去蕪存菁。

如果想要以優質訊息來開啟溝通鏈，就必須建立鑑別技能：從那個可能淹沒我們的訊息海洋中，學會挑選真正能夠讓我們增加知識的訊息。這就是本章的焦點——選擇理想的讀物，然後帶著明智且充滿覺知與洞察力的方式去閱讀，以此提升知識。聖約翰的學生為我們帶來一件寶貴的工具。

學習閱讀的四道基本問題

有一本書，不在「名著選讀」四年課程的書單之內，卻是幾乎所有聖約翰學生都非常熟悉的——那就是莫提默．艾德勒（Mortimer J. Adler）所著的《如何閱讀一本書》（*How to Read a Book*）[5]。這本書在學生之間傳遞著，大部分書本的書頁被折角做記號，內頁劃了重點，而且頁邊寫了滿滿的筆記；許多學生視這本書為不可或缺的工具，幫助他們在閱讀其他書本時得到最大收獲。《如何閱讀一本書》一九四〇年初版，成為震驚一時的暢銷書；一九七二年修訂後，至今持續再刷，也仍然在聖約翰校園裡流轉著[6]。

關於「如何閱讀」的書還有很多，有一些比艾德勒的書更晚出版（見書末本章的參考書目），但我找不到任何一本比艾德勒更好的。我的那一本《如何閱讀一本書》，裡面盡是黃色螢光筆的重點標記，書頁邊寫滿筆記與箭頭標示——而且，至今我每一次翻開這本書，仍然可以得到新的收獲。雖然艾德勒跟查理．范多倫（Charles Van Doren）合著的這本書已有七十年歷史，但對我們投資者而言，書中的教誨是永遠不會過時的；我相信這是一本值得我們深究的書。

艾德勒認為閱讀一本書的主要目的就是要得到洞見。（目前我們暫時先撇開以消遣為目的的閱讀。）這有別於以訊息取得為目的的閱讀——其中的差別是非常重要的，我認為對投資者而言尤其關鍵。

我們年復一年閱讀的大部分材料，都是為了收集訊息。（除非我們有意選取自己的專業領域之外的讀物，而這是非常值得去做的一件事。）《華爾街日報》（*Wall Street Journal*）、《金融時報》（*Financial Times*）、《紐約時報》（*New York Times*）、《財星》雜誌（*Fortune*）、《福布斯》雜誌（*Forbes*）、《經濟學人》（*The Economist*），以及我們桌上攤開的各種報紙、雜誌、專業期刊和分析師報告，這一些讀物為我們帶來的是新訊息，但未必是新洞見。讀著這些材料時，我們累積的是更多的數據，但是對於相關課題的理解力卻通常不怎麼會提升。訊息是瞭悟的先決條件，但是艾德勒告訴了我們一個訣竅——別滿足於累積訊息。

有一個簡單的方法可以幫助我們辨識自己正在收集訊息或正在提升洞見。當你閱讀某些材料而發現自己輕易就「讀懂」時，你很有可能正在累積訊息。但是，當某些讀物促使你停下來思考，然後一再重讀以釐清文義，這很可能是一個讓你提升洞見的過程。以此作為測試，回想過去一年來的閱讀——當中有多少是為了收集訊息，又有多少是真正提升了我們的洞見？

提升對事物的洞見，是任何想要獲得智慧的人所必經的過程。這不是件簡單的事——不是單純地拿起一本書來讀，然後讀完後再換另一本。要得到真正的洞見，你必須付出努力、認真思考。如果閱讀材料來自你新接觸的領域，那麼，作為讀者的你便站在跟作者不平等的立基點——對於這個主題，作者懂得比你多。你對這些材料越陌生，你就必須付出更大的努力去克服這種不對等的立基點。

另一方面，因為寫作風格使然，有些作者所寫的比較難以領會，要讀懂這些作品就必須付出更大的努力。艾德勒將之比喻成棒球賽中投手和捕手之間的關係。投手就跟某些作家一樣，狂野而難以駕馭，捕手（或讀者）必須更努力才能接到球。因此，如果你想要成為一個好讀者，有些時候就可能需要耗費更多心力去捕捉某些作者拋出的奇招。

艾德勒建議，任何一個積極的讀者都必須在心底放置以下四道基本問題[7]：

1 這本書整體在講述的是什麼？

2 這本書詳細講述的是哪些內容？

3 這本書所寫的是否真實？全部真實或部分真實？

4 這本書與我何干？

無論篇幅多長，或任何文體（虛構或非虛構），也無論閱讀的直接目的為何（取得訊息、增加知識，或純粹娛樂），你都必須時時以這四個根本問題來評估這些材料，如此才能成為明智的讀者。

如果想要以最快的速度確認這本書的主體（問題1），艾德勒建議把這本書簡略瀏覽一篇。先讀序文；作者通常會在這裡簡短介紹這本書，說明書寫這本書的原因，甚至可能勾勒出這本書的整體輪廓。接下來，仔細看看目錄，由此取得書中內容的概觀。然後，翻開書末的索引，看看其中你所熟悉與不熟悉的術語，你大概可以從這裡知道這本書所要處理的主要課題。後面的參考文獻也可幫助你進一步了解這本書。書目中的名字都是你熟悉的作者嗎？你是否讀過其中的任何作品？接著，你可以讀一讀書中的某些段落，或許可以從那些討論熟悉主題的段落著手。如此有條理地瀏覽之後，翻到書的最後面，如果有作者的總結，不妨一讀。

從序言、目錄、索引到參考文獻，然後再進行一次系統性的略讀，這整個過程所花費的時間大概以半小時至一小時為上限。這在實體書店或網路書店都可以做得到——許多網路書店提供書籍的部分內頁試讀。這個階段完成之後，你應該已經知道了這本書的整體主題，於是也就知道了你是否有必要花時間閱讀。

如果決定要閱讀，艾德勒的建議是：先進行一遍完整但略為粗淺的閱讀。這時候，你便可以準備回答第二道問題：這本書詳細講述的是哪些內容？這樣你就可以確定是不是應該投入時間進行認真與分析式的閱讀。這個階段所要做的，就是流暢地讀過一篇，不要因為生字之類的小問題而分心。留意你能理解的部分，艱澀的內容則先暫時略過。必須注意的是，這過程需要專注力。即使只是粗略瀏覽，你也不該恍惚。保持警覺、集中精神，你才能掌握讀物的根本。艾德勒建議我們像偵探那樣，持續尋找線索來告訴我們這本書是不是值得深入探究。

如果答案是肯定的，那就開始下一個階段——艾德勒稱之為分析式閱讀（analytical reading），這是最透徹且最完整吸收一本書的方法。透過分析式閱讀，你將更進一步確認前兩道問題（這本書的整體主題以及細部處理的內容），並且開始回答第三道問題：這本書所寫的是否真實？

分析式閱讀有三大目標：一、詳盡了解這本書所處理的課題；二、解讀書中的內容，並且檢視作者對於該主題所持的特定觀點；三、透過分析，總結作者的觀點是否有說服力。

開始嘗試分析式閱讀時，你可能會發現過去閱讀大學課堂指定讀物的方式很有用。準備好筆記本，寫下逐個章節主題的概要。推論出作者書寫這本書的主要目的，然後用自己的文字記下。依你的解讀，列出作者的主要論點，然後跟這本書的內容大綱進行對比。你可自行判斷作者是否達成了原本的目的，成功捍衛他的論點，並且以他的立論說服了你。問一問自己，作者是不是欠缺邏輯；或者，針對某項你熟知的材料，作者引用自其他來源的資料是否有誤。如果書中有不完善或不令人滿意之處，作者是否坦誠無法提供完整答案，還是試圖蒙混過去。

以這種精密的方式讀過幾本書之後，你很可能發現你的分析能力大有進步，這時候你就可以不用再依賴筆記本了。不過，你仍然會時時記得那些基本提問：這本書所詳盡闡述的是什麼內容？作者所言是否屬實？

透過分析式閱讀的詳盡檢查，你也就可以開始思索第四道問題：這本書跟你有什麼關係？也就是說，這本書的重要性在哪裡？然而，要完整回答這道問題，就必須進入更深一層的閱讀，即艾德勒所謂的主題閱讀（synoptical reading）或比較閱讀（comparative reading）。（這本書將使用後者，我認為這個說法比較貼切。）來到這個層次的閱讀，我們感興趣的是某個主題；為了更進一步了解，我們比較與對照好幾個作者的作品，而非單純聚焦於同一個作者的書。艾德勒認為這是最需要技巧，也是最複雜的閱讀層次，你將會面臨兩大挑戰：首先，搜尋出相關主題的其他書籍，然後從中決定要閱讀哪一本。

一旦確認了想要深入研究的主題，下一步就是列出書單。書單裡的書種或多或少，視所選取的主題而定。以分析式閱讀的方式讀完所有列出的書，可能需耗時好幾個月，甚至數年。進行比較閱讀的讀者必須走捷徑——審查每一本書，確定哪一本能夠給予你相關主題的重要材料，同時捨棄較不適當的書。當你決定好了哪一本書要納入閱讀清單，你就可以開始了。

比較閱讀的第一步是找出每本書裡相關的段落。你並不是針對每一本書各別進行完整的分析式閱讀，而是找出每一本不同的書當中的重要部分，這些部分指向你想要了解的課題。相較於完整分析一本書，比較閱讀是另一種完全不一樣的取徑。進行分析閱讀時，你接受作者所傳達給你的訊息；比較閱讀時，你則是以自己的需求為出發去進行探查。

用你自己的語言列出一個問題清單，然後看看所選的書對這些問題的解答是否理想。如果某些作者為你的問題提供不一樣的答案，先別感到驚愕，你該花一些時間去確定每一個作者的答案背後的脈絡。

比較閱讀的最後一個步驟，是分析所有作者彼此之間的論述。不要帶有偏見，應該盡量客觀看待作者之間的辯論。完美的客觀當然不太可能，但是，只要能夠避免自己太快下定論，你就會得到較為全面的洞見。最後，你將能夠回答艾德勒四大基本問題之中的第四題：這本書與我何干？這材料對我很重要嗎？我是否需要更深入這方面的學習？

回顧艾德勒完整的閱讀規劃，我們發現他在其中仔細建立的聯結。每一個閱讀層次都聯結至下 個層次，而且這是個累加的過程。只有掌握了前階段的閱讀層次，才有可能逐漸達到最高的層次。

放下成見，組織思考的脈絡

有一點必須要說明：前述的技巧適用於非虛構作品，或艾德勒所謂的「論說型」作品。（我們稍後將論及虛構文學的閱讀。）根據艾德勒的定義，論說型作品包含任何傳達知識的書籍，可進一步分成兩大種類：實用型作品和理論型作品。

理論型書籍關乎概念——例如歷史、數學、科學、社會科學等學科的概念。相對的，實用型書籍則給予行動建議。唯有採取行動，書中所傳達的真理才會變得有用，純粹閱讀是不夠的。如果一本書的內容列出了一套你為了達成某個目標而必須遵守的規則，那就是一本實用型書籍，各種指南書即是常見的例子。當然，許多實用型書籍也包含理論的元素。這類書通常會先介紹普遍原理，然後再把理論轉化成行動步驟。

實用書闡述的往往是一個程序，當中有逐步指南，最後引向結果。分析一本實用書，必須同時專注於規則（過程中使用的手段）及目標（最後達成的結果）。規則必須是可理解的，還要具有可行性。

閱讀理論型書籍則完全是另一回事。我們關注的不是規則和最終結果；我們只是想要得到一些知識，或許是來自歷史、科學、哲學或任何我們覺得自己認識不足的學科領域。作者的意圖也不一樣：他們並不是為了提供行動指引，而是想要透過解釋和推論來傳播知識。

作為讀者的我們，挑戰在於接收這些知識之後將之整合到我們多元思維模型框架中。我們是否能夠進行理想的知識整合，取決於兩個完全不同的因素：作者的解釋能力，以及細心且深思的讀者所具備的技巧。前者不太可能在我們的掌控之中，最多只能捨棄某一本書而選擇另一本；但後者完全取決於我們自身。

正如我們早已知道的，如果接觸的是相對陌生的讀物，那麼我們面臨的挑戰會更巨大。對我們大部分人來說，科學與數學領域的書尤其艱難，光要看懂書的內容就已讓人洩氣。情況往往這樣，因為大部分科學家寫作時都會預設其他科學家為閱讀對象，普羅大眾不是他們的首要考量。

這顯然跟一百年前的科學作品大相逕庭。即使到了今天，像我們這樣不是科學家的人，也可以讀懂牛頓的《自然哲學》或達爾文的《物種起源》。牛頓和達爾文當然也希望能夠把他們的理念傳達給其他科學家，但是他們其實更想要為一般大眾解釋他們的想法。

儘管如此，還是有一些科學家和科學作家成功跨過了深度科學與通俗閱讀之間的鴻溝。理查·道金斯（Richard Dawkins）、詹姆斯·格雷克（James Gleick）、史蒂芬·古爾德（Stephen Jay Gould）、史蒂芬·霍金（Stephen Hawking）、喬治·約翰遜（George Johnson）、史考特·佩吉（Scott Page）、米歇爾·沃德羅普（Mitchell Waldrop）等人，寫出了一般人都能夠閱讀的科學書。理察·費曼（Richard Feynman）寫了幾本適合非物理學家閱讀的物理學著作；默里·蓋爾曼（Murray Gell-Mann）所著的《夸克與美洲豹》（*The Quark and the Jaguar*）講述的是物理學與複雜性，但卻不會讓人卻步。

閱讀哲學作品就跟閱讀其他領域的論說型讀物一樣，都必須積極投入其中，並且仔細思考艾德勒的四大基本問題。但哲學作品跟其他種類作品也有不同的地方——哲學書的特殊之處在於，以上所述的審慎思考，是閱讀哲學書的唯一方法。我們無法客觀地證明哲學作品裡所寫的是否屬實，這一點跟科學作品不一樣。我們只能確認，作者的觀點跟我們思考同樣的問題時所得出的想法是否一致。

那麼，我們該如何閱讀哲學書呢？首先，運用艾德勒的原則，你必須盡最大的努力去揭露作者的視角，以及他的想法背後隱藏的基本假設。如果作者沒有明確表述，則你需要做一些偵查工作。這可能意味著你需要閱讀同一位作者的其他作品，嘗試從中尋找線索；也可能意味著你需要多了解該作品寫作年代的歷史與文化背景。或者，你也可能需要閱讀其他關注同一個問題的哲學家作品。然後，你便可以判斷這位作者是否堅守自己的假設。

接下來，嘗試了解作者用來敘述問題的詞彙。這有時候相當棘手，因為使用的雖然是一般的語文，但卻被賦予了特殊的意義。最後，也是最重要的一步——運用你的常識以及你對周遭世界的觀察，自行做出判斷。艾德勒指出：「其實，這就是哲學問題的特殊之處——每個人都必須為自己做出解答。直接取用他人的意見並沒有辦法解決問題，你只是在逃避[8]。」

為了說明這個過程，我以自己的經驗為例子。第六章的主題是哲學，這並不是我特別在行的學科領域。我思考著如何在短短的一個章節裡處理如此龐大的主題——我必須先透過自學掌握哲學的基本概念，然後確定哪一些內容跟投資者特別相關。首先，我盡可能以最高效率的方式進行一次哲學領域的概觀式閱讀。為了達到這個目的，我找到了《牛津哲學指南》（*The Oxford Companion to Philosophy*）和《劍橋哲學辭典》（*The Cambridge Dictionary of Philosophy*）這兩套非常有用的工具，引領著我瀏覽這個學科。我翻到索引和條目列表，手指快速在頁面間移動，尋找著那些乍看之下跟投資世界相關的文字。我很快看到了哈佛大學心理學家與哲學家威廉·詹姆士。你或許還記得我在第一章大略提及詹姆士與他指導的研究生愛德華·桑代克。

「威廉·詹姆士」條目下包含幾項有關「實用主義」（pragmatism）和「真理實用論」（pragmatic theory of truth）的註解。大略讀過這幾個主題之後，我確定了實用主義是一個值得花時間深入研究的概念。於是我快速閱讀了幾本實用主義的專著，包括其中最重要的實踐者的主要作品，如《實用主義的復甦》（*The Revival of Pragmatism*）和《形上學俱樂部》（*The Metaphysical Club*）。為了了解威廉·詹姆士的生平以及他身處的時代，我找來了兩本備受推崇的傳記，即《真實的現實：威廉·詹姆士的一生》（*Genuine Reality: A Life of William James*）以及《威廉·詹姆士：置身美國現代主義大漩渦》（*William James: In the Maelstrom of American Modernism*），並且投入分析式閱讀。之後，我開始有條理地瀏覽詹姆士自己的著作，包括他的一些私人信件。好幾封他寫給弟弟亨利的信，筆觸動人，讓我更深層體會到當時他倡導新哲學時所面臨的挑戰。最後，我以分析式的閱讀方法完成了詹姆士的名著《實用主義》。

完成之後，我讓自己沉靜下來，回顧所讀過的材料，並且放置在某些自身經驗的脈絡裡思考。當我所學習到的東西在我腦中逐漸組織起來之後，我便得到了結論：在哲學領域之中，實用主義應該可以為投資者帶來重要啟示。

普遍而言，大部分通俗且易讀的論說型書籍都來自社會科學領域。這些作品裡敘述的經驗通常都是我們所熟悉的，而且早已對這些事情持有某種信念。但極為弔詭的是，有時候也是因為這些信念導致我們不容易閱讀社會科學類的書。別忘了，作為讀者，我們的目的是確認書中所言是否屬實，而不是要求書中內容符合你原有的想法。艾德勒說：「進入之前，先放下你的意見。如果你拒絕聆聽書中所說的，你就不可能理解它[9]。」

閱讀社會科學時，我們必須把自己原有的看法跟作者的觀點區分開來，這是很重要的。更重要的是進行比較閱讀的技巧。會購買社會科學的書，通常是因為對該議題感興趣，而不純然是被特定作者的名聲所吸引。基於這個原因，比較式地閱讀幾本相關著作，比單一書籍的分析式閱讀來得有益。

●●●

讓我們稍微緩一緩，先組織一下我們在這個章節中所得到的觀點。我們從這個無可辯駁的論點開始：批判性分析的思維能力是投資成功的基礎。

深層、嚴謹的思維能力，跟深入思考的閱讀技巧息息相關；兩者以雙向反饋迴路的形式彼此強化。好的讀者同時也是好的思考者；好的思考者通常也會是好讀者，而且將在閱讀的過程中成為更優越的思考者。

所以，批判性的閱讀技巧可以提升你的分析思維能力。同時，你所讀的內容將會加入到你的知識拼盤之中，這是無比珍貴的。如果你決定把閱讀範圍延伸到金融領域之外，包括這本書觸及的一些學科，以此擴大你的知識基礎，那麼，你就是在為自己匯集各種元素，由此建構多元思維模型框架。或者，說得更直接一些，學習成為一個謹慎的讀者，可以為投資者帶來兩種極大的好處——整體而言你將成為一個更精明的人；此外，你將體會到批判性思維以及凡事看透表層所帶給你的珍貴價值。

反過來說，批判性思維就兩個方面而言跟閱讀有關：一、評估事實；二、區分事實與意見。

我們以分析師報告為例子來說明這個過程。選擇分析師報告，因為這是我們每個人花上許多時間閱讀的材料；當然，這裡所闡述的基本原則應該是所有類型的讀物皆普遍適用的。

首先，看看報告所陳述的事實。分析師不代表就一定不會犯上一般的數學錯誤。這是一個核對事實的簡單方法。接著再看看報告裡所指出的其他事實，想想有什麼方法可以讓你客觀地進行驗證——或許跟 Value Line 這一類獨立研究機構的訊息比較，也可以跟其他分析師的報告進行比對。聖約翰的學生會告訴你一個更好的方法——直接閱讀原始資料，也就是公司的財務報表。

最後，對於所閱讀的材料，你必須有意識地區分其中哪些是事實，哪些則是意見。如果你已經發現報告中的一些所謂事實根本站不住腳，那麼，裡面的大部分內容很有可能都只是撰寫者的意見。即使所指出的事實都屬實，報告中的其他評論也很可能只是某個人的意見。然後，你必須停下來思考這些意見背後的意涵。當中是否涉及某種既得利益？報告內容是否呈現該分析師長期一貫的個人偏好？分析師在這一份報告所傳達的意見是否跟上一份報告不同？如果有異，則是否有合理的更動理由？如果每一次閱讀分析師報告都抱持這樣的態度，你就會越來越精通於運用批判性思維。

文學與投資的完美聯結

到目前為止我們學習了如何仔細閱讀論說型作品，但是知識、洞見與智慧的來源並不限於這類非虛構作品。小說、詩、散文、戲劇、短篇故事，甚至所謂的通俗文學，都能提供養分，讓我們對這個世界有更深一層的了解。被這類作品所吸引的是我們的想像，跟我們的智識探求較不相關，因此艾德勒將之統稱為「想像文學」。雖然上述的四道基本問題對任何類型的書而言都同等重要，然而艾德勒認為閱讀想像文學遠比閱讀論說型作品來得困難。

他說，論說型書籍傳達的是知識；閱讀的時候，我們的目的是確認其真實性。想像型書籍傳達的則是經驗，書的魅力直接來自於這些經驗。可是，經驗是高度主觀的，無可分析。作為讀者，我們該做的是迎接這份經驗，並且打開我們的感知能力與想像力。艾德勒說：「不要抗拒想像文學對你產生的作用。讓這些作品自由發揮影響力[10]。」

要從想像文學得到養分，所需要的技巧不同於閱讀論說型作品時所使用的。首先要意識到虛構文學的作者使用的是不相同的語言。字裡行間承載的多重隱喻與聯想，比明確表達的意思還要更多；因此，整個故事所要傳達的內容，不僅限於字詞的總合。對於作品的真實性考究也不一樣。面對論說型作品時，技術性的錯誤會毀損了我們對這本書的信心。但是，閱讀虛構文學時，我們在意的是作者刻劃出的角色行為和情感是否可信，相較之下某些技術細節也就不那麼重要了。

然而，從另一個面向來說，虛構文學與非虛構作品的批判性閱讀其實並沒有分別。你仍然需要理解當中角色和他們之間的關係，才能讀懂這本書。同樣的，你也必須完全融入小說的想像世界裡，才能找到作者的核心思想。你仍然需要讓自己去經驗角色所經驗的，如此才能跟得上作者的「論點」。然而，最終的根本問題並不是在於你同不同意書中所述，而是在於你喜不喜歡這本書，以及你喜歡或不喜歡的原因。

你或許也曾有這樣的經驗——讀著某篇小說或某一首詩，突然因為某個句子停頓下來；這句話精確地說出你心底的感受，而你從來未能如此清晰地以文字表達出來。這個想法一點都不陌生，只是頓時變得如此強烈、如此真實。你的領悟是瞬間的一股強大力量，就像觸電一樣；而你所得到的洞見將從此永遠伴隨著你。這就是想像文學的魔力：透過這些作品，我們以一種猛烈的方式重新知道我們所知道的、感受我們所感受的，以及相信我們所相信的。

讀過莎士比亞的人，除了深深著迷於劇中角色那優美且激動人心的言語，也在其中看盡了人性。現代小說家和劇作家在娛樂我們的同時，也刺激著我們思考所處時代的種種美好與殘酷。

傾向於實用性考量的讀者或許已開始納悶，投資者究竟能從想像文學中得到什麼。如果無法帶來新的投資見解，為什麼要浪費時間去讀那些書呢？我的答案很簡單：因為我們從經驗中學習，而且不局限於自己的經驗。我們從日常生活的經驗裡學會如何成為更好的伴侶、父母、公民，以及投資人；優秀的作家在我們的想像世界裡植入的虛構經驗，也可以讓我們得到同樣的學習。

班傑明·多蒂（Benjamin Doty）是美國佛羅里達州蓋恩斯維爾（Gainesville）Koss Olinger公司的高級投資總監，他堅信想像文學的力量。作為一位專業投資者，他卻深知閱讀文學名著的好處；這樣的人在我們這個行業是極其罕見的。除了我們在工作中必須閱讀的訊息媒介之外，多蒂的閱讀清單包括了莎士比亞（William Shakespeare）、費茲傑羅（F. Scott Fitzgerald）、辛克萊·路易斯（Sinclair Lewis）、康拉德（Joseph Conrad）、豪威爾斯（William Dean Howells），以及菲利普·羅斯（Philip Roth）。

多蒂善於把投資和文學聯結起來，這樣的能力來自他的商業與英文雙主修背景。在網路股泡沫破滅前的巔峰期，他正在閱讀的是西奧多·德萊賽（Theodore Dreiser）的《金融家》（*The Financier*），小說講述的是十九世紀天才銀行家經歷了數次大得大失的顛簸人生。多蒂說，《金融家》讓我們對不受約束的貪婪與極端的野心有所警戒。多蒂還記得當時對故事寓意的思考：那是對資本主義泛濫的控訴，也是對客觀主義（objectivism）的完美反抗。客觀主義是十九世紀由艾茵・蘭德（Ayn Rand）提出的哲學觀念，後來因艾倫・葛林斯潘（Alan Greenspan）而廣為人知——他相信無約束的自由放任資本主義才是金融秩序的道德指引。

多年後，多蒂讀了羅勃・席勒（Robert Shiller）的《次貸解方》（*The Subprime Solution*），探討的是二〇〇七至二〇〇八年的次貸危機。這促使他思考人性的面向，也就是金融危機如何對各個社會階層的人造成永久性的傷害。他認為現在正是時候改變我們的「時代精神」（zeitgeist）——即是我們投資文化的道德傾向。隔年，班傑明・多蒂以明尼蘇達大學兼任教授的身分開設一門新課，課程名稱為「美國小說、商業及金融危機」。

多蒂的課程編排以席勒的金融危機分析開始，後續的讀物包括莎士比亞的《馬克白》（*Macbeth*）和《理查三世》（*Richard III*）、《大亨小傳》（*The Great Gatsby*）、《石油！》（*Oil!*）、《黑暗的心》（*The Heart of Darkness*）、《富貴滄桑》（*The Rise of Silas Lapham*）、《美國牧歌》（*American Pastoral*），當然還有他最愛的《金融家》。多蒂認為，德萊賽其實是透過《金融家》的書寫來改變時代精神。他說：「商業領域的閱讀材料包括企業檔案、技術手冊以及自我成長指南，在這樣的環境裡，我們不應該低估文學能夠發揮的力量。」文學作品提供了商業領域裡大部分非虛構作品無法給予的——事件複雜性的戲劇化呈現。最重要的或許在於文學作品透過文字的魔力把你和書中角色聯結在一起，共同面對他們的行動所帶來的結果。多蒂解釋說：「好的文學作品往往採取一種批判性的立場，而這可能就是我們當下所需要的[11]。」

有時我覺得很奇怪，為什麼我所在的專業領域始終未能全然擁抱文學。或許是因為亟欲獲得交易訊息，結果忽略了長遠洞見的追尋。當然也有一些同樣面對複雜性與不確定性的專業領域（我馬上聯想到的是軍人）會熱衷於閱讀文學作品。可能是因為他們所下的賭注遠比我們更大——對他們來說那不是損益的問題，而是生與死的問題。

推崇閱讀，一直是軍人的核心信條之一，這或許可以追溯到亞歷山大大帝——他睡覺時總會放一本《伊利亞德》（*Iliad*）在枕頭下。美國陸軍學院在一八〇二年創立時，總統約翰·亞當斯（John Adams）向學院教官提出了一套抱負不凡的閱讀計畫。今天，每個軍事部門都有他們自己的閱讀書單。陸軍至少有六個不同的版本，由總參謀長、戰爭學院圖書館，以及陸軍領導中心監督。海軍陸戰隊制訂了許許多多的閱讀書單，而海軍部隊則擁有自己的專業閱讀計畫，書單中包含赫爾曼·梅爾維爾（Herman Melville）的《水手比利·巴德》（*Billy Budd*）[12]。

軍人的推薦閱讀書單裡當然有相當一部分為非虛構作品，但其中也有豐富的文學名著，包括史蒂芬．克萊恩（Stephen Crane）的《紅色英勇勳章》（*The Red Badge of Courage*）、杜斯妥也夫斯基（Fyodor Dostoyevsky）的《卡拉馬助夫兄弟們》（*The Brothers Karamazov*）、約瑟夫．海勒（Joseph Heller）的《第二十二條軍規》（*Catch-22*）、福斯特（E. M. Forster）的《印度之旅》（*A Passage to India*），以及奧罕．帕慕克的《雪》（*Snow*）。如果想要更深入探索，我推薦西點軍校英文教授依麗莎白．森密（Elizabeth Samet）的《士兵之心：西點軍校的文學閱讀》（*Soldier's Heart: Reading Literature Through Peace and War at West Point*）。在書的附錄，森密以五頁的篇幅列出她課堂上的書籍與電影清單。

學習福爾摩斯的洞察力

偉大的文學名著有巨大的力量，能觸動我們的心、擴展我們的思維。但是，別以為只有嚴肅的文學作品才值得投入時間閱讀。通俗文學也能讓你大有收獲，尤其是當中最普及的類別——推理小說。

我是從雷克斯．史陶特（Rex Stout）筆下的尼洛．伍爾夫（Nero Wolfe）開始的。大學一年級跨二年級時，我在納許維爾（Nashville）市中心的飯店當大夜班服務生。服務生的工作忙碌時感覺還不錯，但凌晨兩點到五點這段時間幾乎無事可做，無聊得很。

當父親知道我想辭去這份安逸且薪水不錯的工作時，丟了本書給我，說可以讓我打發時間。那是《毒蛇》（*Fer-de-lance*），是史陶特第一部以尼洛·伍爾夫和他的助手古特溫（Archie Goodwin）為主角的小說。我父親收藏了三十九本伍爾夫小說；那個夏天結束時，我已經讀完全部。

伍爾夫之後，我開始轉向其他的偵探小說。我跟隨著珍·瑪波小姐（Miss Jane Marple）和赫丘勒·白羅（Hercule Poirot）巡訪英國小村莊。我與尼克和諾拉夫婦（Nick and Nora Charles）喝著精緻雞尾酒；跟菲力普·馬羅（Philip Marlowe）一起打混；和山姆·史培德（Sam Spade）在深夜的舊金山大街上遊蕩。後來，我著迷於法醫凱·史卡佩塔（Dr. Kay Scarpetta）各種離奇的屍體解剖，跟警探艾利克斯·克羅斯（Alex Cross）一起追逐瘋子；最後，亞當·戴立許探長（Commander Adam Dalgliesh）又帶我回到英國鄉間。[13]

為何鍾情於推理小說呢？有好幾個原因。從最表面的層次來說，閱讀好的推理故事是非常棒的娛樂，能夠讓你從緊繃的工作與忙亂的日程中逃離出來。但是，推理故事最吸引我的部分，是解開謎團的挑戰。故事開始時，所有案件都讓人苦無頭緒，似乎有無數的嫌疑犯有待調查。隨著故事情節開展，偵探把片段線索（那都是曾經在我眼前出現但被忽視了的線索）編織成無可反駁的犯罪證據。直到今天，只要開始閱讀一本新的推理小說，我就會在腦海裡建構出我的嫌疑犯名單，然後積極尋找線索。推理小說讓你有機會比偵探搶先一步破解罪行，對我來說這就是閱讀神祕故事的終極樂趣。

回顧過去，我常懷疑或許是我對推理小說的強烈著迷，才把我引入投資領域。破解神祕罪行跟確定某個證券標的是否合理定價，兩者就根本而言其實是同樣的事——都是謎團。偵探搜集線索以確認嫌疑人是否有罪。證券分析師則搜集金融數據與產業資料，然後以股價來判定市場在某個時間點對於特定企業的價值評估是否準確。

經歷了二〇〇〇年至二〇〇二年的空頭市場，不久之後我決定以學術的觀點來研究推理小說，嘗試從中提煉出對投資者有益的教訓[14]。我的第一站是紐約曼哈頓的神祕書店（The Mysterious Bookshop），目的是拜訪老闆奧托．潘茲勒（Otto Penzler）——他是懸疑文學界的傳奇人物。我請奧托說出他心目中最偉大的偵探，他毫不猶豫地做出簡潔回答：奧古斯特．杜邦（Auguste Dupin）、夏洛克．福爾摩斯（Sherlock Holmes），以及布朗神父（Father Brown）。奧托說，這三位是偉大偵探。

當我們說這幾個虛擬人物是偉大偵探時，首先我們看到的是他們的超凡智慧。他們擁有超乎一般人的敏銳思維與聰明才智，跟資質一般的同行相比，他們確實站在高處。簡單地說，他們是思想的巨人。

總之，偉大偵探成功破案，並不是因為他們偵查得更用力，不是因為他們比較幸運，也不是因為他們跑得更快、打得更賣力，或射擊得更準確——最終破案，是因為他們的思考能力。我們看看這三位偵探，然後分別列出他們的思維習慣。

奧古斯特·杜邦是愛倫·坡（Edgar Allan Poe）創造的人物，首次在《莫爾格街兇殺案》（*The Murders in the Rue Morgue*, 1841）裡登場；這作品被認為是第一部推理小說，因此杜邦也就成了第一位偵探。這個角色繼續出現在愛倫·坡後續的作品中，如《瑪麗·羅傑奇案》（*The Mystery of Marie Roget*, 1842）和《失竊的信》（*The Purloined Letter*, 1844）。

如果仔細研究杜邦的思考方法，我們能夠學到什麼呢？

1 保持懷疑的態度，別把約定俗成的認知視為理所當然。

2 進行徹底的探查。

第二位偉大偵探夏洛克·福爾摩斯，無疑也是推理小說世界裡最有名的人物。福爾摩斯是亞瑟．柯南．道爾（Arthur Conan Doyle）筆下的人物，首次出現在一八八七年的小說作品《血字的研究》（*A Study in Scarlet*）裡。道爾寫了五十六部短篇小說與四部長篇小說，全部都以福爾摩斯那高深莫測、技藝精湛的偵探手法為亮點。

福爾摩斯的偵查方法又能讓我們學到什麼呢？

1 以客觀且非情緒化的觀點切入調查。

2 留意哪怕是最細微的事物。

3 對新的訊息抱持開放態度，即使新訊息有所抵觸。

4 對於所了解的一切，進行邏輯推理。

最後一位是布朗神父。雖然名氣比不上福爾摩斯，但布朗神父迅速晉級為文學評論者的最愛；這或許因為布朗神父的創造者是受人尊崇的著名英國小說家卻斯特頓（G. K. Chesterton）。布朗神父在《鑲藍寶石的十字架》（*The Blue Cross*）首次登場，總共出現在五十一個故事中（後來結集成五本書）。

那麼，布朗神父教了我們什麼呢？

1 學習心理學。

2 相信自己的直覺。

3 尋求替代的解釋，然後重新敘述。

娛樂和教育功能兼具；在消遣中獲得洞見；逃脫緊繃的現實，同時瞥見新的思考方式。這就是我們從這三個偉大偵探的故事，以及其他的無數推理小說中所得到的。你的喜好或許跟我不一樣，但我之前已有提到，我也喜歡許多當代作者的推理作品。無論是哪一個作者的作品吸引了你，總之，我想不到還有什麼活動能夠像閱讀推理小說一樣，如此輕鬆又這麼有益。

閱讀，學習查理的普世智慧

如果 SAT 測驗（美國高中學術水平測驗考試）分數可被視為指標，那麼我們正在失去一整個世代的讀者。現在的高中生閱讀測驗得分是史上最低。不僅閱讀時間減少了，學生對於所讀內容的理解能力也降低了。我們無法計算世界正在面臨的知識災難有多巨大。但我們可以這麼說：作為投資者，我們個人將為此付出慘痛代價——無論是就知識而言，或就財富而言。

但情況並非必然如此的。美國伊利諾州惠登學院（Wheaton College）英文系教授亞倫·傑柯布（Alan Jacobs）在他的著作《我該如何閱讀》（*The Pleasures of Reading in an Age of Distraction*）[15]中說：「閱讀的理由仍然存在。」在他心目中，閱讀本該是一件快樂的事。他如此呼叫：「應該為了閱讀的過程本身而閱讀，而不是為了要讀完什麼而閱讀[16]。」

閱讀有益思維。如果你有幸受益於班傑明·富蘭克林所提倡、聖約翰學院所落實的那種廣闊的教育理念，你會希望自己一生都在閱讀。探索各種挑戰思維的觀點，將讓你的思維保持在活躍且開放的狀態。如果你所接受的教育給予你的是專業且「實用」的知識，而非廣泛的理解，那麼，要彌補你的教育未能提供給你的知識，就唯有取決於你自己的行動了。無論你的處境如何，一旦學會成為一個有智慧的分析型讀者，接下來的學習過程也就會變得更容易，收獲也更豐富。

我希望我可以向你保證這套閱讀方法能夠直接讓你獲取查理·蒙格所說的普世智慧。但這是不可能的。單純閱讀並不足夠，你必須真正把自己放置到這個過程之中；也就是說，你必須投入你的思維，以及你的靈魂的一部分，去反思你所讀的。實際上，你越努力去理解與吸收這些材料，當中的知識就在你身上烙印得越深刻。正如查理所說的：「好的文學作品讓你多往前一點。然後它會運作得更好。如果你已經達到了，那麼這個理念對你就有更大的衝擊[17]。」

但是，如果你仍然有所疑慮，不知道該不該增加你的閱讀量，尤其擔心那些讀物對你而言過於困難，那麼，請再聽聽查理怎麼說：

我相信，與其坐著空想，不如從他人的體悟中吸取精華。如果你像達爾文那樣，帶著執著的好奇心，一步一步走下去，你將發現事情並沒有那麼困難。你會大為驚嘆，原來可以在其中得到這麼大的好處。不去吸取這些基本的普世智慧，真是一大錯誤。如果你行動了，你的生命將會更富裕——不僅是金錢的富足，而是指人生各方面的財富[18]。

1 有一些大專院校特別設有以歷史上偉大思想家的作品為基礎的人文教育課程；其中有些作為大學榮譽學位課程的一部分，有些則是短期的密集學程。就我所知道的，聖約翰是唯一一間把「名著選讀」作為一門課的大學，而且課程設計者持續定期檢討與更新課程材料。

2 其實，聖約翰學院的校史可追溯到一六九六年，創立時間比耶魯大學早五年、比普林斯頓大學早五十年、比富蘭克林的教育宣言早五十三年。

3 作者採訪了以下幾位校友：貝爾（Don Bell）及曼森（Lee Munson），二〇〇〇年六月七日；科蒂斯（Greg Curtis），二〇一一年十一月十日；鮑林（Steve Bohlin），二〇一一年十二月十五日。

4 譯註：Alpha係數評估的是投資組合相對於市場基準的表現。如果某個基金完美地追蹤大盤指數，alpha值將會是0。如果S&P500指數上升了8％，而美國股票基金——的報酬率為10％，那麼投資人就得到2％的alpha。簡言之，alpha衡量的是投資組合的相對報酬預期，而beta則是相對波動率（volatility）的測量。Beta係數為1，表示投資組合緊隨著市場基準（指數）波動，beta為-1表示幅度相等但完全反方向的波動，beta為2則表示相同方向但兩倍幅度的波動。Beta跟alpha一樣，都是評估基金獲利表現的係數，但更重要的是，beta係數顯示投資組合對市場系統性風險（systematic risk）的暴露。投資人追求高alpha係數，因此鮑林這句話可理解為：大部分基金經理所創造的高報酬率預期，其實不過是提高了投資者的系統性風險暴露。

5 莫提默·艾德勒（Mortimer J. Adler）是五十四卷本《西方世界的經典名著》（*Great Books of the Western World*）的編輯，也擔任《大英百科全書》（*Encyclopedia Britannica*）編委會主席長達二十年。他在二〇一一年六月二十八日逝世，臨終前仍然積極透過書寫與演講闡述他的終身追求：立基於人文的普及教育。譯註：《如何閱讀一本書》修訂新版，中文版二〇〇三年由台灣商務出版。

6 《如何閱讀一本書》的生命力，在任何領域的參考書之中都非常罕見。我所擁有的版本是修訂版的第三十六刷。

7 Mortimer Adler and Charles Van Doren, *How to Read a Book*, rev. ed. (New York: Simon & Schuster, [1940] 1972), 46–47.

8 參見注釋第6條。P291。

9 參見注釋第6條。P301。

10 參見注釋第6條。P205。

11 班傑明·多蒂在二〇一一年十一月二十七日接受本書作者採訪。

12 Rolf Potts, "Cannon Fodder," *The New Yorker* (May 2, 2011): 22–23.

13 譯註：珍・瑪波小姐和赫丘勒・白羅都是英國偵探小說作家阿嘉莎・克莉絲蒂（Agatha Christie）筆下的名偵探。尼克和諾拉夫婦是「冷硬派」推理小說開創者達許・漢密特（Dashiell Hammett）的作品《瘦子》（*The Thin Man*）裡的偵探夫妻；山姆・史培德也是他的筆下人物。菲力普・馬羅是作家雷蒙・錢德勒（Raymond Chandler）創造的虛構人物，出現在《大眠》（*The Big Sleep*）與《漫長的告別》（*The Long Goodbye*）等多部長篇小說中。凱・史卡佩塔是派翠西亞・康薇爾（Patricia Cornwell）系列作品中的女法醫。「艾利克斯・克羅斯系列」是美國暢銷小說家詹姆士・派特森（James Patterson）的作品。亞當・戴立許探長系列是英國推理小說家詹姆絲（P.D.James）的作品。

14 Robert G. Hagstrom, *The Detective and the Investor* (New York: John Wiley & Sons, 2002).

15 譯註：中文版《我該如何閱讀：不必大師開書單，你能自己找到有趣又有用的閱讀方式》，二〇一一年大是文化出版。英文書名的原意是：「紛亂時代中的閱讀喜悅」。

16 Alan Jacobs, *The Pleasure of Reading in an Age of Distraction* (Oxford: Oxford University Press, 2011).

17 Charlie Munger (address at Stanford Law School, Stanford, CA, 1996), *re-printed in Outstanding investor digest* (March 13, 1998): 58.

18 參見注釋第16條。P61、P63。

第八章
數學

一位坐在敞篷車裡的女孩，勝過電話簿裡的五位

夜鶯棲息在橡樹上，老鷹發現了牠，突然俯衝下來把牠抓住。夜鶯苦苦哀求著老鷹放了牠，說自己太小了，填不飽飢餓的老鷹，說服老鷹去抓大一些的鳥。老鷹回答說：「如果我放掉已經到手的食物，然後去抓另一隻連影子都沒看到的鳥，我豈不是傻子？」

你肯定聽過這則「老鷹和夜鶯」的寓言故事，也應該知道這故事的寓意——「一鳥在手勝過二鳥在林」。

這個寓言故事的原創者是伊索，相傳他是公元前六百二十年至公元前五百六十年之間生活在的古希臘的奴隸，善於說故事。從那時候開始，這故事便以無數的版本流傳著。休・羅茲（Hugh Rhodes）在他的《教養手冊》（*The Boke of Nurture or Schoole for Good Maners*, 1530）說：「一鳥在手，勝過十鳥在天。」幾年之後，約翰・海伍德（John Heywood）在一

冊收錄所有英文俗諺的著作（*A dialogue conteinyng the number in effect of all the proverbes in the Englishe tongue*, 1546）中說：「一鳥在手，勝過十鳥在林。」後來，這句話在約翰·雷（John Ray）的《諺語手冊》（*A Hand-book of Proverbs*, 1670）裡終於第一次以現代英語表述，而且成為「最終版本——「一鳥在手勝過二鳥在林」。但是我最喜歡的卻是華倫·巴菲特的版本：「一位坐在敞篷車裡的女孩，勝過電話簿裡的五位女孩。」

我很肯定，伊索在二千六百年前寫下「老鷹和夜鶯」的故事時，他根本不會想到自己正在寫下一條投資金律。

聽聽巴菲特怎麼說：「我們用來評估股票與企業的準則是一樣的。事實上，針對所有為了財務收益而買進的資產，我們的評估準則仍然跟公元前六百年由那個聰明人所提出的道理一致。『一鳥在手勝過二鳥在林』——雖然不甚完善，但伊索的這個洞見就像神諭般流傳至今。要說明這個原則，你只需要回答三道問題。你有多麼確定林中有鳥？牠們什麼時候會出現，而出現時數量有多少？無風險利率是多少？如果你可以回答這三道問題，你就可得知森林能夠給你的最大價值——而你也就知道，為了得到這片林，你最多應該獻上手中的多少隻鳥。當然，別只想著鳥。我們想的是錢[1]。」

巴菲特接著說，伊索的投資公理是永恆不變的——無論你把這個寓言應用到股票、債券、工廠、農場、石油信託，或彩票，都一樣。巴菲特也指出，即使迎來了蒸氣機、電力、汽車、飛機，乃至網路的時代，伊索的「公式」仍然有效。他說，你需要做的就是放入正確的數字，然後所有投資機會就會依據吸引力排出次序。

在這個章節，我們將仔細檢視幾個對精明投資非常重要的數學概念：貼現現金流的計算法、機率論、變異量數、趨均值回歸，以及風險的不確定性。就像在前面幾個章節所進行的，我們將一層層剝開，探討這些概念從何而來、如何而來、如何隨著時間演化；還有，這些概念對投資者的理念框架有什麼貢獻。

你們可能會想起哲學章節裡提到的約翰·威廉斯（John Burr Williams），他的貼現現金流理論是最理想的估值模型。我們也知道，運用這個模型是一件困難的事。你必須計算公司的未來成長率，還要確定該公司未來能夠產生的現金量；同時，你也必須使用適當的貼現率。（巴菲特使用無風險利率，定義為十年期美國國債的利率；而現代投資組合理論在這個無風險利率的基礎上加入股權風險溢價。）

因為這些困難，許多投資者退而尋求較低層次的表述方式，為此選擇任何一個第二層級的模型——可能是本益比、股票淨值比，或股息率。巴菲特無視於這些常見的投資指標。他說，雖然這都是數字比率，但無法反映價值。這充其量只是一個跟價值有關的標記，讓那些沒辦法或不願意使用貼現現金流模型的投資者有個模型可用。

巴菲特對他所要投資的公司，以及該公司所在的產業，都做了非常周詳的考慮。他也會仔細檢視公司的管理表現，尤其是管理層對資金配置的想法[2]。這些都是重要的變項，但卻都只能仰賴主觀判斷，並不是輕易套用數學公式就能計算出來的。另一方面，巴菲特的投資所依據的數學原則卻是直接明瞭的。他常說，他只要在信封背面運算一下，就能完成大部分公司的價值評估。首先，列出公司所持現金。然後，預測公司未來的現金成長率。最後，把現金流量折算為現值。

論及最後一個步驟，我們先來回顧一下經濟大蕭條的年代。

寧要大概的正確，也不要精準的錯誤

一九二三年，年輕的約翰・威廉斯入學哈佛大學，主修數學和化學；畢業後，因為深深著迷於一九二〇年代末的股市狂潮而投身成為證券分析師。當時的華爾街一面倒看多，這讓威廉斯感到困惑——眾人對市場滿懷信心，但實際上根本找不到一個適當的方法來確定股票的內在價值。一九二九年市場崩盤，大蕭條緊接而至；這時候威廉斯回到哈佛大學修讀經濟學博士學位。他想要理解市場崩潰的原因。

到了該選擇論文題目的時候，威廉斯諮詢了他的導師約瑟夫·熊彼特（Joseph Schumpeter）。你或許還記得我們早在生物學的章節裡提及了熊彼特教授。熊彼特考慮了威廉斯的背景，建議他做普通股內在價值計算法的研究。威廉斯在一九四〇年通過了博士論文答辯；但奇異的是，他這篇題為《投資價值理論》（*The Theory of Investment Value*）的論文在他取得博士學位之前兩年，已經先由哈佛大學出版社出版成書。

威廉斯面臨的第一項挑戰是對抗大部分經濟學家的傳統觀點——他們相信金融市場與資產價格主要取決於所有投資者對資本報酬的集體預期。換言之，驅動價格的是輿情，而非經濟。這跟約翰·凱因斯（John Maynard Keynes）著名的「選美理論」相似。他在著作《就業、利息與貨幣通論》（*The General Theory of Employment, Interest and Money*）的第十二章提出了他對股票價格波動的解釋。他認為，投資者挑選股票的過程就跟報紙上的選美比賽一樣——讀者從報紙刊登的六張照片中選出最漂亮的女子。凱因斯說，贏得這個比賽的訣竅就是不要挑選你認為最漂亮的女子，而是挑出你認為所有人都覺得最漂亮的。

但威廉斯相信金融市場的價格最終必定反映該資產的價值。決定的是經濟，不是輿情。為了確立這個論點，威廉斯不再聚焦於市場的時間序列（技術分析），轉而嘗試衡量資產價值的各種組成元素。威廉斯認為投資者該做的不是預測股價，而是關注企業的未來盈利。他接著提出，「以現值法則估值」即可確定資產價值。舉例來說，普通股的內在價值是投資期間未來淨現金流量的現值。

威廉斯在這本著作中承認他的理論是建立在其他人已建立的基礎之上。他說，一九三一年由基爾（Guild）、偉斯（Weise）、赫德（Heard）與布朗（Brown）合著的《股票成長與貼現表》（*Stock Growth and Discount Tables*），是計算股票內在價值的先驅著作。此外，威廉斯還受益於普瑞里齊（G. A. D. Preinreich）的著作《股息本質》（*The Nature of Dividends*, 1935）裡的數學附錄。威廉斯採取同樣的取徑，但更具體說明了如何透過公司的未來成長預期來估算股息。雖然「現值」的概念不是威廉斯所創，但是「貼現現金流」的概念則是歸功於他，主要原因在於他使用了一套他稱之為「代數預算」（algebraic budgeting）的方法來建立模型與進行預測。

如果仍對未來現金流的折算現值感到困惑，可以思考一下債券的估值方式。債券有息票（現金流）以及到期日，這兩者確定了債券的未來現金流。如果你把所有的息票加總，再除以合適的利率，就能得出債券的價格。一家公司的價值也是以同樣的方式確定；只是，你計算的不是息票，而是公司直到未來的某一段期間所將產生的現金流，然後把這個現金流總額折算回當前的價值。

你或許會問：未來現金流的折算現值就是確定價值的不二法則，那麼為何投資者還要轉而依賴第二級模型中的相對估值因素？因為預估公司的未來現金流太困難了。我們可以相當確定債券的未來現金流，因為那是有待履行的契約。但是，並沒有任何契約強制某一家企業產生固定的報酬率。企業會盡力取得最高報酬；但是，景氣會變化、企業面臨激烈競爭、業內可能出現破壞性創新者，這種種因素相互作用之下，沒有人能準確預測企業的未來現金流。但這不是停止嘗試的理由，正如巴菲特常說的：「我寧願要大概的正確，也不要精準的錯誤。」

沒錯，成長率和現金流的預測只是一個大概估算。但也有一些數學模型可以幫助我們應對這類不確定性，並且引導我們找出資產的真實價值。這些模型幫助我們量化風險，讓我們做出更理想的估算。

決策樹理論

風險的基本概念可以追溯到八百年前的阿拉伯數字系統。但是對我們的探究目的而言，有關風險的正式研究始自文藝復興時期。一六五四年，好賭的法國貴族安東尼．龔保（Antoine Gombaud, Chevalier de Méré）提出以下難題，向數學家布萊茲．帕斯卡（Blaise Pascal）挑戰：在一場未完成的博弈遊戲中，其中一個玩家已經領先的時候，你該如何分配賭注？

帕斯卡是個在家自學的神童，由父親教導；他的父親是數學家，也是上諾曼第（Upper Normandy）首府盧昂（Rouen）的稅務官。帕斯卡自小就展現不凡天賦。他在遊戲間的瓷磚上畫了圖形，然後自己發現了歐幾里得幾何（Euclidean geometry）。帕斯卡十六歲時寫了一篇文章，討論圓錐體截面的數學特性；這篇論文如此先進且詳盡，據說連笛卡兒也為之驚艷。十八歲時，他開始著手鑄造一種被稱作計算器的裝置。經過三年的努力，做出了超過五十個樣機之後，帕斯卡終於發明了一部機械式計算器。後續的十年當中，他建造了二十部他稱為「帕斯卡機」（Pascaline）的滾輪式加法器。

安東尼．龔保的挑戰早已為人所知。兩百年之前，方濟各會修士盧卡．帕西奧利（Luca Pacioli）早已提出過這個問題，但這兩百年來卻仍然沒有得到答案。帕斯卡毫不畏縮；相反的，他向皮埃爾．德．費馬（Pierre de Fermat）求助。費馬是位律師，也是個傑出的數學家——他建立的解析幾何（analytical geometry）理論對現代微積分的早期發展有所貢獻。他利用業餘時間研究光的折射、光學，以及探尋計算地球重量的方法。帕斯卡不可能找到比費馬更理想的知識夥伴了。

帕斯卡和費馬的一系列書信來往，最終形成了今天我們所說的機率論（*probability theory*）。經濟學家彼得・伯恩斯坦（Peter Bernstein）寫了一本有關風險的傑出著作《與天為敵》（*Against the Gods*）[3]，他在書中說這兩位數學家的書信往來「就數學史與機率論的發展來說，是一個劃時代的歷史篇章」[4]。他們以不同的方式來解決這個難題——費馬使用代數而帕斯卡使用幾何學；雖然如此，但他們都能夠建構出一個系統，為每個有可能發生但未發生的結果計算機率。實際上，帕斯卡的數字三角形可以用來解決許多數學問題，包括計算你最愛的棒球隊輸了第一局之後再贏得世界大賽的機率有多少。

帕斯卡和費馬的貢獻萌生了我們今天所謂的決策論（*decision theory*）——這指的是我們做出最佳決策的過程，即使面對不確定的未來也能運作。伯恩斯坦寫道：「做出決策，是執行任何風險管理所必須踏出的第一步[5]。」

我們現在了解機率論是強大的預測工具。但是，我們也知道，魔鬼就在細節裡。就我們的情況來說，細節指的是訊息的品質，這是機率預測所仰賴的基礎。第一個對機率與訊息品質進行科學思考的，是雅各布・白努利（Jacob Bernoulli）；白努利家族是著名的荷蘭與瑞士裔數學世家，來自這個家族的數學家還包括約翰．白努利（Johann Bernoulli）以及丹尼爾．白努利（Daniel Bernoulli）。

雅各布．白努利指出，計算博弈遊戲中的機率，以及為了解答人生難題而做出機率預測，這兩者是不一樣的。他說，你不需要轉動輪盤，就能知道小球落在17號數字的機率有多高。然而，在現實生活中你必須取得相關訊息，才可能得出某個結果的發生機率。正如白努利所解釋的，自然界的運行模式只是部分成立；所以，任何跟自然運作有關的機率，都僅能被視為某種程度的確定性，而非絕對的確定性。

儘管帕斯卡、費馬和白努利對機率理論的發現做出重要貢獻，但真正為機率論的實際應用奠下基礎的，則是另一位數學家——托馬斯．貝葉斯（Thomas Bayes）。

托馬斯．貝葉斯（1701–1761）是長老會牧師，也是個天才數學家。他的出生年份比費馬晚一百年、比帕斯卡晚七十八年，在英國倫敦南部的肯特郡過著默默無聞的生活。一七四二年，貝葉斯因為匿名發表了一篇有關牛頓微積分學的論文而被選為英國皇家學會會員。除此之外，他一輩子沒有發表過其他的數學論文。然而，他在遺囑裡明確說明，他死後即把一份文章草稿和一百英鎊交給鄰近教區紐因頓格林的牧師普萊斯（Richard Price）。貝葉斯逝世後兩年，普萊斯把一份題為〈《機率論》中一個問題的解決〉（Essay Towards Solving a Problem in the Doctrine of Chances）的論文副本寄給另一位皇家學會會員約翰．坎通（John Canton）。在這篇論文中，貝葉斯為統計推論（statistical inference）的方法奠下基礎——這個論題最早由雅各布．白努利提出。一七六四年，皇家學會在會刊《哲學學報》（*Philosophical Transactions*）上刊登了貝葉斯的文章。據彼得．伯恩斯坦所說，那是「讓人驚異的原創之作，貝葉斯因此成了統計學家、經濟學家與其他領域的社會科學家之中的不朽之名」[6]。

貝氏定理極為簡單：當我們接收到新訊息而更新原初信念時，我們即得到一個有所改進的新信念。麥格拉恩（Sharon Bertsch McGrayne）的《不死的定理》（*The Theory That Would Not Die*）是一本有關貝氏定理的書，作者在書中扼要地闡述貝氏定理下的思維過程。「我們根據客觀訊息來修改意見：原初信念 ＋ 新的客觀資料 ＝ 改善後的新信念。」後來，數學家為這過程中的每一個部分安置了術語。先驗（*priori*）機率是原初信念的機率；新假說的似然性（*likelihood*）依據的是新取得的客觀資料；而事後（*posterior*）機率則是新信念的機率。麥格拉恩告訴我們，「系統每一次重新計算時，事後機率就成了新一輪迭代運算程序中的先驗機率。這個演化中的系統每一次增加的新訊息都會讓系統趨近確定性[7]。」達爾文笑而不語。

我們更新初始信念，進而改變相應的機率；貝氏定理為這個過程進行了數學式的表述。以下是這個定理的簡易例子。

想像你和朋友花了一整個下午玩桌遊；現在，遊戲結束了，你們正在閒聊。你的朋友說了些話，然後你決定要跟他玩一場博弈遊戲：擲一次骰子得到「6」。準確的機率是六分之一，即16%的機率勝算。但是，假設你的朋友再次擲骰子後馬上用手蓋著，透過指縫看了一眼之後說：「我只能告訴你，這是個偶數。」有了這個新訊息，你的勝算就變成了三分之一，即是33%的機率。當你正在思考要不要改變賭注時，你的朋友又再戲謔地說了一句：「不是4。」你的勝算又改變了，現在你有二分之一，也就是50%的機率。在這個非常簡單的過程中，你進行了一次貝氏分析。每一次接收到的訊息，都會影響到原有的機率。

貝氏分析試圖把所有可得的訊息納入推論或決策過程。大學院校利用貝氏定理來幫助學生學習做決策。在課堂上，貝葉斯的方法常被稱作「決策樹理論」（decision tree theory）；樹狀圖的每一個分支代表新取得的訊息，因而改變決策的優勝率。查理．蒙格解釋說：「哈佛商學院一年級學生共同的量化學習項目，就是他們所謂的決策樹理論。他們所做的，就是把高中所學的代數應用到現實生活的問題中。學生們都很喜愛——他們很驚訝，因為高中學過的代數竟然這麼有用[8]。」

現在，我們把貝氏定理放置到威廉斯的貼現現金流（discounted cash flow, DCF）模型中。我們知道，應用DCF模型的一大挑戰即是對未來做出預測時所涉及的不確定性。機率理論和貝氏定理有助於我們應對這種不確定性。不過，DCF模型面對另一方面的批評——企業所處的是一個非線性的世界，但這個模型卻以線性的方式推算公司的經濟報酬。DCF模型假設，在你進行貼現計算的年數期間，企業的現金成長率維持不變。然而，一家企業要產生完全可預測且固定的報酬率，幾乎是不可能的——因為景氣時好時壞、消費者的心思難以揣測，而競爭對手一刻也不放鬆。

投資者如何應對這種種可能性呢？

答案是：擴展你的決策樹，以涵蓋各時間區間以及不同的成長率。假設你想要確定某家公司的價值，而你知道該公司過去的現金成長率為10％。你或許可以合理假設這家公司有50％的機率在未來五年間維持相同的成長率，而達成12％成長率的機率是25％，達成8％成長率的機率也是25％。由於經濟環境會引發競爭與創新，因此你接著可能會調降第六至第八年的預測，假定8％成長率的機率為50％，6％成長率和10％成長率的機率都各為25％。然後再進一步降低第九和第十年的成長率假設。

機率的表述分成兩大類別。第一類是現實機率（*physical probabilities*），或普遍被稱為次數機率（*frequency probabilities*），通常跟某個長時間產生大量數據的系統有關。想想輪盤、擲硬幣、紙牌及骰子遊戲。但是，次數機率也可以用來進行交通事故與人類壽命的機率估計。沒錯，汽車和司機各不相同；但是，駕駛在特定地區的一大群人確實擁有足夠的相似性，可以產生為期數年的大量數據，因此可將之詮釋為次數機率。

如果事件次數不足，也無法在足夠長的時間跨度內分析結果，我們就必須轉向證據機率（*evidential probabilities*），或通常稱為主觀機率（*subjective probabilities*）。必須記住的是，主觀機率可以用於任何陳述，作為某種「主觀」可信性的表達，即使這樣的表達不涉及機率論概念中的隨機過程（random process）。根據貝氏分析的教科書，「如果你相信你的假設是合理的，那麼，把特定事件的主觀機率等同於次數機率，這是完全可以被接受的[9]。」你需要做的是，篩掉不合理且不合邏輯的假設，只保留合理的。

因此，主觀機率不是基於精準的運算，根據的是某個精明人的合理推測。遺憾的是，一旦碰上跟錢有關的事，人們總是無法維持他的精明與理性。我們也知道，主觀機率可能含有相當程度的個人偏見。

每一次運用主觀機率的預測時，都不該忘記我們總是傾向於犯下行為金融學所指出的種種錯誤，也總被自己的偏見影響。決策樹除了原有的輸入之外並無太大作用，而靜態機率，也就是尚未更新的機率，也不太有價值。決策樹依據客觀訊息來持續更新機率，唯有在這樣的過程中，決策樹才能發揮功能。

無論覺察與否，實際上投資者的所有決策都是在運用機率。機率敘述必須結合歷史數據與最近訊息，這是投資者取得成功的必要條件——而這也就是貝氏分析的實際應用。

凱利公式影響了投資理論

克勞德．夏農發表了〈通訊的數學理論〉（第五章）一文的八年後，貝爾實驗室（Bell Labs）有一位年輕科學家小約翰．凱利（James Larry Kelly Jr.），從這篇著名的文章中精煉出新的機率理論[10]。

凱利在貝爾實驗室跟夏農一起工作，因此近距離接觸了夏農的數學研究。夏農的論文裡有一道數學公式；納入成功機率的考量之下，該公式計算了透過銅線傳輸最理想的訊息量。凱利指出，夏農得出的各種傳輸率跟某個事件發生的可能性，一樣都是機率，因此同一個數學公式即可優化兩者。他將這個想法寫成一篇題為〈資訊比例新解〉（A New Interpretation of

Information Rate）的論文，發表在一九五六年的《貝爾系統技術期刊》——這篇文章開啟了一道通往數學世界的門，有助於投資者為投資組合做出更好的決策[11]。

把凱利公式應用到投資的領域，即成了「凱利最佳化模型」，由此發展出最佳化成長策略（*optimal growth strategy*）。這個策略提供了一種方法，以數學的方式來計算一系列最佳化的資金配置，讓投資組合在一段期間之內取得最高成長率；這方法背後的理念很簡單——如果你知道贏的機率，也就知道該下注多大的資金比率才能取得最大的成長率。公式是：$2p-1=x$；獲勝機率乘以2再減去1，等於該下注的資金百分比。例如，如果致勝機率為55%，下注10%的資金即能讓贏得的錢達到最高的成長率。如果機率為70%，則下注40%的資金。如果你確定致勝率為百分之百，這個模型會要你下注所有的錢。

愛德．索普（Ed Oakley Thorp）是一位數學教授，也是廿一點玩家、對沖基金經理、作家；他是最先將凱利公式應用到賭場及股票市場的人。索普一九五九年至一九六一年任教於麻省理工學院，他在那裡認識了克勞德．夏農，並且閱讀了凱利的論文。閱畢後他馬上著手證明凱利公式是否有效。索普學過Fortran程式語言，於是寫了程式讓大學裡的電腦運行無數方程式，以凱利公式計算出贏得廿一點的機率。

索普的策略基於一個相當簡單的概念。當賭檯上有較多10、J、K、Q等大牌時，玩家占有比荷官更大的統計優勢。如果你把大牌設定為「-1」，小牌則是「+1」，這樣就很容易追蹤桌面上出過的牌；你只需要在每一張牌被翻出來時在心裡做簡單的加減法心算。當你的計數變成正數時，你就知道接下來出現大牌的機率增加了。精明的玩家會保留賭本，等到計數變成相對高的正數時，才下最大賭注。

索普持續改進紙牌計數方案。他採用凱利公式，對電腦程式碼進行微調以計算出每一次的賭注。不久後，他前往拉斯維加斯為他的理論進行實務測試。他從一萬元開始，第一個週末結束時，他已經翻了一倍。他聲稱自己本來可以贏更多，但是被賭場的保全盯上，被轟了出去。

多年來，索普成了廿一點玩家中的名人。當人們知道他使用穿戴式電腦玩輪盤時，瞬間聲名大噪。索普使用的裝置是他跟夏農共同研發的，那是第一個在賭場內使用的電腦，但如今已被列為非法。索普無法再到賭場去實際應用自己的數學理論，於是索性在一九六二年寫了《擊敗莊家》（*Beat the Dealer*）一書向拉斯維加斯致敬。這本書登上《紐約時報》暢銷榜，而至今仍然被視為算牌與下注策略的正統指南。

這些年來，凱利公式成了主流投資理論的一部分。有些人相信華倫·巴菲特和太平洋投資管理公司（PIMCO）著名的債券投資經理比爾．格羅斯（Bill Gross）都使用凱利的方法來管理他們的投資組合。威廉．龐士東（William Poundstone）寫了一本頗受歡迎的書《天才數學家的祕密賭局》（*Fortune's Formula: The Untold Story of the Scientific Betting System That Beat the Casinos and Wall Street*, 2005）[12]，凱利公式因而更廣為人知。然而，這個概念儘管出自學術正統且架構簡易，但我還是要提醒：凱利公式只適用於思考縝密的投資者，而且應用時仍需有所保留。

理論上，最佳化的凱利公式表現為以下兩種狀況：一、以最短的時間達成致勝目標；二、最快速的財富增長。例如，假設兩個廿一點玩家各持有一千元賭本，遊戲時間為二十四小時。甲玩家被限制每一手牌只能下注一元；乙玩家則可以視牌的好壞而改變賭注。如果乙玩家採取凱利的方法，即根據勝出機率來決定賭注大小，那麼，二十四小時後乙玩家的表現極有可能遠遠優於甲玩家。

當然，股票市場比廿一點牌局複雜得多；紙牌遊戲有固定數量的牌，因而可能出現的結果是有限的。股票市場裡有幾千家企業以及上百萬的投資者，可能出現的結果多不勝數。如果使用凱利的方法，再結合貝氏定理，則必須一再重新計算各種結果的機率、不斷調整投資程序。

在股票市場，我們面對的是低於百分之百的致勝機率，所以總是有可能會虧損。根據凱利公式，如果你的計算得出致勝率為60％，你便投入20％的資產，即使每五次就有兩次會虧損而虧損總是會發生。

凱利公式有兩大限制常被忽視：你需要擁有（一）無限的資金，以及（二）無限的時間跨度。當然，沒有任何投資者能夠擁有這兩者，所以我們必須調整凱利的方法。同樣的，調整結果也會是一道簡單的數學公式。

為避免「賭徒末路」的問題，你會降低賭注以減少風險——你可以使用減半或部分的凱利公式。舉例來說，如果凱利模型告訴你下注資金的10％（顯示55％的致勝率），你或許可以選擇投資5％（減半）或2％（部分）。減低投資金額為你的投資組合管理提供安全邊際；如果再加上我們選股時所採用的安全邊際，那麼我們的投資就有了雙重保險，帶來的是踏實的心安。

賭注過大帶來的風險，遠遠超越了賭注過小的錯失，因此投資者絕對應該考慮使用部分的凱利公式。遺憾的是，降低賭注也就降低了獲利潛能。然而，凱利模型是個拋物線狀的函數，賭注過小所致的不利結果並不嚴重。減少50％的凱利賭注只會減低25％的獲利成長潛能。

索普說：「凱利系統適合那些想要讓資金複合成長而得到可觀獲利的人。如果你有很多時間，並且願意付出耐性，這種操作法就是為你而設的[13]。」

錯誤解讀鐘形曲線的意義

史蒂芬．古爾德（Stephen Jay Gould）是美國著名的古生物學家與演化生物學家；他在四十歲時被診斷出腹腔間皮瘤（abdominal mesothelioma），這是一種罕見且致命的癌症。古爾德馬上被送進手術室。手術後，他詢問醫生應該閱讀哪方面的資料才能多了解這個疾病。醫生回說「能夠從文獻得知的並不多」[14]。

古爾德沒有放棄，他到了哈佛醫學院圖書館，在電腦上輸入「間皮瘤」一詞。他花了一個小時閱讀了幾篇最近的文章，於是明白了為什麼他的醫生不太想要多說什麼。古爾德得到的是赤裸裸的殘酷訊息：間皮瘤是不治之症，患者預期壽命的中位數只有八個月。古爾德一陣眩暈，呆坐在那裡直到他的思緒清醒過來。然後他笑了。

預期壽命中位數為八個月，這意味著什麼？就詞義而言，中位數就是一串數字中位於中間的值。在任何一組數字中，一半的數字高於中位數，另一半低於中位數。以古爾德的情況來說，被診斷出間皮瘤的患者之中，有一半的剩餘壽命短於八個月，另一半則會在八個月之後的任何一天死去。（另兩種趨中量數是平均數和眾數。平均數是所有數值的總和除以數據個數；眾數則是出現次數最多的數值。例如，在一個數字串裡有1、2、3、4、4、4、7、9、12，則眾數為4。）

大部分視平均數為事實，很少思及其中的變異數。如果以這種角度來看，「預期壽命中位數為八個月」即意味著他會在八個月之後死去。但古爾德是演化生物學家——從事這個工作的人活在充滿變異的世界裡。他們感興趣的不是所有事件的均值狀態，而是系統內部隨著時間推移而出現的變異。對他們而言，平均數和中位數都只是抽象概念。

我們大部分人傾向於透過左右對稱的鐘形曲線來看待世界，也就是說，我們認為平均數、中位數和眾數三者一致。但是，我們已得知自然界並非總是完美符合對稱的常態分布，有時候會向其中一方傾斜。這種現象稱為左偏態或左偏態分布，視曲線延長的方向而定。

作為生物學家的古爾德不會把自己看成所有間皮瘤患者中的均值，而是患者母體中的一個獨立個體。深入研究後，他發現患者預期壽命的分布曲線相當明顯地往右傾斜；也就是說，存活超過八個月的患者實際上的剩餘壽命遠超過八個月。

什麼原因導致分布曲線向右或向左傾斜？是變異。當中位數的左邊或右邊的變異數增加，鐘形曲線就會往那一邊傾斜。繼續以古爾德的情況為例，那些活過八個月的患者展現較大的變異數（他們當中許多人甚至多活了好幾年），因此把分布曲線往右邊推移。在一個右偏態的分布中，趨中量數不再一致；中位數在眾數的右邊，平均數比中位數更偏右。

古爾德注意到那些處在分布曲線右傾部分的患者，也就是存活期超過中位數的人；他想要了解這些患者的特徵。一如預料之中的，處於曲線右邊的患者普偏年輕，健康狀態較良好，並且因及早診斷而延長壽命。這也是古爾德自身的特徵，因此他推斷自己活過八個月的機率相當高。實際上，古爾德二十年後才逝世。

「有一種強烈的偏差根植於我們的文化裡，那就是對差異的否定或忽視。」古爾德說：「我們傾向於關注趨中量數，因而犯下種種可怕的錯誤，而且往往帶來具體的損失[15]。」

古爾德的經驗給予投資者最重要的啟示是：學會分辨系統趨勢和系統內的趨勢。換言之，投資者必須了解股市的平均報酬率以及個股的表現差異這兩者的區別；而研究市場的盤整形態即是最容易的方法。

大部分投資者經驗過兩種股市形態，即多頭市場或空頭市場，市場走勢不是向上就是向下。但是，市場還會呈現第三種投資者較不熟悉的市場類型，即盤整形態——市場出現橫向走勢，而且在一段時間之內幾乎沒有太大變化。

其中一次較著名的盤整市場出現在一九七五年至一九八二年之間。一九七五年十月一日，道瓊工業指數站上了七百八十四點。過了大約七年，道瓊工業指數在一九八二年八月六日的收盤行情也正是七百八十四點。即使該期間的名目盈餘有所增長，為此盈餘所付出的股票價格卻下跌了。一九七五年年底，標準普爾五百成分股的歷史本益比（trailing P/E）近乎12倍；到了一九八二年秋季則下降至大約7倍。

有些股市預測專家把曾經出現過的市場形態類比為今日可能發生的現象。全球經濟復甦顯示疲態，在這種背景之下的企業利潤成長率備受關注。另一些人則擔心貨幣機關實施的刺激政策將導致物價上漲、通貨膨漲、貨幣貶值。這種種現象將會反饋至股票市場，壓低股票本益比。結果，投資者面臨的是一段持久的市場停滯期；這種時候，市場預測專家就會建議投資抽身離開。

「我們即將面臨類似一九七〇年代的盤整市場，最好不要碰股票」——第一次聽到這種說法時，我感到困惑。盤整市場對長期投資者來說是不是真的無利可圖呢？華倫．巴菲特就是其中一個在那段期間大賺的人，他當年在哥倫比亞大學的同窗好友威廉．盧安（William Ruane）也是。一九七五年至一九八二年之間，巴菲特為海瑟威公司帶來高達六百七十六%的累積總報酬；魯安與夥伴李察．卡尼夫（Rick Cunniff）的旗艦紅杉基金（Sequoia Fund）則創下四百一十五%的累積報酬。在一個幾乎停滯的市場裡，他們怎麼創造出如此卓越的投資報酬？我決定要一探究竟。

首先，我檢查了一九七五年至一九八二年期間五百大個股的投資報酬率，尤其專注於那些為持股人帶來異常高收益的個股。在那八年期間，五百大個股中只有3%在期間任何一年之中股價漲幅超過一百%。當我把持股期間延長至三年，得到的結果更令人鼓舞：平均有18.6%的個股在連續三年期間股價翻倍。這相等於五百支股票中的九十三支。我再把持股時間延長至五年，結果讓人驚訝——平均而言，38%個股上漲至少一倍，那等於五百大個股中的一百九十支[16]。

以古爾德的案例為類比，我們可以這麼說：著眼於市場平均值的投資者，將會對一九七五年至一九八二年的股市形態做下錯誤的結論。他們錯誤地假設市場呈現橫向走勢，而實際上市場內的變異極為強烈，因此提供了許多報酬豐厚的投資機會。古爾德告訴我們，「古老的柏拉圖式策略把全體抽象化成單一數值（平均值），然後追蹤這個數值在一段時間之內的走向，這種方法往往把我們引至錯誤與混亂」。投資者擁有「強大的動力想要辨識出趨勢」，因此常常會「探測出某個並不存在的走向」。結果，他們完全「看漏了系統內部增幅與降幅的變異」。古爾德說：「在達爾文的世界，變異才是基本的事實，而計算出來的平均值只是個抽象概念[17]。」

●●●

在《證券分析》這本開創性著作的第一頁，作者班傑明．葛拉漢和大衛．陶德摘錄了一段來自詩人賀拉斯（Quintus Horatius Flaccus, 65–8 B.C.E.）的文字：「現在已然衰朽者，將來可能重放異彩。現在備受青睞者，將來卻可能日漸衰朽。」就像當時伊索不可能會想到他的寓言故事「老鷹和夜鶯」為後來的貼現現金流模型做了一個文學的引言，我肯定賀拉斯也沒想到自己寫下的是後來統計學上的「趨均值回歸」概念。

當你聽到別人說「已經持平了」，那就是「趨均值回歸」的口語表述——這是一個統計學現象，大致上說的是：異常高或異常低的數值最終會往中間靠攏。如果套用到投資，則說明極高或極低的投資成效都不會持續太長時間，通常會在不久之後逆轉。（因此稱作回歸。）彼得．伯恩斯坦指出，趨均值回歸是許多訓誡的核心精神，例如「物極必反」、「驕者必敗」，以及約瑟為法老所做的解夢預言，說埃及將會度過七個豐年，然後迎來七個荒年。伯恩斯坦還說，投資領域的核心也存在著物極必反的現象，而回歸至平均數是選股與預測市場走勢的普遍策略；我們很常使用這個策略，有時候甚至用過了頭。

均值回歸的數學發現可以追溯到達爾文的表親法蘭西斯．高爾頓（Francis Galton），他是一位英國學者。（你可能還記得「社會學」一章中高爾頓的大牛重量猜測比賽。）高爾頓志不在商業或經濟，他的主要興趣是研究家族中代代相傳的天分，包括達爾文家族。

高爾頓受益於比利時科學家阿道夫．凱特勒（Lambert Adolphe Jacques Quetelet, 1796–1874）的作品。凱特勒比高爾頓年長二十年，他創立了比利時皇家天文台，同時也積極把統計學方法引入社會科學領域。他的主要貢獻包括發現了社會結構與人類的身體特徵皆以常態分布。

凱特勒發現「事物依某種奇特的定理偏離自平均值，形成常態分布，這樣的分布形態無所不在，尤其是人體的身高與胸圍尺寸」；這樣的說法深深吸引了高爾頓[18]。當時高爾頓正在書寫他的重要著作《遺傳的天才》（*Hereditary Genius*），試圖證明遺傳才是特殊才能的唯一因素，跟教育或後天的專業訓練無關。但是凱特勒「平均離差」概念擋住了他的去路。如果高爾頓要堅持他的理論，唯一的方法就是解釋常態分布之中的差異如何發生。而他只有一條路——找出數據如何自我組織。於是，高爾頓達成了一項彼得．伯恩斯坦所謂的「驚人發現」，從此對投資領域造成深遠影響。

高爾頓的第一個實驗是機械性的。他發明了一個現在被稱為「高爾頓板」（Quincunx）的裝置，這是一部非一般的彈珠台，形狀像沙漏，瓶頸的部分排列著二十根釘子。高爾頓在皇家學會展示這個裝置的概念，隨機小球透過板子滑落；小球掉到裝置下面的器皿時，呈現的是標準的高斯（Gaussian）分布，即常態分布。接著，他利用豌豆進行實驗。他測量上千顆豌豆的大小與重量，然後寄了十組樣本給他在英國各地的朋友，並且清楚指示他們如何種植。當他研究十組樣本的後代時，發現這些豌豆的物理特徵呈現標準的高斯分布，就跟高爾頓板的實驗結果一樣。

這項實驗，以及其他諸如父母親與孩子的身高差異等等現象，後來被稱為趨向平均數的回歸或逆轉。「返祖[19]，意指子女典型傾向於偏離父母典型而回歸至某種大略或平均值的祖先典型[20]。」高爾頓說，如果沒有返祖現象，則大豌豆會生出更大的豌豆，而小豌豆會生出更小的豌豆，最後世界上就只剩下巨人和侏儒。

金融家摩根（J. P. Morgan）有一次被問及股市的走向。他回答：「會波動。」當時沒有人想到他正在以一種迂迴的方式說明了均值回歸的概念。但如今這句著名的答覆已經成了逆向投資者的信條。他們會這麼說：貪婪會把股價推高而越來越偏離其內在價值，恐懼則會把股價往下推離內在價值，直到均值回歸開始作用。最終，變異將在系統內部被糾正。

均值回歸在華爾街成了近乎迷信的預測工具，其中原因並不難懂。作為一種預測未來的工具，這個數學概念非常簡單易懂。然而，為何高爾頓的法則恆常不變，預測卻如此困難？

挫敗來自三大因素。第一、均值回歸並非總是即時發生。股票被估值過高或過低的時間可能遠比理性預期的還要長。第二、市場極度不穩定，偏差並不規則，以至股價無法準確糾正，也不容易回復到平均值。最後，也是最重要的一點——在一個高度變動的環境（如市場），平均值本身不一定穩固不變。昨日的常態不再是明日的常態；平均值可能早已轉移到新的位置。

以物理學為基礎的系統，平均值是穩定的。我們可以進行某個物理學實驗多達一千次，然後一再得到大致相同的平均值。但是市場是生物學系統。系統中的行動主體，即投資者，會依據變幻無常的情境而持續學習與調適。今日的投資者，包括他們的思維、想法與推論模式，早已有別於上一代投資者。

直到一九五〇年代，普通股的股息殖利率往往高於政府債券的利率。那是因為經歷過一九二九年股市崩盤及大蕭條時代的一代對投資保障有更高的要求，唯有提供較高的股息，才能吸引他們選擇股票而捨棄債券。他們所運用的策略其實就是均值回歸，即使他們並沒有使用這個稱謂。當普通股的股息率趨近或低於政府債券殖利率，他們就會拋售股票而轉向債券。高爾頓法則於是重新設定價格。

一九五〇年代榮景再現時，普通股受到新一代未經歷過一九三〇年代崩盤之痛的投資者所擁抱。如果你依然堅信普通股殖息率會回復到原本高於債券利率的水準，那麼你就要虧損了。再舉一個現今市場的例子：在一些事件的衝擊之下，二〇一一年許多普通股的股息率高於十年期美國政府債券。根據回歸法，你會賣掉債券而轉向股票。然而，到了二〇一二年，債券再次超越股票。這種偏離平均值的經濟狀況會維持多久呢？還是，平均值早已移位了？

大部分人以為標準普爾五百指數是被動型的一籃子股票，幾乎不會改變。但事實並非如此。標準普爾的評等委員會每年都會剔除與新增一些公司；指數成分股中的大約15%，即大概有七十五家公司被替換。有些公司因為被其他公司併購而退出標準普爾指數；有一些則因為經濟表現下滑而不再具備五百大企業的資格。新加入的公司通常體質健康、活躍於業界，而且對經濟環境帶來正面效應。如此看來，標準普爾五百指數正處於達爾文式的演化過程，聚集在其中的公司將會越來越強健——適者生存。

五十年前，標準普爾五百指數的成分股以製造業、能源與公用事業股為主。今天，在其中占支配地位的則是科技、保健和金融類股。後三者的股本報酬率比前三者高，因此指數成分股現今的平均股本報酬率高於三十年前。平均值已經移位。用湯瑪斯．孔恩（Thomas Kuhn）的話來說，典範轉移發生了。

若過於強調現狀卻不了解組構成分的細微轉變，則做出的可能是毀滅性的錯誤策略。均值回歸仍然是重要策略，但投資者務必要記得，均值回歸並不是無可違背的法則。你認為價格很高的股票仍然可能再漲；你覺得便宜的股票也可能繼續下跌。彈性思維是非常重要的。雖然均值回歸是市場最有可能出現的結果，但這樣的可能性也並非神聖不可侵犯的。

媒體充斥著黑天鵝或肥尾效應

德意志哲學家與數學家哥特佛萊德．萊布尼茲（Gottfried Leibniz）寫道：「事件的回歸在大自然中已形成模式，但那只是對大部分事物而言[21]。」這個章節提及這些數學家，基本上就是要幫助投資者更進一步理解「事件的回歸」，以做出更好的預期。不過，一切仍然不確定、不連續、不規則、不穩定，而且呈肥尾分布。

美國經濟學家法蘭克．奈特（Frank H. Knight, 1885–1972）任職於芝加哥大學，是芝加哥學派經濟學的先驅者。他的學生包括諾貝爾獎得主詹姆斯．布坎南（James Buchanan）、米爾頓．傅利曼（Milton Friedman），以及喬治．斯蒂格勒（George Stigler）。

奈特因著作《風險、不確定性與利潤》（*Risk, Uncertainty, and Profit*）而聞名；他在這本書中試圖區別經濟風險和不確定性。他說，風險源於未知的結果，但這個未知結果受制於某種已知的機率分布。我們或許不確定即將會發生的事，但是，基於歷史數據及事件發生的機率，我們大概會知道可能發生的狀況。

不確定性則不同。在不確定性之下，我們不知道結果，而且也不知道事件背後的機率分布。這是比較棘手的問題。奈特氏不確定性（Knightian uncertainty）不能測量，也無從計算。唯一一貫的是：驚異。

納西姆．塔雷伯（Nassim Nicholas Taleb）在他的暢銷書《黑天鵝效應》（*The Black Swan: The Impact of the Highly Improbable*, 2007）[22]裡闡述了投資者跟奈特氏不確定性的關係。塔雷伯所謂的「黑天鵝」指的是具備以下三大特徵的事件：「一、屬於異常值，處在正常預期的範圍之外，沒有任何歷史數據顯示該事件發生的可能性；二、帶來極端衝擊；三、即使屬於異常值，人類的本性仍然促使我們在事後編造解釋，彷彿該事件是可解釋、可預測的。」[23]

塔雷伯的《黑天鵝效應》闡述的是那些難以預測卻帶來極大影響力的事件；這類事件如此罕見，像黑色天鵝般稀有，遠遠超出我們對歷史、科學、技術與金融領域的正常預期。塔雷伯這本書的目的就是要提醒投資者：這類事件縱使罕見，卻具有不成比例的重要性。此外，作者也在書中強調，即使是以小機率事件的特徵為基礎的科學方式，也無法計算此類極度罕見事件的機率。最後，他想要突顯的是我們面對不確定性和歷史罕見事件時的心理偏差與盲目。

塔雷伯說，對於即將發生的事，我們總是以鐘形曲線的可預測性作為假設——這即是他所謂的「平均世界」（Mediocristan）。可是，世界是由雜亂、不可預測與粗暴的事件所組成，他稱之為「極端世界」（Extremistan）。在塔雷伯的世界裡，「歷史並非匍匐而行，而是跳躍前進」。

一九四一年突襲珍珠港事件以及九一一恐怖襲擊，都屬黑天鵝事件。這兩個事件都出乎正常的預料之外，兩者都帶來了極大衝擊，而且皆可事後解釋。遺憾的是，「黑天鵝」一詞早已泛濫——只要遇到任何預期之外的事件，包括暴風雪、地震，或者股市動盪，媒體就用上這個詞。稱這些事件為「灰天鵝」或許比較恰當。

黑天鵝事件有個統計學名詞：肥尾（*fat tail*）。《紐約時報》專欄作者威廉・薩菲爾（William Safire）如此解釋這個術語：在常態分布中，鐘形曲線的中間部分高而寬，曲線向兩邊下垂，成了扁平的底部。底部的極端值，無論左右，或稱作尾部。如果常態分布的尾部沒有歸零，反而膨脹，這樣的尾部即稱為「肥尾」[24]。塔雷伯的黑天鵝事件就是曲線所顯示的肥尾。就統計而言，在常態分布中偏離平均值五個標準差或以上的事件，都被視為極端罕見。

跟黑天鵝一樣，肥尾一詞也成了投資領域中的術語。我們常聽到投資者說他們無法再容忍「左尾」事件。法人投資者開始買「左尾」保險，而對沖基金則在出售「左尾」保障。我再次覺得我們正在濫用術語。今天，任何稍微偏離常態的事件都被立即標識為黑天鵝或肥尾。

• • •

數學就跟物理學一樣，擁有難以抵擋的魅力。數學把我們引向精準、遠離含混。然而，一邊是量化歷史資料以預測未來，另一邊則是針對未來事件機率的主觀信念，這兩者的關係仍然不易釐清。曾獲得諾貝爾獎的經濟學家肯尼斯・阿羅（Kenneth Arrow）警告過我們，以數學操作的投資風險管理，內含自我毀滅的因子。他寫道：「無論在人類社會或自然界，我們對於事物運作的認識，都是循著曖昧的路徑而取得的。對確定性投以信仰，必將迎來巨大災難[25]。」

這並非意味著機率、變異、均值回歸，以及肥尾等等概念是無用的。事實遠非如此。這些數學工具幫助我們限縮市場裡存在的不確定性——但無法剔除。彼得·伯恩斯坦說：「風險管理是一項實用藝術，這樣的認知是基於某個簡單卻意義深遠的陳腔濫調：我們的世界被創造出來時，沒有人記得把確定性包含進去。我們從來就無法肯定；就某個程度而言，我們總是不知的。我們所接收的大部分訊息，若不是錯誤，就是不完整[26]。」

布朗神父系列的創作者與文學評論家卻斯特頓（Gilbert Keith Chesterton）完美刻畫了我們所面對的兩難處境：

這個世界真正的麻煩，並不是在於它是個非理性的世界，也不是在於它是個理性的世界。最常遇到的麻煩，在於世界似乎理性，但又不全然理性。人生並非沒有邏輯，但總讓邏輯學家誤入陷阱。世界看上去比實相更符合數學、更遵循規則；它的精確之處顯而易見，它的粗略之處則隱而不露；它的狂野正伺機而動[27]。

1 Warren Buffett, *Berkshire Hathaway 2000 Annual Report*, 13.

2 Robert G. Hagstrom, *The Warren Buffett Way: Investment Strategies of the World's Greatest Investor (New York: John Wiley & Sons*, 1994).

3 譯註：完整書名為 *Against The Gods: The Remarkable Story of Risk*，中文版《與天為敵：人類戰勝風險的傳奇故事》一九九八年由商周出版。

4 Peter L. Bernstein, *Against the Gods: The Remarkable Story of Risk* (New York: John Wiley & Sons, 1996), 3.

5 參見注釋第4條。

6 參見注釋第4條。

7 Sharon Bertsch McGrayne, *The Theory That Would Not Die* (New Haven: Yale University Press, 2011), 8.

8 Charles T. Munger, *Outstanding investor digest* (May 5, 1995): 49.

9 Robert L. Winkler, *An Introduction to Bayesian Inference and Decision* (New York: Holt, Rinehart and Winston, 1972), 17.

10 凱利最著名的事蹟發生在一九六二年，當時他為IBM 704型電腦編寫了一個合成口語的程式。凱利製造了一個「錄音合成器」，重新錄製了舊曲《黛西貝爾》（*Daisy Bell*），還結合了數位音樂之父麥克斯．馬修斯（Max Mathews）的音樂。這時候正巧科幻小說家亞瑟．克拉克（Arthur C. Clarke）到訪實驗室。科幻迷大概已經聯想到了改編自亞瑟．克拉克小說的電影《2001太空漫遊》（*2001: A Space Odyssey*）中，太空人大衛．鮑曼（David Bowman）把超級電腦哈兒（HAL 9000）關上睡覺時，哈兒唱著的就是《黛西貝爾》。

11 J. L. Kelly Jr., "A New Interpretation of Information Rate," *The Bell Systems technical journal* 35, no. 3 (July 1956).

12 譯注：本書書名直譯為「財富方程式：擊敗賭場和華爾街的科學投注系統揭祕」。中文版《天才數學家的祕密賭局》二〇〇八年平安文化出版。

13 Ed Thorp, interviewed by the author, November 25, 1998.

14 The following section is based on a 1985 article in *Discover* titled, "The Median Isn't the Message" and on Stephen Jay Gould, "Case One: A Personal Story," chap. 4 in *Full House: The Spread of Excellence from Darwin to Plato* (New York: Three Rivers Press, 1996).

15 Sam L. Savage, *The Flaw of Averages: Why We Underestimate Risk in the Face of Uncertainty* (New York: John Wiley & Sons, 2009), 11.

16 Robert G. Hagstrom, "Who's Afraid of a Sideways Market?" *Legg Mason per-spectives* (January 2010).

17 Gould, *Full House*, 41.

18 Bernstein, *Against the Gods*, 162.

19 譯註：Reversion 一詞有反轉，回復的意思，可用來指涉統計學的迴歸概念，用於生物學領域則指返祖現象。

20 Sir Francis Galton, quoted in Bernstein, *Against the Gods*, 167. It is referenced in the biography by D. W. Forest, *Francis Galton: The Life and Work of a Victorian Genius* (New York: Taplinger, 1974).

21 Gottfried Leibniz, quoted in Bernstein, *Against the Gods*, 329.

22 譯註：中文版《黑天鵝效應：如何及早發現最不可能發生但總是發生的事》，二〇〇八年大塊文化出版。

23 Nassim Nicholas Taleb, *The Black Swan: The Impact of the Highly Improbable* (New York: Random House, 2007), xvii.

24 William Safire, "On Language: Fat Tail," *New York Times* (2009), http://www.nytimes.com/2009/02/08/magazine/08wwwln-safire-y.html.

25 Kenneth Arrow, quoted in Bernstein, *Against the Gods*, 7.

26 Bernstein, *Against the Gods*, 207.

27 Gilbert Keith Chesterton, "The Paradoxes of Christianity," chap. 6 in *Ortho-doxy* (Charleston, SC: BiblioBazaar, [1908] 2007).

第九章

決策

學習操盤高手的快思慢想

球棒和球總共1.1元。

球棒比球貴1元。

球值多少錢？

此時某個數值浮現在你腦中。但很抱歉，你所想到的答案極有可能是錯的。別氣餒——哈佛大學、麻省理工學院和普林斯頓大學有超過一半的學生也答錯了。而且，接下來的兩道問題，他們也沒有表現得更好。

如果5部機器費時5分鐘可以做出5個小部件，一百部機器需要費時多久才能做出一百個小部件？

湖裡長著睡蓮。每一天，這片睡蓮的覆蓋面積都會增加一倍。如果睡蓮需要48天就能覆蓋整個湖面，那麼覆蓋半個湖面需時多久[1]？

這三道事後看來都相當簡單的問題，出自耶魯大學行銷學副教授夏恩・佛德瑞克（Shane Frederick）；他在二〇〇五年任職於麻省理工學院時設計了一項認知反射測驗（Cognitive Reflection Test），這三道問題即是測驗的一部分。他想要測量人們的認知與推理能力，尤其感興趣的是，人們是否能輕易推翻頭腦的反射性決策中心──也就是我們所謂的直覺。

多年來，心理學家亟欲探究我們的認知過程中兩種不同的思維模式：俗稱直覺所產生的「快速而聯想式」的認知，以及「慢速而依循規則」的理性思維。今天，這兩種認知系統普遍被稱為「系統一」與「系統二」。系統一是直覺性思維──無意識、快速、毫不費力，而且不受控制。系統二是反思性思維──受控制、慢速，而且需要投入心力。系統二的操作必須專注，並且與那些可依循規則加以運用的主觀經驗有所聯結。

雖然我們總是以為自己的系統二思維擁有強大能力，但實際上我們的大部分思維都是由系統一執行的。回頭看看那些接受佛德瑞克測驗的大學生。超過一半的學生說球的價格是0.1元。更驚人的是，測試者再次詢問：「這是你的最後答案嗎？」大部分人還是維持原本的回答。

顯然，這些大學生陷在系統一思維中，而且沒有能力或沒有意願轉換到系統二。佛德瑞克說，如果他們再想一下，就會發現1元與0.1元的差別是0.9元，而不是1元。這麼多大學生錯誤解答這一題，顯示兩大問題。第一、人們不習慣深入思考問題，而且總是第一時間認定腦中浮現的某個似是而非的答案。第二、系統二無法好好地監控系統一。

佛德瑞克也發現，在認知反射測驗中表現較好的人，回答問題時較有耐性。系統二是相對慢速的思維過程。一旦被迫即時給予答案，我們就沒有足夠的時間處理理性思維，而理性正是反思過程的核心。

這並不是說直覺在我們的思維中不具備任何重要性。完全不是這樣。我敢肯定地說，如果失去了基本的直覺，我們根本無法生活。你正在開車的時候，車子後輪打滑，直覺告訴你把方向盤轉向打滑的方向。你不可能有時間深入系統二去考慮一長串的不同選項。

其實，直覺在我們的認知過程中扮演的角色，早已被科學家正視。你可能還記得心理學章節中提及的丹尼爾．康納曼（「Daniel Kahneman）——因為研究人類的判斷與決策過程而獲得諾貝爾經濟學獎的心理學家。

康納曼認為有些時候直覺確實能給予答案，但這種情況取決於兩大條件。第一、「所處的環境必須具備相當程度的規律性可供預測」。第二、必須「有機會透過長時間的練習來掌握當中的規律性」。想想象棋、橋牌或撲克牌遊戲，這些我們熟知的例子都是在規律的環境中運作，而長時間的練習能夠發展出適用於這些活動的直覺能力。康納曼也認同軍官、消防員、醫生與護理人員因為擁有大量經驗而發展出熟練的直覺能力——他們所處的環境雖然看似充滿了突發事件，但實際上他們都重複經歷了許多次。

康納曼總結說，在簡單且易於預測的環境中操作的人通常會發展出直覺能力，而處在複雜環境裡的人則不太可能訓練出這種能力。康納曼的大半學術生涯都在研究臨床醫生、股票投資者及經濟學家，結果發現直覺能力通常不存在於這個群體當中。換言之，在易於辨識因果的線性系統中，直覺可以發揮良好作用。但是，在非線性系統如股票市場與經濟環境裡，我們思維中的系統一，即直覺的部分，較無法發揮功用。

我們再談談那一群大學生。我們可以假設他們都是聰明的人，但他們為什麼無法正確解答那些問題？他們為何直接跳躍到一個全然由直覺得出的結論（系統一思維）？系統二思維為什麼不會糾正他們的錯誤答案呢？簡言之，原因在於他們不具備足夠的訊息蓄積。

在有關直覺的著作裡，康納曼使用了一個由司馬賀（Herbert Simon）提出的定義；司馬賀是另一位因研究人類決策過程而獲得諾貝爾經濟學獎的心理學家。「所處的情境給予某個提示，這個提示讓這個專家觸及記憶庫裡儲存的訊息，由這些訊息提供解答。直覺沒什麼特別，就只是指認出訊息而已[2]。」因此，康納曼認為記憶庫裡的訊息儲存量能夠提升我們的直覺思維能力。他進一步指出，系統二無法推翻系統一的原因，主要在於資源的限制。「執行某些判斷時，能夠對捷思（來自系統一思維）進行補充或糾正的訊息（系統二思維），並不是被否定或忽視，而是根本缺乏這類訊息[3]。」

一言以蔽之，這本書的首要書寫目的，就是要改善系統二思維的資源條件——也就是說，深化與廣化相關訊息的蓄積。

如何思考，比思考什麼更重要

大學生並不是投資專家——至少在未來幾年都不是。所以，我們可以說夏恩·佛德瑞克對大學生思考能力的悲觀論斷是過於草率的，他們最終將會改進。如果康納曼的理論是對的，那麼需要的只是更多實作學習的時間，然後我們的年輕知識分子們就能算出球的價格、製作小物件所需的時間，以及睡蓮覆蓋湖面所需要的天數。不用多久，這些亟欲征服世界的新鮮面孔，即將成為新一代的投資專家。

美國賓州大學心理學教授菲利普・泰洛克（Philip Tetlock）要不是花上十五年（一九八八至二〇〇三年）研究二百八十四位專家的決策過程，或許也會對那些大學生的未來感到樂觀。他所謂的專家，指的是那些出現在電視上、被報章雜誌訪問、成為政府和企業顧問，或出席圓桌會議的人。泰洛克問他們對世界局勢的看法，而他們都預測了之後會發生的事。他總共收集了兩萬七千四百五十個來自這些專家的預測，然後對每項預測進行追蹤，並且計算其預測結果。這些預測的準確度有多高？結果相當讓人遺憾，但或許並不意外——專家的預測並沒有比「擲飛標的黑猩猩」更準[4]。

為什麼會這樣？根據泰洛克：「如何思考，比思考什麼更重要[5]。」

顯然，專家也跟我們一樣被思維的缺陷所箝制。專家尤其因為過度自信、後視偏見、亟欲捍衛信念系統，以及欠缺貝氏程序，最終承受苦果。你應該還記得，我們在心理學章節裡已經討論過了這些心理偏誤。

讓系統一思維失效的，即是這些心理偏差。我們倉促地依直覺做出決策，絲毫沒有意識到我們固有的偏見與捷思正在導致思維偏誤。唯有接上系統二思維，我們才能再次確認原本的決定是否有所偏差。

● ● ●

大約二千六百年前，古希臘戰士詩人阿爾基羅庫斯（Archilochus）寫道：「狐狸有許多詭計，刺蝟只懂得一種。」這句話後來因為以賽亞・伯林（Sir Isaiah Berlin）的著名文章〈刺蝟與狐狸〉而成了名言。在這篇文章裡，伯林把作家與思想家分成兩大類：刺蝟與狐狸。刺蝟以單一視角看世界；狐狸則總是對宏大理論保持質疑態度，做出決策之前會參考各式各樣的經驗。文章引發的爭議，連伯林也感到驚訝。他說：「這並不是太嚴肅的論述。我這麼說，只是當作是個有趣的學術玩笑，但最後卻被當真了。[6]」

很快的，許多研究決策過程的學者開始把這個類比納入他們的研究中，泰洛克也不例外。在他的著作《專業政治判斷》（*Expert Political Judgment*），泰洛克把預測者區分成刺蝟與狐狸兩大類型。即使整體而言預測者的表現慘不忍睹，但他仍然能夠辨別這兩種類型的差異。狐狸型預測者的總體表現優於刺蝟型預測者。

為何刺蝟的處境不利？第一，他們往往緊抱著他們的寶貝理論，造成預測時過度自信。更糟的是，即使早已出現反面的證據，他們仍然未能及時轉變觀點。泰洛克的研究顯示，狐狸原先所做的預測，當中有59％後來依據其他的假設而修改；刺蝟只改變19％的預測。換言之，相較於刺蝟，狐狸更懂得運用貝氏推論來更新他們的預測。

狐狸對自身知識的局限有所覺察，這一特徵讓他們有別於刺蝟。在測驗中，狐狸的校準（calibration）與區辨（discrimination）能力都比刺蝟高。（校準能力可以被視為智識上的謙卑，測量的是主觀機率在多大程度上符合客觀機率。區辨能力指的則是受測者是否能夠果斷地為那些會發生的事件設定較高機率，同時把不會發生的事件設定為較低機率。）刺蝟對於世界的運作持有頑固信念，他們很可能把不會發生的事件設定為高機率。

泰洛克告訴我們，狐狸具備三大認知優勢。

1 進行機率預測時，他們以「合理的初始值」開始。他們擁有較好的「慣性引導」系統，以致他們的初始預測都相當接近於短期基本比率（base rates）。

2 他們更願意承認自己的錯誤，並且依據新訊息更新觀點。他們善於運用貝氏推論程序。

3　他們意識到對立力量的拉扯；更重要的是，他們能夠體會到對立當中的相似性[7]。

刺蝟從某一個大概念開始，並且始終如一，完全不顧當中的邏輯蘊涵。狐狸把眾多的大概念編織在一起，他們看出各種概念之間的相似性，透徹了解之後再以此提出一個總體的假設。我覺得，狐狸根本就是「投資通識教育學院」的完美吉祥物。

高智商者是個糟透的決策者？

史坦諾維奇（Keith Stanovich）是加拿大多倫多大學人類發展與應用心理學系教授；他認為，智力測驗（如 ACT 和 SAT）確實能測量出各種重要特質，但作為理性思維的測試則相當糟糕。他說：「這頂多只稱得上是相當一般的預測；而且有些理性思維技巧跟智力根本無關[8]。」智力測驗通常測量的是一些經歷長時間養成的思維技巧。但是，別忘了，最常見的思維偏誤跟智力沒有多大關係，反而與理性息息相關——說得更精確一些，偏誤源於理性的缺失。

高智商者可能是個糟透了的決策者，這個說法乍看之下或許有悖常理。我們假定任何高智商的人都會理性行事。但是史坦諾維奇的看法不一樣。他在著作《智力測驗沒告訴你的事：理性思維心理學》（*What Intelligence Tests Miss: The Psychology of Rational Thoughts*）[9]裡創造了「理性障礙」（dysrationalia）這個詞，意指儘管擁有高智商卻無法理性思考與行事。

根據認知心理學的研究，理性障礙由兩大原因造成。一者為處理方式的問題，另一者為內容的問題。

史坦諾維奇認為我們處理問題的能力非常糟糕。他說，人們在解決問題時可以選擇使用幾種不同的認知機制。把各種不同的認知機制排列出來，光譜的一端是強大的運算能力，但操作緩慢且需要極大的專注力。光譜的另一個極端則是一種運算能力薄弱且不需要專注力的認知機制，可以瞬間付出行動。史坦諾維奇寫道：「在認知機制的選擇上，人類是吝嗇鬼，因為我們基本上會傾向於使用最不需要運算能力的處理機制，即使所選的機制是較不精確的[10]。」一言以蔽之，人類懶得思考。解決問題時，他們總是貪圖簡單的方法，因此找到的往往都是不合邏輯的解決方案。

理性障礙的第二個成因是內容不足。研究人類決策過程的心理學家把這種內容的缺失稱為「智力構件缺陷」（mindware gap）。這個用語最初由哈佛大學認知科學家大衛·伯金斯（David Perkins）提出；智力構件意指人們在解決問題時可訴諸的規則、策略、程序與知識。伯金斯解釋說：「就像你使用廚房用具在廚房裡工作、運用軟體操作電腦，同樣的，智力構件就是思維運作所需要的工具[11]。任何可學習的事物，只要有助於擴展批判性與創造性思考的能力，就是智力構件[12]。」

他認為，普遍而言智力構件缺陷是因為廣學教育（broad education）的缺失所造成。在伯金斯眼中，學校教育善於傳授各別學科的知識；然而，如果要把各學科的知識連結起來以深化對世界的了解，則學校教育的作用極不理想。他說：「所欠缺的是統合課程（*metacurriculum*）——也就是『更高層級』的課程，教導的是一般性且跨學科的理想思維模式[13]。」

如何改進呢？首先，伯金斯想像著某種特殊的課程，旨在教導思維的技藝。但是他也意識到，要在原本就繁重的課表中增加新課程並不容易。因此，他主張另一種替代方式——直接在每一個學科內注入思考技巧的元素，也就是他所說的「智力構件增強劑」。他寫道：「我提倡所謂的『注入』（infusion）模式，讓新的概念透過深層、廣泛的方式整合進原有學科教學之中[14]。」

於是，我們觸及了這個主題的核心。伯金斯所期待的新式學習完全契合這本書的基本原則——把各個學科的「規則、策略、程序與知識」整合起來，就是學習投資的科學與藝術最理想的方式。就此而言，《操盤快思X投資慢想》是「智力構件增強劑」的直觀示例。

聰明者易於滿足於最初的答案

《華爾街日報》與《紐約時報》極少達成相同的結論，但這兩家報紙一致認同丹尼爾．康納曼的新書《快思慢想》（*Thinking Fast and Slow*）[15]是二〇一一年最佳非虛構文學類書籍的前五名。寫作本書時（二〇一二年九月），《快思慢想》已經占據《紐約時報》暢銷書排行榜長達十二週，而且熱潮仍未消退；對一本訴諸五百頁篇幅來討論人類決策過程的書來說，這絕對稱得上是非凡功績。我視之為正面徵象——行為金融學終於擠進主流。

康納曼說，這部作品主要闡述的是直覺的偏誤。「然而，聚焦於錯誤並不會詆毀人類的智慧，就如關注疾病的醫學文獻並不會否定健康。我們當中大部分人，在多數時候都處於健康狀態；大多數時候我們都會做出恰當的判斷與行動。在人生的旅途中，我們通常允許自己被印象與感覺引導方向，而我們對自己的直覺信念與喜好的信心，大部分時候也是符合情理的。但情況並非總是如此。即使我們錯了，我們仍然信心十足；而且客觀的旁觀者比我們自己更能偵測到我們的錯誤。」康納曼說，這本書的目標在於「了解並改善人類判斷與選擇的偏誤，不僅針對他人，而是最終回到自身[16]。」

閱讀那本書時，很快便來到我最喜愛的章節。在第三章〈懶惰的控制者〉中，康納曼提醒我們認知其實也是一種思維工作。跟其他類型的工作一樣，一旦任務變得越來越困難，我們就會傾向於偷懶，就像一部耗盡燃料的車子。一些心理學研究顯示，當認知挑戰和誘惑同時出現時，我們會傾向選擇接受誘惑。如果你被要求一而再地執行某個困難的任務，下一個挑戰到來時，你的自我控制能力可能就會變弱了。康納曼說，涉及系統二思維的活動通常都需要自我控制力，而持續運用自制能力並不是一件愉悅的事。

聰明的人很容易滿足於他們最初想到的答案，於是停止思考；這讓康納曼感到驚訝。他實在不太願意使用「懶惰」一詞來形容系統二思維的監控不力，但這看來確實就是一種怠惰。康納曼也注意到了，對於那些放棄思考的人，我們常會這麼說：「他根本不會去想想自己講的話合不合理」或「很遺憾，她總是一想到什麼就說什麼」。我們正在想的其實是：「他到底是習慣讓系統二思考怠惰，還是他真的太累了？」或者，以第二個例子來說：「她或許不太有延宕滿足（delayed gratification）的能力，也就是說，她的系統二思考很脆弱。」

根據康納曼，「那些極力避免思維怠惰的人，可說是『勤奮』的。他們更為警戒，思維較為活躍，比較不易滿足於具有吸引力的膚淺解答，而且對自己的直覺更為多疑[17]。勤奮意味著什麼？很簡單，就是強健、充滿生氣，而且不易勞累的系統二思維。系統二與系統一思維如此大相逕庭，以至史坦諾維奇說這兩者有「不同的思維」。

但是，兩者必須是可區分的，才稱得上「不同」。如果你的系統二思維無法透過各種學科的學習，讓自己具備對於各種思維模型的必要理解，那麼它的功能必定是薄弱的——或者，那顯然就是康納曼所說的怠惰。

你接受了現代投資組合理論與效率市場假說的教育，那麼，你是否會立即且自動地預設了這種物理學式的市場運行模型；還是，你會放慢思考，看看市場的生物學作為有沒有可能改變結果？即使市場看來近乎絕望地符合效率假說，你是否會認為群眾智慧可能只是暫時性的，下一波的多樣性崩潰始終會發生？

當你分析自己的投資組合時，賣掉虧損部位的驅力幾乎無法抗拒，但你是否能抵擋得住，並且深知你的憂慮來自於不理性的思維偏誤——虧損所帶來的痛苦，是兩倍於同等數額獲利所帶來的喜悅？你能不能阻止自己每天查看部位的市場價格，了解這樣的頻繁檢查其實正在破壞你的判斷能力？或者，你屈服於本能直覺，先賣了再說？

思考某家公司、市場或經濟體系時，你是否止步於你第一次所做的敘述？每樣事物都可能有不同的敘述方式，而主流的敘述方式往往由媒體所左右；對於這一點，你是否會更深入挖掘，以得到其他有可能更為準確的敘述？是的，那是消耗腦力的。沒錯，你的決策時間會因此而延長。相對於相信第一直覺，這樣的思考無疑是更困難的。

最後，你讀完了所有你執行工作所需要的讀物之後，是否會再閱讀另一本書，以提升自己的理解？查理．蒙格說過很多次，唯有閱讀，才能持續學習。

這一切都是為了彌補「智力構件缺陷」，強化你的系統二思維。這些行為讓你處於勤奮的狀態，讓你得以發展「不同」的另一個思維。

•••

我希望這本書能夠開啟你的思維，嘗試以另一種方式來看待投資——至少讓投資不再只是一個數字變幻的萬花筒。然而，以不同的方式思考投資，也就意味著創造性的思考；你需要有不一樣的創新取徑來吸收訊息、建立思維模型。回顧第一章：建立多元思維模型框架，首先必須以不同學科的方式思考，並且收集（或自學）來自各個學科的根本概念，然後還必須運用隱喻把我們所學到的知識聯結到投資領域。從某個熟知且理解的領域轉向另一個陌生的世界，隱喻就是我們可使用的工具。要建立理想的多元思維模型，我們必須具備不同學科的一般性知識，再加上隱喻思考的能力。

建立模型的技藝仰賴於我們堆疊積木的技巧。[18]以經典的兒童玩具林肯積木（Lincoln Logs）[19]為例。要建造木屋模型，小孩以各式各樣的木塊複製他們心中對木屋樣貌的構想。一套玩具組有各種形狀各異的木頭——有長有短，有些用來連結屋頂，有的作為門窗的邊框。要建造一棟理想的木屋，建造者必須透過某種方式結合這些木頭。

為投資建構一個有效的模型，就跟建造木屋模型一樣。透過這本書，我們已提供了一些不同的板塊。好的模型建構就是以熟練、巧妙的方式把這些板塊結合起來。如果結合得當，這些板塊將呈現出一個有關市場運作的合理模型；而且，我希望這樣的模型能夠為你帶來新的洞見，幫助你成為一個更好的投資者。當然，我們馬上看到的是：如果你只擁有少數幾個板塊，那麼建造精確的木屋模型將會是件困難的事。投資也一樣。如果你只有幾個組合板塊，你怎麼能夠建構一個有效的模型呢？

因此，建構有效模型的首要原則就是具備充足的板塊。如果要建構一個統攝一切的市場模型，或者你可以稱之為元模型（meta-model），我們會用上這本書所闡述的各種多元思維模型，也就是來自各個學科領域的核心概念。搜集足夠的板塊之後，我們便可以將之組合成有效的模型。

建造木屋模型，以及建構一個有關市場運作的模型，兩者的關鍵差異在於後者必定是動態的。為投資所創建的模型必須因應環境改變而調整。就如我們所發現的，五十年前的板塊已經不適用於當前狀況，因為市場跟生物體一樣，持續處於演化之中。

因應環境變化而改變自身的模型，或許難以想像。我們可以試著想像模擬飛行。飛行模擬器的一大好處就是讓飛行員在不同的情境下得到訓練以提升技術，但卻不需要承擔墜機的風險。飛行員學習在暗夜或天氣惡劣的情況下飛行，也學會應對飛機在飛行中出現機械故障。每一次進行模擬飛行時，他們都必須建構一個不同的飛行模型，這個模型將幫助他們安全飛行與降落。不同的模型可能都包含相同的組成板塊，只是以不同的序列組合；飛行員學習在不同的情境下強調不同的模型板塊。

飛行員同時也學習辨識模式（pattern），從中推斷出訊息以協助他們下決策。出現特定組合的條件時，飛行員必須辨識出條件組合背後的模式，以此得出有益的見解。飛行員的思維過程大概可以這麼描述：我沒遇過跟眼前完全一致的情境，但我見過類似的情況，而且我知道那個情況的應對方法；所以我會從那個應對方式開始，然後邊進行邊調整。

為投資建構有效的模型，過程跟操作模擬飛行非常相似。我們知道環境將持續改變，因此我們必須時時準備移動板塊以形塑不同的模型。就務實的角度來說，我們正在為各個板塊尋找正確的組合方式，也就是組合成最有效解釋當前環境的模型。最終，當你知道了適用於每個情境的正確板塊，你也就累積了一些經驗，有助於辨識出模式，並且做出正確決策。

必須記得的是，有效決策其實就是對於組合板塊的正確衡量，把這些板塊放置到某個層級結構中。當然，你不可能徹底知道哪一些是最理想的組成板塊，但我們可以從原先擁有的開始，然後在過程中逐步改善。如果我們擁有足夠數量的板塊，那麼模型的建立就在於各個板塊因應各種情境的重新評估與重新組合。

約翰·霍蘭德與其他科學家（第一章）的最新研究告訴了我們一件事：人們更傾向於重新評估原有的組成板塊，而比較不願意花時間去發掘新的。但這是錯誤的。霍蘭德說，我們必須找到高效率的方法來運用我們所知道的，同時也必須積極尋找新知識——或者，以霍蘭德的巧妙表述：我們必須在利用（exploitation）與探索（exploration）之間取得平衡。當我們的模型揭示利潤，我們當然應該積極地利用市場的無效率來得到這些利潤。但是我們永遠不該停止探索新的板塊。

即使蟻窩裡的絕大部分螞蟻都會循著費洛蒙濃度最高的路徑取得糧食，但總是有小部分螞蟻正在隨機探尋新的食物來源。美洲原住民外出狩獵時，大多數獵人會回到過去證實有收獲的地點。然而，也有少數獵人跟著巫師走向其他的方向尋找新獵物。挪威漁民也是如此。船隊中的大部分漁船都會回到前一天魚獲最豐盛的水域，但也會有幾艘船被送往隨機的新方向以探尋其他魚群。作為投資者，我們也必須達到平衡——一方面利用最明顯的當前優勢，另一方面投注心力去開拓新的可能性。

重新結合原有的板塊，我們實際上是在學習以及適應不斷變化的環境。暫停一下，回想我們在第一章所敘述的神經網絡和聯結論；你馬上就會發現，當我們選擇與重新組合那些板塊時，我們其實正在創造自己的神經網絡，也就是聯結論式的模型。

這個過程跟生物演化過程中所發生的基因交叉相似。實際上，生物學家認同基因交叉是演化過程的主要推手。同樣的，隨著時間推移，思維板塊持續性的重新組合將是投資事業進展的主要推動力。然而，有時候會出現罕有的新發現，為投資者帶來新的可能性。就像基因突變會加速演化過程，新發現的觀點也會激發我們對於市場運作的新理解。如果你有能力發掘新的組成板塊，你的解釋模型也就有潛能提升到另一個層次。

你必須了解一件重要的事：其實你有機會發掘許多新事物，為你的多元思維模型添加組成板塊，而同時不需要承擔過度的風險。你可以把許多不同的理論與概念放入思維裡，混合後重新組成模型；接著，像模擬飛行般在市場上測試你的新模型。如果新的板塊證實有效，那就保留，並且給予相應的重視。但是，如果證實沒用，那就暫時放到一邊，等到未來適合的時機再拿出來使用。

但是，要謹記的是：一旦你覺得自己已經懂得夠多了，這一切過程也就不可能發生。永遠不該停止尋找新的思維板塊。如果某家企業縮減研發預算，把資源挪為當前所用，這可能在短期內產生豐厚利益，但這家公司必定會在未來的某一天面對競爭對手時置身險境。同樣的，當我們停止探索新的想法，短期內仍然有能力駕馭股票市場，但是面對未來的環境改變，我們很可能處於劣勢。

手握槌子，眼中的問題盡是釘子

美國賓州大學校園中央洛可斯特小徑（Locust Walk）與三十七街人行道的交叉處，有一尊真人大小的銅像，那是班傑明．富蘭克林坐在公園長椅上。他穿著一件皺巴巴的襯衫和燈籠褲、一件長外套和背心，腳穿一雙方頭鞋。一副圓框眼鏡架在鼻梁上，他正在閱讀著手中的一份《賓夕法尼亞公報》。班傑明．富蘭克林在賓州的四十一個雕像中，雕塑家喬治．羅德（George W. Lundeen）的這件作品是我的最愛。這張美麗樹蔭下的長椅是個舒適的位置，很適合稍坐片刻，反思一下多元思維模型框架；而坐在旁邊的，就是那個博雅通識教育的熱忱倡導者。

三十七街是賓州大學校園的主要幹道。每個上課日的上午，學生從那棟被稱為方院（The Quadrangle）的宿舍湧向三十七街。當他們來到洛可斯特小徑的路口，便分散成各個小組，依所選的學科往不同的方向走去。

主修物理學和數學的學生往右邊朝三十三街黎頓郝斯實驗室（David Rittenhouse Lab）的方向走去。生物學系的學生左轉走向大學大道的萊迪實驗室（Leidy Lab）。社會學的學生左轉走向洛可斯特小徑旁的社會學系大樓。心理學系的學生繼續走在三十七街上，然後進入胡桃街的心理學系大樓。哲學系學生右轉進入洛可斯特小徑，然後直行至羅根教學大樓（Logan Hall）。主修英文的學生則從路口處多走一小段距離就到了費雪教學大樓（Fisher Bennett Hall）。

賓州大學金融學系的學生就在著名的華頓商學院（Wharton School of Business）上課，跟雕像的距離最短。富蘭克林默默看著他們在路口右轉，再走幾步路就到了史坦堡大樓（Steinberg Hall）、狄爾里希大樓（Diedrich Hall）和漢德斯曼大樓（Huntsman Hall）。他們將在那裡花上四年的時間，修讀經濟學、管理、金融、會計、行銷、商業與公共政策方面的課程。四年之後，他們將得到大學文憑，而大部分學生將投入金融服務產業。其中少數學生會進入研究所，再花上兩年時間密集地深入學習過去四年所接觸過的知識，然後取得企業管理碩士學位（MBA）。

在一個春天午後，我坐在富蘭克林身旁，想著這些道路明確的金融系學生畢業後將會擁有怎麼樣的優勢；如果他們在大學時多花一些時間學習其他學科的知識，這又會為他們帶來什麼額外好處呢？只要多上一門物理學的課，他們將會學習到牛頓定律、熱力學、相對論和量子力學。他們也可能接觸到波的運動、亂流和非線性的概念。他們可能會意識到，敘述地心熔岩流動或微小的板塊運動如何導致強烈地震的定律，其實也解釋了金融市場裡的力量作用。

賓州大學的生物學系學生用四年時間學習分子生物與演化、微生物學與遺傳學、神經生物學、脊椎動物與無脊椎動物生物學，以及植物學與植物發展。然而，金融系的學生只要選修生物學的一門課，即生命分子生物學，就能學到動物、細菌和病毒的基因，並且聚焦於現代細胞與生物分子的基因方法如何有助於我們更進一步理解演化過程。只需要一門課，在一個學期的時間裡，敏銳的學生就可能會意識到生物學領域裡所出現的模式，看來跟企業與市場內部所出現的模式非常相似。

華頓商學院的學生將耗上大量時間學習金融市場的理論和結構；但是，如果他們再選修有關社會問題與公共政策、科技與社會、工作場所社會學或社會分層相關的課，會因此得到新的洞見嗎？要成為成功的投資者，你不需要耗上四年研讀社會學，即使只上這個學科的少數幾門課，也能提高意識，了解各種社會系統如何組織、運作、興盛、敗壞，然後再重新組織。

今天，心理學對投資有所影響幾乎已是公認之事。如果金融學的學生接觸一些心理學的基礎課程，將會獲得多大的附加價值呢？或許可以想像一門激勵行為生理學的課，學生探索的是頭腦結構和行為功能之間的聯結。或者認知心理學，研究的是人類的心理過程，包括人們如何辨識模式以決定行動。當然，沒有任何金融系的學生會錯過「行為經濟學與心理學」；這門課將心理學研究應用到經濟學理論，檢視認知能力有限的行為主體如何做出策略性的決定。

金融領域的工作關乎的是決策過程，所以金融系的畢業生怎麼可以錯過跟現代哲學、邏輯與批判思維有關的課程？學習笛卡兒、康德、黑格爾、詹姆士和維根斯坦所提出種種有關知識、思維和現實的理論，將讓學生們取得哪一些思維工具？想想有關批判思維的課程為學生帶來的競爭優勢——無論面對的是自然科學或統計學的語言表述，他們具備了解析能力。

是的，我知道大學生要讀的東西太多了，但是為何不利用三門非限制選修課的額度，選擇一門十九世紀美國文學的課？你將會在其中讀到早期聯邦黨人時代到第一次世界大戰初期的美國文化精髓。如果再選修一門非虛構文學創意寫作課程，那就更好了。在這樣一門工作坊形式的課程中，你將會學習論說式作品的寫作，訓練自己書寫傳記文學、評論、訪談、廣告分析，以及大眾文化等等課題的正式文章。

當然，主修金融學意味著你在會計學和經濟學的課堂上跟數學搏鬥已是常態；但是，為何不考慮為你的課表增添一門「資訊時代的數學」？你將對數學推論和媒體運作有所認識。媒體每刊載一篇報導，背後都有其數學假設，而這門課讓你辨識出這些假設，為此提出質疑，並且得出另一套不一樣的假設。

看著這些學生一個接著一個從眼前經過，往各自選擇的科系走去；我的思緒開始漫遊，遙想著二十五年後這些學生將身在何處。他們所接受的大學教育是否稱職地提供他們更高層次的競爭能力。到了退休的時候，回顧一生，他們是否會把這一輩子的事業看成是自己的成功事蹟，還是說，覺得其中有所缺憾？

哈佛法學院一九四八年度學生的第十五次同學會上，查理．蒙格對他的老同學提出的，即是以上這個問題[20]。他問道：「我們的教育是否具備充分的跨學科性質？過去五十年來，我們的學術精英在跨學科方面的成就如何？」

論及單一思維，查理常使用這句俗諺：「手握錘子，則眼前所見的問題盡是釘子。」現在，查理補充說道：「有一個明顯的方法可局部治癒『持錘人』：如果某個人身懷跨越領域的各種技巧，就定義而言，他持有了多種工具，因此減低『持錘人』傾向所帶來的負面認知。如果『A』是狹猛的專業信條，而『B』則是來自另一個領域一些有用的大概念；那麼，一個同時擁有『A』和『B』的專業人員，顯然比只擁有『A』的貧乏專家表現得更好。怎麼可能不是這樣呢？」

查理相信，我們的社會所面臨的宏觀問題，唯有放置在一個跨越學科的框架中，才有可能解決。因此，他主張教育機構應該強化跨學科教育。論及此，查理立即做出明確的補充：「我們不需要提升每個人的技術，讓每個人精通從天體運動到拉普拉斯定理的所有知識，更不需要要求每個人對每個領域的知識達至同等的精通程度。」別忘了，他曾經說過：「各別學科裡真正的大概念往往就已承載了該學科的大部分精髓，我們只需要這類直指核心的學習。」他接著補充，要取得跨學科技術，並不需要再延長早已是沉重負擔的大學教育。「相較於無數傑出青年，有一些人，也就是那些現代富蘭克林們，投注了更多時間在跨學科的綜合學習、更少時間在正式的學科教育；但我們都知道這些人最終表現得更好，而不是更差，儘管他們把原本該投注在本來學科的時間轉向了其他領域的學習。」這就是查理的信念——如果學院裡有更廣泛的課程被設定成必修課，而非選修課，那麼社會將會變得更好。

• • •

現在來到書的尾聲，我們發現繞了一圈又回到了起始點。我們作為投資者，或者作為個人，所面臨的挑戰不在於眼前可得的知識，而在於我們選擇以何種方式將這些知識組合起來。同樣的，教育的首要問題在於如何整合課程。艾德華．威爾森在《知識大融通》（*Consilience, The Unity of Knowledge*）中寫道：「知識的碎片化及其所造成的混亂並不是真實世界的反映，而是學術的產物[21]。」威爾森所謂的大融通，指的是各學科知識的「跨接」，而這是創建共同解釋框架的唯一途徑。

我們的主要目標之一就是針對市場的運作為讀者提供一個更廣闊的解釋，而在這過程中幫助你做出更好的投資決策。到目前為止我們所學到的一件事是：無法解釋，是因為無法敘述。如果我們無法精確敘述某個現象，則很可能無法做出準確的解釋。這本書的內容為我們上了一課——單純仰賴金融理論的敘述方式，並不足以解釋市場的行為。

要獲取查理．蒙格所謂的「普世智慧」，其中的技藝與遠古和中古世紀的傳統較為接近；當代研究過於強調特定學科領域的知識追尋，因此與普世智慧背道而馳。千百年來人類的知識激增，這一點大概無庸置疑；但我們今天也確確實實地缺乏智慧。我們的高等教育學府可以為知識分門別類，但唯有智慧才能將這所有知識融合在一起。

致力於追求普世智慧的人受益於一種特殊的天賦。聖塔菲研究所的科學家稱之為突現（emergence）。查理．蒙格則說這是魯拉帕路薩效應（lollapalooza）：基礎概念結合在一起並且往同一個方向前進，其產生的巨大渦輪力量強化了彼此的根本真理。不過，無論我們如何指稱，這種廣泛理解即是普世智慧的基礎。

羅馬詩人盧克萊修（Lucretius）寫道：

沒有什麼比這一切更喜悅了
居於寧靜的高處，如此安穩，如此強健
聆聽智者的教誨，俯視
他者在低處遊蕩，迷失
在混亂中尋找正道

對絕大部分人來說，金融市場是混亂的，因而投資就是在混亂中尋找著正道。但沿著舊路下山並非正確解答。相反的，帶著智者的教誨，從知識的寧靜高處向下俯視，那才是答案。那些持續向各個方向審視的人，尋找著任何蛛絲馬跡來幫助他們做出更好的決策——這些都是未來的成功投資者。

我和班傑明．富蘭克林坐在公園長椅上看著最後一個金融系學生。他遲到了，在我們面對匆匆而過。我不禁揣測，富蘭克森是不是也在想著這群學生的教育，以及他們的未來。他會不會在想著：這些學生的閱讀範圍是否足夠廣闊，以發展出他在一七四九年那份小冊子中極力倡導的「人類事務的共同理念」？他們是否已經開始培養為各種概念進行聯結的思維習慣？他們準備好終身學習了嗎？

他必定也在想著這些事，因為我似乎聽到他正在朗讀著手上那份《公報》的標題：「各種年齡層的聰慧之士皆認同青年的理想教育是幸福的甜美基礎。」這是個人與社會成就的簡易公式，無論是二百五十年前或今天都適用——這也是通往普世智慧的永恆路徑。

1 這三個問題的出處：Shane Frederick, "Cognitive Reflection and Decision Making," *Journal of economic perspectives* 19, no. 4 (Fall 2005): 25–42。球的價格是0.05元。一百部機器需時5分鐘製造出一百個小部件。睡蓮需要47天就能覆蓋半個湖面。

2 Daniel Kahneman, *Thinking Fast and Slow* (New York: Farrar, Straus, and Giroux, 2001), 241.

3 Daniel Kahneman and Shane Frederick, "Representativeness Revisited: Attribute Substitution in Intuitive Judgment," in *Heuristics and Biases: The Psychology of Misjudgment*, ed. Thomas Gilovich, Dale Griffin, Daniel Kahneman (Cambridge: Cambridge University Press, 2002), 54.

4 Philip E. Tetlock, Expert Political Judgment: How Good Is It? How Can We Know? (Princeton: Princeton University Press, 2005).

5 Philip Tetlock, "Why Foxes Are Better Forecasters Than Hedgehogs," Seminars About Long-Term Thinking, hosted by Stewart Brand, January 26, 2007.

6 Jahanbegolo Ramin, Conversations with Isaiah Berlin (London: Halban Publishers, 2007), 188.

7 Philip Tetlock, "Coming to Existential Terms with Unpredictability" (presen–tation to the Legg Mason Capital Management Thought Leader Forum, Baltimore, MD, October 6–7, 2011).

8 Keith Stanovich, What Intelligence Tests Miss: The Psychology of Rational Thought (New Haven: Yale University Press, 2009). Also see Keith Stanovich, "Rationality versus Intelligence," Project Syndicate (2009–04–06), http://www.project-syndicate.org.

9 譯註：本書簡體中文版的書名為《超越智商：為什麼聰明人也會做蠢事》。

10 Keith Stanovich, "Rational and Irrational Thought: The Thinking That IQ Tests Miss," Scientific American mind (November/December 2009): 35.

11 譯註：作者以廚具（kitchenware）和軟體（software）舉例，因為這兩者以及「智力構件」（mindware）的英文名詞都以「-ware」為詞尾，意為「器具」。

12 D. N. Perkins, "Mindware and Metacurriculum," Creating the Future: Pespecti-ves on Educational Change, comp. and ed.

Dee Dickinson (Baltimore: Johns Hopkins University School of Education, 2002).

13 參見注釋第12條。

14 參見注釋第12條。

15 譯註：《快思慢想》中文版二〇一二年由天下文化出版。

16 Kahneman, *Thinking Fast and Slow*, 4.

17 參見注釋第16條。P46。

18 我受惠於密西根大學心理學、工程學與電腦科學教授約翰・霍蘭德（John H. Holland）關於堆疊積木的概念、模型的動態需求，以及飛行模擬類比的概念。

19 林肯積木是美國一種經典的積木玩具，通常以木頭製成，可堆疊搭建成各種小木屋、牧場等等。

20 Charles T. Munger, "The Need for More Multidisciplinary Skill," (presentati-on, Fiftieth Reunion of the Harvard Law School Class Graduated in 1948, Cam–bridge, MA, May 1998). The full text of the speech appears in Appendix B of Janet Lowe's book, *Damn Right: Behind the Scenes with Berkshire Hathaway Billionaire Charlie Munger* (New York: Vintage Books, 1999), 8

21 Edward O. Wilson, *Consilience: The Unity of Knowledge* (New York: Vintage Books, 1999), 8.

謝詞

首先，我要向查理．蒙格致上萬分謝意，他的「多元思維模型框架」是個奇妙的概念，不僅激勵了這本書的書寫，更在我每一天的職業生涯中啟發我。

至於這本書實際的寫作過程，我要感謝我的寫作夥伴美琪．斯塔基（Maggie Stuckey）。過去十八年來，這是我們共同書寫的第八本書；我必須誠實地說，如果沒有她，我連一本書都寫不出來。美琪在俄勒岡州波特蘭工作與居住；我則住在賓州，在東岸工作。如此隔著一片大陸的合作，對許多人來說或許是個問題；但美琪的勤勉與熱忱，加上她的特殊天賦，總讓我覺得她好像就住在隔壁。正如我在前言所說的，這不是一本容易書寫的作品，但美琪以他的天賦為這些材料進行聯結，於是這個挑戰也就比較易於應對了。她總是為文字加入一些趣聞，讓整個故事更為生動。作為讀者的你以及作為作者的我都非常幸運，因為美琪願意為我們分享她的天賦。

我很幸運，有許多朋友、同事、教授願意撥出寶貴的時間，耐心向我解說他們所處的專業領域，而他們的知識或許有助於想要搞懂股市的人。

我特別要感謝比爾・米勒（Bill Miller），是他帶我進入聖塔菲研究所，也是他引領我進入複雜適應系統的世界。比爾是一座人體圖書館，總是為我提供免費查詢服務，還給了我許多想法和概念。

麥可・莫布新（Michael Mauboussin）是一位投資策略家、教授，也是一位對股市充滿興趣的天才作家。他慷慨地與我分享他的想法，並且願意引導我走過寫作過程中最困難的階段，這讓我受益無窮。感謝你，麥可。

感謝賓州大學的李查・比曼（Richard Beeman）、保羅・斯尼哥斯基（Paul Sniegowski）、拉瑞・葛拉尼（Larry Gladney），以及威廉・溫納（William Wunner）。在我的母校維拉諾瓦大學，豐田瑪利亞（Maria Toyoda）和馬庫斯・克羅伊策（Markus Kruezer）兩人皆熱心於應用博雅教育的觀點來解釋世界。他們的學術熱情對我而言非常重要，往往激發我往更深處挖掘。

我要特別感謝聖約翰學院的克里斯多福・尼爾森（Christopher Nelson）主席。克里斯多福非常支持我的寫作計畫，還介紹了幾個人給我認識，讓我了解「名著選讀」課程的益處。感謝助教華特・斯特林（Walter Sterling）；榮譽校友葛雷格・科蒂斯（Greg Curtis）；還有堂・貝爾（Don Bell）、李・曼森（Lee Munson）以及史帝夫・鮑林。聖約翰真棒！

我特別享受跟班傑明・多蒂（Benjamin Doty）的對話，他是Koss Olinger公司的資深投資總監，也是密西根大學的兼任教授。班傑明是個專業投資者，但他犧牲了寶貴的時間開了一門課，講述閱讀文學的好處，以及文學如何有助於學生成為傑出的投資者。他的推薦閱讀書目總是讓人逃離堆疊的訊息，而引領我進入思考的世界。

我受惠於賽巴斯帝安（Sebastian）文學經紀公司的拉瑞・哈珀（Larrie Harper）。拉瑞是一位很棒的文學經紀，正直、聰慧、忠誠。她的專業精神、誠實和幽默總是受人歡迎。總之，這是一位特別的人。

我真誠感謝哥倫比亞大學出版社的米勒斯・湯森（Myles Thompson）。當米勒斯建議我重新修訂《操盤快思X投資慢想》時，我二話不說就答應了。米勒斯不僅是一位才華洋溢的出版人，也是我的朋友。感謝你一直以來的支持。

寫作是一件耗時的工作，如果沒有家人的耐心與諒解，這項工作無法完成。我的妻子Maggie，兒女John、Rob、Kim和Jaques所給予的無限支持，我只能感念在心。

這本書的美好之處皆受惠於這裡所提及的所有人。如果書中有任何錯誤或疏漏，概由我個人負責。

Reading List of St. John's College
聖約翰學院名著選讀書單

大一書單

Homer: Iliad, Odyssey

荷馬相傳為古希臘的吟遊詩人，其創作了史詩《伊利亞德》和《奧德賽》，兩者統稱《荷馬史詩》。

Aeschylus: Agamemnon, Libation Bearers, Eumenides, Prometheus Bound

艾斯奇勒斯所著之劇本，分別為《阿格曼儂》、《祭奠者》、《佑護神》以及《被縛的普羅米修斯》，前三部被稱為奧瑞斯特斯三部曲。艾斯奇勒斯有「希臘悲劇之父」的美稱，與索福克勒斯（Sophocles）及歐里庇得斯（Euripides）並稱古希臘三大悲劇家。

Sophocles: Oedipus Rex, Oedipus at Colonus, Antigone, Philoctetes

古希臘三大悲劇家之一索福克勒斯所著之劇本，分別為《伊底帕斯王》、《伊底帕斯在柯隆納斯》、《安提戈涅》以及《費洛克提提斯》。

Thucydides: History of the Peloponnesian War

中文版《伯羅奔尼撒戰爭史》二〇〇〇年由台灣商務出版。修昔底德：古希臘歷史學家、思想家。

Euripides: Hippolytus, Bacchae

古希臘三大悲劇家之一歐里庇得斯所著之劇本，分別為《希帕里特斯》與《酒神》。

Herodotus: Histories

希羅多德：前五世紀的古希臘作家，他把旅行中的所聞所見，以及波斯阿契美尼德帝國的歷史紀錄下來，著成《歷史》一書，成為西方文學史上第一部完整流傳下來的散文作品。中文版《希羅多德歷史——希臘波斯戰爭史》一九九九年由台灣商務出版。

Aristophanes: Clouds

古希臘喜劇作家亞里斯多芬尼斯所著之劇本《雲》。亞里斯多芬尼斯被視為古希臘舊喜劇最重要的代表人物。

Plato: Meno, Gorgias, Republic, Apology, Crito, Phaedo, Symposium, Parmenides, Theaetetus, Sophists, Timaeus, Phaedrus

柏拉圖為著名的古希臘哲學家，著作多以對話錄形式紀錄，以上作品直譯為《曼諾篇》、《高爾吉亞篇》、《理想國》、《蘇格拉底的申辯》(收錄於《對話錄》中)、《克力同篇》、《斐多篇》、《會飲篇》、《巴曼尼得斯篇》、《泰阿泰德篇》、《智者篇》、《蒂邁歐篇》及《斐德若篇》。其中，《理想國》為其代表作。

Aristotle: Poetics, Physics, Metaphysics, the Nicomachean Ethics, On Generation and Corruption, Politics, Parts of Animals, Generation of Animals

古希臘哲學家亞里斯多德為柏拉圖的學生、亞歷山大大帝的老師。其著作《詩學》二〇一四年由五南出版。其餘著作為《物理學》、《形而上學》、《尼各馬科倫理學》、《論產生和毀滅》、《政治學》、《動物的部分》以及《動物的繁衍》。

Euclid: Elements

古希臘數學家歐幾里得的《幾何原本》，其被稱為「幾何學之父」。

Lucretius: On the Nature of Things

羅馬共和國哲學詩人盧克萊修以哲理長詩《物性論》著稱於世。

Plutarch: "Lycurgus," "Solon"

蒲魯塔克以《希臘羅馬英豪列傳》一書留名後世，〈萊克格斯〉與〈梭倫〉篇分別收錄其中，中文版二〇〇九年由聯經出版公司出版。

Nicomachus: Arithmetic

古希臘哲學家尼科馬庫斯所著的《算術》。

Lavoisier: Elements of Chemistry

著名法國化學家、「近代化學之父」拉瓦節於一七八九年發表的《化學基礎》。

Harvey: Motion of the Heart and Blood
英國生理學家、實驗生理學創始人之一哈維所著的《心血運動論》。

Essays by: Archimedes, Fahrenheit, Avogadro, Dalton, Cannizzaro, Virchow, Mariotte, Driesch, Gay-Lussac, Spemann, Stears, J. J. Thomson, Mendeleyev, Berthollet, J. L.Proust
阿基米德、華氏、亞佛加厥、道耳吞、坎尼乍若等人之文章著作。

大二書單

The Bible
《聖經》

Aristotle: De Anima, On Interpretation, Prior Analytics, Categories
古希臘三哲人之一亞里斯多德，被譽為西方哲學奠基者，其著作《論靈魂》、《論解釋》、《分析學前篇》以及《範疇篇》。

Apollonius: Conics
阿波羅尼奧斯為繼歐幾里得後，最重要的希臘幾何學家，著有《圓錐曲線》。

Virgil: Aeneid
古羅馬詩人維吉爾《埃涅阿斯紀》。

Plutarch: "Caesar," "Cato the Younger"
蒲魯塔克以《希臘羅馬英豪列傳》一書留名後世，〈朱理烏斯．凱撒〉與〈小加圖〉篇分別收錄其中，中文版二○○九年由聯經出版公司出版。

Epictetus: Discourses, Manual
本書直譯為《手冊語錄》。作者愛比克泰德為古羅馬最著名的斯多葛學派哲學家之一。

Tacitus: Annals

中文版《塔西佗編年史》一九九八年由台灣商務出版。塔西佗：古代羅馬最偉大的歷史學家，也是與希臘的希羅多德齊名的世界最偉大歷史學家之一。

Ptolemy: Almagest

本書直譯為《天文學大成》。作者托勒密是一位埃及希臘作家，同時也是數學家、天文學家、地理學家及占星家。

Plotinus: The Enneads

新柏拉圖學派最著名的哲學家柏羅丁之著作《九章集》。

Augustine: Confessions

中文版《奧古斯丁懺悔錄》一九八五年志文出版。作者奧古斯丁為早期西方基督教的神學家、哲學家。

St. Anselm: Proslogium

本書直譯為《證據》。作者聖安塞爾為中世紀義大利哲學家、神學家。被稱作「經院哲學之父」，首先提出本體論論證。

Aquinas: Summa Theologica, Summa Contra Gentiles

本書直譯為《神學大全》與《哲學大全》。阿奎納是歐洲中世紀經院派哲學家和神學家。天主教會認為他是史上最偉大的神學家，將其評為三十五位教會聖師之一。

Dante: Divine Comedy

中文版《神曲》二〇一四年好讀出版。作者但丁為著名義大利中世紀詩人，現代義大利語的奠基者，也是歐洲文藝復興時代的開拓人物。

Chaucer: Canterbury Tales

《坎特伯雷故事》上下兩冊二〇一二年遠足文化出版。作者喬叟為英國中世紀作家，被譽為英國中世紀最傑出的詩人。

Des Prez: Mass

德普雷為法國作曲家，文藝復興時期最傑出的音樂家之一，其所作之《彌撒曲》，為後世作曲開闢了新的道路。

Machiavelli: The Prince, Discourses

中文版《君主論》二〇一二年暖暖書屋出版。作者馬基維利為義大利的哲學家、歷史學家、政治家、外交官。他是義大利文藝復興時期的重要人物。

Copernicus: On the Revolution of the Spheres

本書直譯為《天體運行論》。作者哥白尼為文藝復興時期波蘭數學家、天文學家，他提倡日心說模型，提到太陽為宇宙的中心。一般認為他的著作是現代天文學的起步點。

Luther: The Freedom of a Christian

本書直譯為《論基督徒的自由》。作者馬丁．路德為德國基督教神學家，宗教改革運動的主要發起人，基督教新教信義宗教會（即路德宗）的開創者。

Rabelais: Gargantua and Pantagruel

中文版《巨人的故事》一九九七年志文出版。作者拉伯雷為法國北方文藝復興時代的偉大作家，也是人文主義的代表人物之一。

Palestrina: Missa Papae Marcelli

直譯為《馬塞勒斯教皇彌撒》。作者帕萊斯特里納為義大利文藝復興後期的作曲家，也是十六世紀羅馬樂派的代表音樂家，被人稱為「教會音樂之父」。

Montaigne: Essays

中文版《蒙田隨筆全集》二〇一六年台灣商務出版。蒙田：法國文藝復興後最重要的人文主義作家。

Viete: "Introduction on the Analytical Art"

本書直譯為《分析藝術的介紹》。作者弗朗索瓦．韋達為十六世紀法國最有影響力的數學家之一。他的研究工作為近代數學的發展奠定了基礎。

Bacon: Novum Organum

本書直譯為《新工具論》。作者法蘭西斯・培根為著名英國哲學家、政治家、科學家、法學家、演說家和散文作家，是古典經驗論的始祖。

Shakespeare: Richard II, Henry IV, Henry V, The Tempest, As You Like It, Hamlet, Othello, Macbeth, King Lear, Coriolanus, Sonnets

莎士比亞為英國文學史上最傑出的戲劇家，也是西方文藝史上最傑出的作家與文學家之一。其多部歌劇作品《理查二世》、《亨利四世》、《亨利五世》、《暴風雨》、《皆大歡喜》、《哈姆雷特》、《奧賽羅》、《馬克白》、《李爾王》、《科利奧蘭納斯》與詩作《十四行詩》。

Poems by: Marvell, Donne, and other sixteenth–and seventeenth-century poets

安德魯・馬維爾、約翰・多恩及十六、十七世紀時期的詩集。

Descartes: Geometry, Discourse on Method

笛卡兒的《幾何學》與《方法論》。笛卡兒：解析幾何之父。他是二元論唯心主義跟理性主義的代表人物，留下名言「我思故我在」，提出了「普遍懷疑」的主張，是西方現代哲學的奠基人。

Pascal: Generation of Conic Sections

本書直譯為《圓錐曲線的形成》。作者布萊茲・帕斯卡是法國神學與哲學家暨數學與物理學家，堪稱通才。

Bach: St. Matthew Passion, Inventions

巴哈的《馬太受難曲》以及《創意曲》。巴哈：巴洛克時期的德國作曲家，音樂史上最重要的作曲家之一，被稱作音樂之父。

Haydn: Quartets

海頓的《四重奏》。海頓：奧地利作曲家，是古典主義音樂的傑出代表，被譽為交響樂之父和弦樂四重奏之父。

Mozart: Operas
莫札特的歌劇名作。莫札特：奧地利作曲家，歐洲最偉大的古典主義作曲家之一。

Beethoven: Sonatas
貝多芬的《奏鳴曲》。貝多芬：集古典主義大成的德國作曲家，也是鋼琴演奏家，被尊稱為「樂聖」。

Schubert: Songs
舒伯特樂曲。舒伯特：奧地利作曲家，晚期浪漫主義音樂的代表人物，也被認為是古典主義音樂的最後一位巨匠。

Stravinsky: Symphony of Psalms
斯特拉文斯基的《詩篇交響曲》。斯特拉文斯基：俄法美三國作曲家、鋼琴家及指揮，二十世紀現代音樂的傳奇人物。

大三書單

Cervantes: Don Quixote
塞萬提斯所著之《堂吉訶德》，二〇一六年聯經出版公司出版。塞萬提斯為西班牙小說家、劇作家、詩人，《堂吉訶德》是其代表作，被視為西班牙的文學典範。

Galileo: Two New Sciences
義大利物理學家、數學家以及天文哲學家伽利略所著之《兩種新科學》。

Hobbes: Leviathan
《利維坦》。湯瑪斯．霍布斯所作，其為英國的政治哲學家。

Descartes: Meditations, Rules for the Direction of the Mind
直譯為《第一哲學沉思集》及《心智方向的規則》。作者笛卡兒為法國著名哲學家、數學家、物理學家，被認為是解析幾何之父。名言「我思故我在」。

Milton: Paradise Lost

中文版《失樂園》二〇一〇年好讀出版。作者約翰・密爾頓為英國詩人與思想家。

La Rochefoucauld: Maxims

直譯為《最大化》，作者法蘭索瓦・德・拉羅希福可為法國箴言作家。

La Fontaine: Fables

中文版《拉封丹寓言》二〇一四年維京出版。作者尚・德・拉封丹為法國詩人，以《拉封丹寓言》留名後世。

Pascal: Pensées

法國十七世紀最天才的數學家、物理學家暨哲學家布萊茲・帕斯卡，其所著之《思想錄》。

Huygens: Treatise on Light, On the Movement of Bodies by Impact

克里斯蒂安・惠更斯：荷蘭物理學家、天文學家和數學家，土衛六的發現者。著有《光之論》及《關於機構運動的影響》。

Eliot: Middlemarch

英國小說家瑪麗・安・依文斯以筆名喬治・艾略特所著的《米德爾馬契》，全書描寫一個小鎮及其周邊村莊相互交織的生活。

Spinoza: Theologico-Political Treatise

荷蘭思想家斯賓諾莎的《神學政治論》，其為十七世紀的一部偉大著作。斯賓諾莎為西方近代哲學史重要的理性主義者，與笛卡兒和萊布尼茲齊名。

Locke: Second Treatise on Government

英國哲學家約翰 ・ 洛克的《政府二論》，為政治哲學名著。

Racine: Phaedra

十七世紀最偉大的法國劇作家之一讓・拉辛，其所作的劇本《費德拉》。

Newton: Principia Mathematica

本書直譯為《自然哲學的數學原理》，作者是艾薩克・牛頓爵士，其為英國物理學家、數學家、天文學家、自然哲學家和煉金術士。

Kepler: Epitome IV

德國天文學家與數學家約翰尼斯・克卜勒所著之《哥白尼天文學概要》，其著作對牛頓影響極大，啟發牛頓後來想出萬有引力定律。

Leibniz: Monadology, Discourse on Metaphysics, Essay on Dynamics, Philosophical Essays, Principles of Nature and Grace

萊布尼茲的多部著作，直譯為《單子論》、《形上學》、《論動詞》、《哲學》、《自然與恩典的原則》。哥特佛萊德・威廉・萊布尼茲：德意志哲學家、數學家，歷史上少見的通才。

Swift: Gulliver's Travels

英國作家強納森・史威夫特的著名小說《格列佛遊記》，為一諷刺文學。

Hume: Treatise on Human Nature

本書書名直譯為《人性論》。作者大衛・休謨是蘇格蘭的哲學家、經濟學家和歷史學家，他被視為是蘇格蘭啟蒙運動以及西方哲學歷史中最重要的人物之一。

Rousseau: The Social Contract, On the Origin of Inequality

兩書直譯為《社會契約論》、《關於不平等的起源》，作者盧梭是啟蒙時代的瑞士裔法國思想家、哲學家、政治理論家和作曲家，與伏爾泰、孟德斯鳩合稱「法蘭西啟蒙運動三劍俠」。

Molière: The Misanthrope

本書直譯為《憤世者》，作者莫里哀為法國喜劇作家、演員、戲劇活動家，法國芭蕾舞喜劇創始人，也被認為是西洋文學中最偉大的喜劇作家之一。

Adam Smith: Wealth of Nations
著名經濟學家亞當．斯密的《國富論》，其為第一本試圖闡述歐洲產業和商業發展歷史的著作。

Kant: Critique of Pure Reason, Foundations of the Metaphysics of Morals
啟蒙時代著名德意志哲學家康德所著之《純粹理性批判》及《道德形上學探本》。他是德國思想界的代表人物。

Mozart: Don Giovanni
莫札特的歌劇《唐．喬望尼》。

Jane Austen: Pride and Prejudice
英國作家珍．奧斯汀的《傲慢與偏見》。

Dedekind: Essays on the Theory of Numbers
德國數學家理察．戴德金的《論數論理論》。

Essays by: Young, Maxwell, Taylor, Euler, D. Bernoulli
歐拉、白努利等人的文章著作。

大四書單

Articles of Confederation
《聯邦條例》，為美國早期的明文憲法。

Declaration of Independence
《美國獨立宣言》

Constitution of the United States
《美利堅合眾國憲法》

Supreme Court Opinions
〈最高法院意見〉

Hamilton, Jay, and Madison: The Federalist Papers
本書直譯為《聯邦黨人文集》，由詹姆斯・麥迪遜、亞歷山大・漢密爾頓、約翰・傑伊合著。

Darwin: Origin of Species
本書中文版《物種起源》由臺灣商務印書館於一九九九年出版。作者查爾斯・達爾文為英國博物學家、生物學家，達爾文的理論成為對演化機制的主要詮釋，並成為現代演化思想的基礎。

Hegel: Phenomenology of Mind, "Logic" (from the Encyclopedia)
《黑格爾與精神現象學》，本書中文版二〇一二由五南出版。另一本為《哲學全書》中的邏輯篇。黑格爾：德國十九世紀唯心論哲學的代表人物之一。

Lobachevsky: Theory of Parallels
本書直譯為《平行理論》。作者為俄羅斯數學家尼古拉・羅巴切夫斯基，非歐幾何的早期發現人之一。

De Tocqueville: Democracy in America
本書中文版《民主在美國》由左岸文化於二〇〇五年出版。作者德・托克維爾為法國政治社會學家、政治思想家及歷史學家。

Kierkegaard: Philosophical Fragments, Fear and Trembling
本書直譯為《恐懼與顫慄》。作者齊克果為丹麥神學家、哲學家及作家，一般被視為存在主義之父。

Wagner: Tristan and Isolde
華格納所作之歌劇《崔斯坦與伊索德》。華格納：德國作曲家，以其歌劇聞名。承接莫扎特、貝多芬的歌劇傳統，後面開啟了後浪漫主義歌劇作曲潮流。

Marx: Capital, Political and Economic Manuscripts of 1844, The German Ideology

直譯為《資本論》、《1844 年哲學和經濟學手稿》、《德意志意識形態》。作者馬克思為猶太裔德國哲學家、經濟學家、社會學家、政治學家、革命理論家、新聞從業員、歷史學者、革命社會主義者。馬克思在經濟學上的論述解釋絕大多數工人和資本家間的關係，並且奠定後來諸多經濟思想的基礎。

Dostoyevsky: Brothers Karamazov

本書中文版《卡拉馬助夫兄弟們》由立村文化於二〇一四年出版。作者杜斯妥也夫斯基為俄國作家，部分學者認為他是存在主義的奠基人。

Tolstoy: War and Peace

本書中文版《戰爭與和平》由崇文館於二〇〇三年出版。作者列夫．托爾斯泰為俄國小說家、哲學家、政治思想家，也是非暴力的基督教無政府主義者和教育改革家。被認為是世界最偉大的作家之一。

Melville: Benito Cereno

本書直譯為《伯尼多．瑟利諾》。作者赫爾曼．梅爾維爾為美國小說家、散文家和詩人，也擔任過水手、教師，最著名的作品是《白鯨記》。

Twain: Adventures of Huckleberry Finn

本書中文版《赫克歷險記》由聯經出版公司於二〇一二年出版。馬克．吐溫是美國的幽默大師、小說家、作家，亦是著名演說家。

O'Connor: Selected Stories

奧康納故事選。弗蘭納里．奧康納：美國女性作家，奧康納的作品也反映了她自己的羅馬天主教信仰，並經常探討道德和倫理問題。

William James: Psychology: Briefer Course

本書直譯為《心理學簡編》。作者威廉．詹姆士為美國哲學家與心理學家，和查爾斯．桑德斯．皮爾斯一起建立了實用主義。

Nietzsche: Birth of Tragedy, Thus Spake Zarathustra, Beyond Good and Evil
尼采三著作。《悲劇的誕生》由志文出版社於一九九〇年出版、《查拉圖斯特拉如是說》由大家出版社於二〇一四年出版、《善惡的彼岸》由大家出版社於二〇一五年出版。尼采：著名德國語言學家、哲學家、文化評論家、詩人、作曲家，對於後代哲學的發展影響極大，尤其是在存在主義與後現代主義上。

Freud: General Introduction to Psychoanalysis
本書中文版為《精神分析引論》。海鴿出版社於二〇一五年出版。佛洛伊德：被世人譽為「精神分析之父」，二十世紀最偉大的心理學家之一。

Valery: Poems
法國詩人保羅・瓦勒里之詩集。保羅・瓦勒里：法國象徵主義後期詩人的主要代表。

Booker T. Washington: Selected Writings
美國政治教育家布克・華盛頓之著作。是美國政治家、教育家和作家，在黑人政治中扮演了一個非常突出的角色。

Du Bois: The Souls of Black Folk
本書直譯為《黑人的靈魂》，作者為 W・E・B・杜波依斯，其為美國社會學家、歷史學家及民權運動者。

Heidegger: What Is Philosophy?
本書直譯為《哲學是什麼？》，作者馬丁・海德格為德國哲學家，被譽為二十世紀最重要的哲學家之一。他在現象學、存在主義、解構主義、詮釋學、後現代主義、政治理論、心理學及神學有舉足輕重的影響。

Heisenberg: The Physical Principles of the Quantum Theory
本書直譯為《量子力學的物理原理》。諾貝爾物理學獎得主維爾納 ・ 海森堡的著作，本書於一九三〇年出版。維爾納 ・ 海森堡：德國物理學家，量子力學創始人之一，「哥本哈根學派」代表性人物。

Einstein: Selected Papers
諾貝爾物理學獎得主愛因斯坦的著作。愛因斯坦被譽為是「現代物理學之父」及二十世紀世界最重要科學家之一。

Millikan: The Electron
本書直譯為《電子》。諾貝爾物理學獎得主羅伯特．密立根的著作，本書於一九一七年出版。美國物理學家，曾驗證了愛因斯坦的光電效應公式是正確的，並測定了普朗克常數。

Conrad: Heart of Darkness
本書中文版為《黑暗之心》，由聯經出版公司於二〇〇六年出版。作者為約瑟夫．康拉德，是生於波蘭的英國小說家，是少數以非母語寫作而成名的作家之一，被譽為現代主義的先驅。

Faulkner: The Bear
本書中文版為《熊》，由人本自然出版社於二〇〇〇年出版。作者威廉．福克納是美國文學歷史上最具影響力的作家之一，意識流文學在美國的代表人物。

Poems by: Yeats, T. S. Eliot, Wallace Stevens, Baudelaire, Rimbaud
葉慈、T．S．艾略特、史蒂芬斯、波特萊爾與韓波等人之詩集。

Essays by: Faraday, J. J. Thomson, Medel, Minkowski, Rutherford, Davisson, Schro-dinger, Bohr, Maxwell, de Broglie, Driesch, Ørsted, Ampère, Boveri, Sutton, Mor-gan, Beadle and Tatum, Sussman, Watson and Crick, Jacob and Monod, Hardy
物理學家約瑟夫．湯姆森與拉塞福、數學家赫爾曼．閔可夫斯基、物理學家柯林頓．戴維孫、埃爾溫．薛丁格、波耳、詹姆斯．馬克士威、路易．德布羅意、生物學家杜里舒、物理學家厄斯特與安培、生物學家西奧多．博韋里與薩登、遺傳學家湯瑪士．摩根、喬治．比德爾、愛德華．塔特姆等人之文章著作。

Bibliography
參考書目

第一章　多元思維模型框架

Bell, Daniel. The Reforming of General Education. New York: Columbia University Press, 1996.
Bevelin, Peter. Seeing Wisdom: From Darwin to Munger. Malmo, Sweden: Post Scrip–tum AB, 2003.
Birkhoff, Garrett. Lattice Theory. Providence, RI: American Mathematical Society, 1979. Black, Max. Models and Metaphors: Studies in Language and Philosophy, rev.ed.
Ithaca, NY: Cornell University Press, 1966.
Burke, James. Connections. Boston: Little Brown, 1978.
Farmer, J. Doyne. "A Rosetta Stone for Connectionism." Physica D, vol. 42 (1990).
Franklin, Benjamin. Autobiography. Numerous editions of Franklin's fascinating work are available today.
Holland, John H. Emergence: From Chaos to Emergence. Reading, MA: Helix Books, a division of Addison-Wesley, 1995.
———. Hidden Order: How Adaptation Builds Complexity. Reading, MA: Addison–Wesley, 1995.
Lakoff, George and Mark Johnson. Metaphors We Live By. Chicago: University of Chi–cago Press, 1980.
Locke, John. Some Thoughts Concerning Education. 1693.
Lucas, Christopher. Crisis in the Academy: Rethinking American Higher Education in America. New York: St. Martin's, 1998.
Milton, John."Of Education." 1644.
Munger, Charles T. Poor Charlie's Almanack. Virginia Beach, VA: Dunning Company, 2005.
Van Doren, Carl. Benjamin Franklin. This Pulitzer Prize–winning biography of Franklin, originally written in 1934, has been produced in numerous editions by several publishers.
Wilson, Edward O. Consilience: The Unity of Knowledge. New York: Alfred A. Knopf, 1998.

第二章　物理學

Anderson, Philip W., Kenneth J. Arrow, and David Pines, eds. The Economy as an Evolving Complex System. Reading, MA: Perseus Books, 1988.
Arthur, Brian W., Steve N. Durlauf, and David A. Lane, eds. The Economy as an Evolv–ing Complex System II. Reading, MA: Addison-Wesley, 1997.
Arthur, Brian, et al. "Asset Pricing under Endogenous Expectations in an Artificial Stock Market."

Working paper for SFI Economics Research Program, 96–09– 075, 1996.
Bak, Per, M. Paczuski, and M. Subik. "Price Variation in a Stock Market with Many Agents." Working paper for SFI Economics Research Program, 96–09–075, 1996. Bernstein, Peter L. Capital Ideas: The Improbable Origins of Modern Wall Street. New
York: The Free Press, 1992.
Bronowski, Jacob. The Ascent of Man. Boston: Little Brown, 1973.
Dolnick, Edward. The Clockwork Universe: Isaac Newton, the Royal Society and the Birth of the Modern World. New York: Harper Collins, 2011.
Fama, Eugene. "Efficient Capital Markets: A Review of Theory and Empirical Work."
Journal of Finance vol. 25, no. 2 (May 1970).
Farmer, J. Doyne. "Physicists Attempt to Scale the Ivory Towers of Finance." Working paper for SFI Economics Research Program, 99–10–073, 1999.
Farmer, J. Doyne and Andrew Lo. "Frontier of Finance: Evolution and Efficient Markets." Working paper for SFI Economics Research Program, 99–06–039, 1999.
Gell-Mann, Murray. The Quark and the Jaguar: Adventures in the Simple and the Complex. New York: W. H. Freeman, 1994.
Gleick, James. Chaos: Making a New Science. New York: Penguin Books, 1987.
———. Isaac Newton. New York: Pantheon Books, 2003.
Johnson, George. Fire in the Mind: Science, Faith, and the Search for Order. New York: Vintage Books, 1996.
Lo, Andrew W. and Craig A. MacKinlay. A Non-Random Walk down Wall Street.
Princeton, NJ: Princeton University Press, 1999.
Mantegna, Rosario and Eugene H. Stanley. An Introduction to Econophysics: Correlations and Complexity in Finance. Cambridge: Cambridge University Press, 2000.
Marshall, Alfred. Principles of Economics. 8th ed. Philadelphia: Porcupine Press, 1920.
Newton, Issac. The Principia: Mathematical Principles of Natural Philosophy. Los An-geles: University of California Press, 1999.
Nicolis, Gregoire and Illya Prigogine. Exploring Complexity: An Introduction. New York: W. H. Freeman, 1989.
Samuelson, Paul A. "Proof That Properly Anticipated Prices Fluctuate Randomly."
Industrial Management Review vol. 6 (Spring, 1965).
Samuelson, Paul A. and William D. Nordhaus. Economics. 12th ed. New York: McGraw-Hill, 1985
Sharpe, William F. "Capital Asset Prices: A Theory of Market Equilibrium under Conditions of Risk." Journal of Finance vol. 19, no. 3 (Summer 1964).
Strathern, Paul. The Big Idea: Newton and Gravity. New York: Doubleday, 1997.
Trefil, James and Robert M. Hazen. The Sciences: An Integrated Approach. New York: John Wiley & Sons, 2000.
Westfall, Richard S. The Life of Isaac Newton. New York: Cambridge University Press, 1994.

第三章　生物學

Christensen, Clayton. The Innovator's Dilemma. Boston: Harvard Business School Press, 1997.
Christensen, Clayton and Michael E. Raynor. The Innovator's Solution. Boston: Har–vard University Press, 2003.
Colinvaux, Paul. Why Big Fierce Animals Are Rare. Princeton, NJ: Princeton Univer–sity Press, 1978.
Darwin, Charles. The Origin of Species. Reprint, New York: Gramercy Books, 1979.
———. Voyage of the Beagle. Reprint, London: Penguin Books, 1989.
Darwin, Francis, ed. The Autobiography of Charles Darwin. Reprint, New York: Dover Publications, 1958. Originally published in 1893 as Charles Darwin, His Life Told in an Autobiographical Chapter and in a Selected Series of His Letters, edited by his son.
Dawkins, Richard. The Selfish Gene. New York: Oxford University Press, 1976.
———. The Blind Watchmaker. New York: W. W. Norton, 1996.
Dennett, Daniel C. Darwin's Dangerous Ideas. New York: Simon & Schuster, 1995. Foster, Richard and Sarah Kaplan. Creative Destruction. New York: Doubleday, 2001. Frank, Robert H. The Darwin Economy. Princeton, NJ: Princeton University Press,
2011.
Gould, Stephen Jay. Dinosaur in a Haystack. New York: Crown, 1995.
Haeckel, Stephan. Adaptive Enterprise. Boston: Harvard University Press, 1999. Jacobs, Jane. The Nature of Economies. New York: Modern Library, 2000.
Jones, Steve. Almost Like a Whale. London: Doubleday, 1999.
Kuhn, Thomas S. The Structure of Scientific Revolutions. Chicago: University of Chicago Press, (1962) 1970.
Marshall, Alfred. Principles of Economics. Philadelphia: Porcupine Press, 1994.
Martel, Leon. Mastering Change. New York: Simon & Schuster, 1986.
Mayr, Ernst. The Growth of Biological Thought. Cambridge: Harvard University Press, 1982.
McCraw, Thomas K. Prophet of Innovation: Joseph Schumpeter and Creative Destruc–tion. Cambridge: Harvard University Press, 2007.
Nasar, Sylvia. Grand Pursuit: The Story of Economic Genius. New York: Simon & Schuster, 2011.
Ormerod, Paul. Butterfly Economics. New York: Pantheon Books, 1998. Ridley, Mark. Evolution. Cambridge, MA: Blackwell Science, 1996.
Rothschild, Michael. Bionomics: Economy as Ecosystem. New York: Henry Holt, 1990. Schumpeter, Joseph A. Capitalism, Socialism and Democracy. New York: Harper & Row, 1950.
Weibull, Jorgen. Evolutionary Game Theory. Cambridge: The MIT Press, 1995.

第四章　社會學

Axelrod, Robert. The Complexity of Cooperation. Princeton, NJ: Princeton University Press, 1997.
Axelrod, Robert and Michael D. Cohen. Harnessing Complexity. New York: The Free Press, 1999.
Bak, Per. How Nature Works. New York: Copernicus, Springer-Verlag, 1996.
Barabasi, Albert-Laszlo. Linked: The New Science of Networks. Cambridge, MA: Per-seus Publishing, 2002.

de la Vega, Joseph. Confusion de Confusiones (Confusion of Confusions). New York: John Wiley & Sons, (1688) 1996.
Fydman, Roman and Michael D. Goldberg. Beyond Mechanical Markets. Princeton, NJ. Princeton University Press, 2011.
Grodon, Deborah. Ants at Work: How an Insect Society Is Organized. New York: The Free Press, 1999.
Holland, John H. Emergence: From Chaos to Order. Reading, MA: Addison-Wesley Publishing, 1998.
Holldobler, Bert and Edward O. Wilson. Journey to the Ants. Cambridge: Harvard University Press, 1994.
Johnson, Steve. Emergence: The Connected Lives of Ants, Brains, Cities, and Software.
New York: Scribner, 2001.
Kindleberger, Charles P. Manias, Panics, and Crashes. New York: John Wiley & Sons, 1978.
Krugman, Paul. The Self-Organizing Economy. Malden, MA: Blackwell, 1996.
Le Bon, Gustave. The Crowd: A Study of the Popular Mind. New York: Penguin Books, 1970.
Mackay, Charles. Extraordinary Popular Delusions and the Madness of Crowds. Pub–lished together with De La Vega, Joseph. Confusion de Confusiones (Confusion of Confusions). New York: John Wiley & Sons—Investment Classics, 1996.
Mauboussin, Michael J. More Than You Know: Finding Financial Wisdom in Uncon–ventional Places. New York: Columbia University Press, 2006.
———. Think Twice: Harnessing the Power of Counterintuition. Boston: Harvard Busi–ness School Press, 2009.
Miller, John H. and Scott E. Page. Complex Adaptive Systems. Princeton, NJ: Prince–ton University Press, 2007.
Page, Scott E. The Difference: How the Power of Diversity Creates Better Groups, Firms, Schools, and Societies. Princeton, NJ: Princeton University Press, 2007.
———. Diversity and Complexity. Princeton, NJ: Princeton University Press, 2011. Schweitzer, Frank, ed. Self-Organization of Complex Structures: From Individuals to Collective Dynamics. Amsterdam: Gordon and Breach Science Publishers, 1997. Smith, Adam. An Inquiry into the Nature and Causes of the Wealth of Nations. Re-print, New York: Modern Library, 1937.
Sontag, Sherry and Christopher Drew. Blind Man's Bluff: The Story of American Sub–marine Espionage. New York: Public Affairs, 1998.
Sumner, William Graham. Social Darwinism: Selected Essays. Englewood Cliffs, NJ: Prentice-Hall, 1963.
Surowiecki, James. The Wisdom of the Crowds: Why the Many Are Smarter than the Few and How Collective Wisdom Shapes Businesses, Economics, Societies, and Nations. New York: Doubleday, 2004.
Wilson, Edward O. In Search of Nature. Washington, DC: Island Press, 1996.

第五章　心理學

Belsky, Gary and Thomas Gilovich. Why Smart People Make Big Money Mistakes.
New York: Simon & Schuster, 1999.
Bernstein, Peter L. Capital Ideas: The Improbable Origins of Modern Wall Street. New York: The Free Press, 1992.
Chancellor, Edward. Devil Take the Hindmost. New York: Farrar, Straus & Giroux, 1999.
Cialdini, Robert B. Influence: The Psychology of Persuasion. New York: William Mor–row, 1993.
Craik, Kenneth. The Nature of Explanation. London: Cambridge University Press, (1943) 1952.
de la Vega, Joseph. Confusion de Confusiones (Confusion of Confusions). New York: John Wiley & Sons, 1996.
Fox, Justin. The Myth of the Rational Market. New York: Harper Business, 2009. Gilovich, Thomas. How We Know What Isn't So. New York: The Free Press, 1991. Gilovich, Thomas, Dale Griffin, and Daniel Kahneman. Heuristics and Biases: The Psychology of Intuitive Judgment. Cambridge: Cambridge University Press, 2002.
Graham, Benjamin. The Intelligent Investor. New York: Harper & Row, (1949) 1973. Graham, Benjamin and David Dodd. Security Analysis. New York: McGraw-Hill,(1934) 1951.
Hagstrom, Robert G. The Warren Buffett Portfolio: Mastering the Power of the Focus Investment Strategy. New York: John Wiley & Sons, 1999.
Johnson-Laird, Philip N. Mental Models. Cambridge: Harvard University Press, 1983. Kahneman, Daniel, Paul Slovic, and Amos Tversky. Judgment under Uncertainty:
Heuristics and Biases. Cambridge: Cambridge University Press, 1982.
Kindleberger, Charles P. Manias, Panics, and Crashes. New York: John Wiley & Sons, 1996.
Le Bon, Gustave. The Crowd. New York: Penguin Books, (1895) reprint 1977.
Mackay, Charles. Extraordinary Popular Delusions and the Madness of Crowds. New York: John Wiley & Sons, (1841) reprint 1996.
McCloskey, Donald N. If You're So Smart: The Narrative of Economic Expertise. Chicago: University of Chicago Press, 1990.
Russo, Edward J. and Paul J. H. Schoemaker. Winning Decisions: Getting It Right the First Time. New York: Doubleday, 2002.
Shefrin, Hersh. Beyond Fear and Greed. Boston: Harvard University Press, 2000. Sherden, William A. The Fortune Sellers. New York: John Wiley & Sons, 1998.
Shermer, Michael. Why People Believe Weird Things. New York: W. H. Freeman, 1997.
———. How We Believe. New York: W. H. Freeman, 2000.
———. The Believing Brain: From Ghosts and Gods to Politics and Conspiracies—How We Construct Beliefs and Reinforce Them as Truths. New York: Times Books, 2011.
Shiller, Robert J. Market Volatility. Cambridge: The MIT Press, 1997.
———. Irrational Exuberance. Princeton, NJ: Princeton University Press, 2000. Shleifer, Andrew. Inefficient Market: An Introduction to Behavioral Finance. Oxford:
Oxford University Press, 2000.
Thaler, Richard H. The Winner's Curse: Paradoxes and Anomalies of Economic Life.
Princeton, NJ: Princeton University Press, 1992.

Tucket, David. Minding the Markets: An Emotional Finance View of Financial Stabil–ity. New York: Palgrave Macmillan, 2011.
Tvede, Lars. The Psychology of Finance. New York: John Wiley & Sons, 1999.
Von Neumann, John and Oskar Morgenstern. Theory of Games and Economic Behav–ior. Princeton, NJ: 1944.

第六章　哲學

Audi, Robert. The Cambridge Dictionary of Philosophy. Cambridge: Cambridge Uni–versity Press, 1995.
Baker, Gordon, ed. The Voices of Wittgenstein: The Vienna Circle. New York: Routledge, 2003.
Carroll, Noel. The Poetics, Aesthetics, and Philosophy of Narrative. Chichester, UK: Blackwell Publishing, 2009.
De Botton, Alain. The Consolations of Philosophy. New York: Pantheon Books, 2000. Dickstein, Morris. The Revival of Pragmatism: New Essays on Thought, Law, and Culture. Durham, NC, and London: Duke University Press, 1998.
Hans, Sluga, and David G. Stern, eds., The Cambridge Companion to Wittgenstein.
Cambridge: Cambridge University Press, 1996.
Honderich, Ted, ed. The Oxford Companion to Philosophy. Oxford: Oxford University Press, 1995.
James, William. Pragmatism. New York: Dover Publications, (1907) 1995.
James, William and Henry James. Letters of William James. Boston: Atlantic Monthly Press, 1920.
Klagge, James C. Wittgenstein: Biography and Philosophy. Cambridge: Cambridge University Press, 2001.
Lakoff, George and Mark Johnson. Metaphors We Live By. Chicago: University of Chi–cago Press, 1980.
McCloskey, Donald N. If You're So Smart: The Narrative of Economic Expertise. Chi–cago: University of Chicago Press, 1990.
Menand, Louis, ed. Pragmatism: A Reader. New York: Random House, 1997.
———. The Metaphysical Club: The Story of Ideas in America. New York: Farrar, Straus and Giroux, 2001.
Paulos, John Allen. A Mathematician Reads the Newspaper. New York: Basic Books, 1995.
———. Once Upon a Number: The Hidden Mathematical Logic of Stories. New York: Basic Books, 1998.
Richardson, Robert D. William James: In the Maelstrom of AmericanModernism.
Boston: Houghton Mifflin, 2005.
Satz, Debra. Why Some Things Should Not Be For Sale. Oxford: Oxford University Press, 2010.
Simon, Linda. Genuine Reality: A Life of William James. New York: Harcourt, Brace, 1998.
White, Morton. Pragmatism and the American Mind. New York: Oxford University Press, 1973.
Wittgenstein, Ludwig. Philosophical Investigations. 3rd ed. Englewood Cliffs, NJ: Prentice Hall, 1958.

第七章　文學

Adler, Mortimer J. How to Speak, How to Listen. New York: Simon & Schuster, 1983. Adler, Mortimer J. and Charles Van Doren. How to Read a Book, rev. ed. New York:
Simon & Schuster, 1972.
Bloom, Harold. The Western Canon: The Books and Schools for the Ages. New York: Riverhead Books, 1994.
———. How to Read and Why. New York: Scribner, 2000.
———. Where Shall Wisdom Be Found? New York: Riverhead Books, 2004. Denby, David. Great Books. New York: Simon & Schuster, 1996.
Dreiser, Theodore. The Financier. Lexington, KY: Seven Treasures Publication, 2008. Eco, Umberto. On Literature. London: Harcourt, 2002.
Fischer, Steven Roger. A History of Reading. London: Reaktion Books, 2003.
Hagstrom, Robert G. The Detective and the Investor. John Wiley & Sons, 2002. Jacobs, Alan. The Pleasures of Reading in an Age of Distraction. Oxford: Oxford University Press, 2011.
Kirsch, Adam. Why Trilling Matters. New Haven, CT: Yale University Press, 2011. Krystal, Arthur. A Company of Readers. New York: The Free Press, 2001.
Lyons, Martyn. Books: A Living History. Los Angeles: Getty Publications, 2011. Manguel, Alberto. A History of Reading. New York: Penguin Books, 1996.
———. The Library at Night. New Haven, CT: Yale University Press, 2006.
Samet, Elizabeth D. Soldier's Heart: Reading Literature Through Peace and War at West Point. New York: Farrar, Straus and Giroux, 2007.
Shiller, Robert J. The Subprime Solution. Princeton, NJ: Princeton University Press, 2008. Woolf, Virginia. The Common Reader: The First Series. Edited and introduced by An-
drew McNeillie. New York: Harcourt Brace Jovanovich, (1925) 1984.

第八章　數學

Bernstein, Peter L. Against the Gods: The Remarkable Story of Risk. New York: John Wiley & Sons, 1996.
Brown, Aaron. Red-Blooded Risk. Hoboken, NJ: John Wiley & Sons, 2012.
Byers, William. How Mathematicians Think. Princeton, NJ: Princeton University Press, 2007.
Connor, James A. Pascal's Wager: The Man Who Played Dice with God. San Francisco: Harper Collins, 2006.
Devlin, Keith. The Man of Numbers: Fibonacci's Arithmetic Revolution. New York: Walker & Company, 2011.
Epstein, Richard. The Theory of Gambling and Statistical Logic. New York: Academic Press, 1977.
Fingar, Thomas. Reducing Uncertainty: Intelligence Analysis and National Security.
Stanford, CA: Stanford University Press, 2011.

Fitzgerald, Michael and Loan James. The Mind of the Mathematician. Baltimore: Johns Hopkins University Press, 2007.
Gould, Stephen Jay. The Full House: The Spread of Excellence from Plato to Darwin.
New York: Three Rivers Press, 1996.
Hagstrom, Robert G. The Warren Buffett Way: Investment Strategies of the World's Greatest Investor. New York: John Wiley & Sons, 1994.
———. The Warren Buffett Portfolio: Mastering the Power of the Focus Investment Strategy. New York: John Wiley & Sons, 1999.
Hersh, Reuben. What Is Mathematics Really? Oxford: Oxford University Press, 1997. Keynes, John Maynard. The General Theory of Employment, Interest, and Money. New
York: First Harvest, Harcourt Brace, 1964.
Knight, Frank H. Risk, Uncertainty, and Profit. Washington DC: Beard Books, 2002. McGrayne, Sharon Bertsch. The Theory That Would Not Die. New Haven, CT: Yale University Press, 2011.
Paulos, John Allen. Innumeracy: Mathematical Illiteracy and Its Consequences. New York: Hill and Wang, 1988.
———. A Mathematician Plays the Stock Market. New York: Basic Books, 2003. Poundstone, William. Fortune's Formula. New York: Hill and Wang, 2005.
Rappaport, Alfred. Creating Shareholder Value. New York: The Free Press, 1986. Rappaport, Alfred and Michael J. Mauboussin. Expectations Investing. Boston: Har-vard Business School, 2001.
Savage, Sam L. The Flaw of Averages: Why We Underestimate Risk in the Face of Uncer–tainty. New York: John Wiley & Sons, 2009.
Stanovich, Keith E. What Intelligence Tests Miss: The Psychology of Rational Thought.
New Haven, CT: Yale University Press, 2007.
Taleb, Nassim Nicholas. Fooled by Randomness: The Hidden Role of Chance in Life and in the Markets. New York: Texere/Thomson Corporation, 2004.
———. The Black Swan: The Impact of the Highly Improbable. New York: Random House, 2007.
Thorp, Edward O. Beat the Dealer. New York: Vintage Books, 1966.
Thorp, Edward O. and Sheen T. Kassouf. Beat the Market. New York: Random House, 1967.
Weisstein, Eric W. CRC Concise Encyclopedia of Mathematics. London: Chapman & Hall/CRC, 1999.
Wilson, Edward O. Consilience: The Unity of Knowledge. New York: Vintage Books, 1999.

第九章　決策

Arum, Richard and Josipa Roksa. Academically Adrift: Limited Learning on College Campuses. Chicago: University of Chicago Press, 2011.
Biggs, Barton. Hedge Hogging. New York: John Wiley & Sons, 2006.
Carr, Nicholas. The Shallows: What the Internet Is Doing to Our Brains. New York:
W. W. Norton & Company, 2010.

Derman, Emanuel. Models Behaving Badly. New York: The Free Press, 2011.
Gardner, Dan. Future Babble: Why Expert Predictions Fail—and Why We Believe Them Anyway. Toronto: McClelland & Stewart, 2010.
Gawande, Atul. The Checklist Manifesto: How to Get Things Right. New York: Henry Holt, 2009.
Gould, Stephen Jay. The Hedgehog, the Fox, and Magister's Pox: Mending the Gap Be–tween Science and the Humanities. Cambridge: Harvard University Press, 2003.
Kahneman, Daniel. Thinking Fast and Slow. New York: Farrar, Straus, and Giroux, 2011. Kronman, Anthony T. Education's End: Why Our Colleges and UniversitiesHave
Given Up on the Meaning of Life. New Haven, CT: Yale University Press, 2007.
Mauboussin, Michael J. More Than You Know: Finding Financial Wisdom in Uncon–ventional Places. New York: Columbia University Press, 2006.
———. Think Twice: Harnessing the Power of Counterintuition. Boston: Harvard Busi–ness Press, 2009. Meehl, Paul E. Clinical Versus Statistical Prediction: A Theoretical Analysis and a Re–view of the Evidence. Northvale, NJ: Jason Aronson, 1996.
Pariser, Eli. The Filter Bubble: What the Internet Is Hiding from You. New York: Penguin Press, 2011.
Russo, J. Edward and Paul J. H. Schoemaker. Decision Traps: The Ten Barriers to Bril–liant Decision-Making & How to Overcome Them. New York: Doubleday, 1989.
Sapolsky, Robert M. Why Zebras Don't Get Ulcers. New York: Henry Holt, 2004. Tetlock, Philip E. Expert Political Judgment: How Good Is It? How Can We Know?
Princeton, NJ: Princeton University Press, 2005.
Watts, Duncan J. Everything Is Obvious: Once You Know the Answer. New York: Crown Business, 2011.

寰宇圖書分類

技　術　分　析

分類號	書名	書號	定價
1	波浪理論與動量分析	F003	320
2	股票 K 線戰法	F058	600
3	市場互動技術分析	F060	500
4	股票成交當量分析	F070	300
5	動能指標	F091	450
6	技術分析 & 選擇權策略	F097	380
7	史瓦格期貨技術分析 (上)	F105	580
8	史瓦格期貨技術分析 (下)	F106	400
9	市場韻律與時效分析	F119	480
10	完全技術分析手冊	F137	460
11	金融市場技術分析 (上)	F155	420
12	金融市場技術分析 (下)	F156	420
13	網路當沖交易	F160	300
14	股價型態總覽 (上)	F162	500
15	股價型態總覽 (下)	F163	500
16	包寧傑帶狀操作法	F179	330
17	陰陽線詳解	F187	280
18	技術分析選股絕活	F188	240
19	主控戰略 K 線	F190	350
20	主控戰略開盤法	F194	380
21	狙擊手操作法	F199	380
22	反向操作致富術	F204	260
23	掌握台股大趨勢	F206	300
24	主控戰略移動平均線	F207	350
25	主控戰略成交量	F213	450
26	盤勢判讀的技巧	F215	450
27	巨波投資法	F216	480
28	20 招成功交易策略	F218	360
29	主控戰略即時盤態	F221	420
30	多空對沖交易策略	F225	450
31	線形玄機	F227	360
32	墨菲論市場互動分析	F229	460
33	主控戰略波浪理論	F233	360
34	股價趨勢技術分析—典藏版 (上)	F243	600
35	股價趨勢技術分析—典藏版 (下)	F244	600
36	量價進化論	F254	350
37	讓證據說話的技術分析 (上)	F255	350
38	讓證據說話的技術分析 (下)	F256	350
39	技術分析首部曲	F257	420
40	統計套利	F263	480
41	探金實戰 · 波浪理論 (系列 1)	F266	400
42	主控技術分析使用手冊	F271	500
43	費波納奇法則	F273	400
44	點睛技術分析—心法篇	F283	500
45	J 線正字圖 · 線圖大革命	F291	450
46	強力陰陽線 (完整版)	F300	650
47	買進訊號	F305	380
48	賣出訊號	F306	380
49	K 線理論	F310	480
50	機械化交易新解：技術指標進化論	F313	480
51	趨勢交易	F323	420
52	艾略特波浪理論新創見	F332	420
53	量價關係操作要訣	F333	550
54	精準獲利 K 線戰技 (第二版)	F334	550
55	短線投機養成教育	F337	550
56	XQ 洩天機	F342	450
57	當沖交易大全 (第二版)	F343	400
58	擊敗控盤者	F348	420
59	圖解 B-Band 指標	F351	480
60	多空操作秘笈	F353	460
61	主控戰略型態學	F361	480
62	買在起漲點	F362	450
63	賣在起跌點	F363	450
64	酒田戰法—圖解 80 招台股實證	F366	380
65	跨市交易思維—墨菲市場互動分析新論	F367	550
66	漲不停的力量—黃綠紅海撈操作法	F368	480
67	股市放空獲利術—歐尼爾教賺全圖解	F369	380
68	賣出的藝術—賣出時機與放空技巧	F373	600
69	新操作生涯不是夢	F375	600
70	新操作生涯不是夢—學習指南	F376	280
71	亞當理論	F377	250
72	趨向指標操作要訣	F379	360
73	甘氏理論 (第二版) 型態 - 價格 - 時間	F383	500
74	雙動能投資—高報酬低風險策略	F387	360
75	與趨勢共舞	F394	600
76	技術分析精論第五版 (上)	F395	560
77	技術分析精論第五版 (下)	F396	500
78	不說謊的價量	F416	420
79	K 線理論 2：蝴蝶 K 線台股實戰法	F417	380
80	關鍵買賣點：突破實戰交易的科學與藝	F433	650

技術分析(續)

分類號	書名	書號	定價
81	約翰墨菲視覺分析	F445	450

智慧投資

分類號	書名	書號	定價
1	股市大亨	F013	280
2	新股市大亨	F014	280
3	智慧型股票投資人	F046	500
4	超級強勢股	F076	420
5	與操盤贏家共舞	F174	300
6	掌握股票群眾心理	F184	350
7	掌握巴菲特選股絕技	F189	390
8	高勝算操盤(上)	F196	320
9	高勝算操盤(下)	F197	270
10	透視避險基金	F209	440
11	倪德厚夫的投機術(上)	F239	300
12	倪德厚夫的投機術(下)	F240	300
13	圖風勢—股票交易心法	F242	300
14	從躺椅上操作：交易心理學	F252	550
15	華爾街傳奇：我的生存之道	F264	280
16	費雪·布萊克回憶錄	F265	480
17	歐尼爾投資的 24 堂課	F268	300
18	探金實戰·李佛摩投機技巧(系列 2)	F274	320
19	金融風暴求勝術	F278	400
20	交易·創造自己的聖盃(第二版)	F282	600
21	華爾街怪傑巴魯克傳	F292	500
22	交易者的 101 堂心理訓練課	F294	500
23	兩岸股市大探索(上)	F301	450
24	兩岸股市大探索(下)	F302	350
25	專業投機原理 I	F303	480
26	專業投機原理 II	F304	400
27	探金實戰·李佛摩手稿解密(系列 3)	F308	480
28	證券分析第六增訂版(上冊)	F316	700
29	證券分析第六增訂版(下冊)	F317	700
30	探金實戰·李佛摩資金情緒管理(系列 4)	F319	350
31	探金實戰·李佛摩 18 堂課(系列 5)	F325	250
32	交易贏家的 21 週全紀錄	F330	460
33	量子盤感	F339	480
34	探金實戰·作手談股市內幕(系列 6)	F345	380
35	股票作手回憶錄—註解版(上冊)	F349	600
36	股票作手回憶錄—註解版(下冊)	F350	600
37	探金實戰·作手從錯中學習	F354	380
38	投資悍客	F356	400
39	王力群談股市心理學	F358	420
40	股票作手回憶錄(完整版)	F374	600
41	超越大盤的獲利公式	F380	300
42	智慧型股票投資人(全新增訂版)	F389	800
43	非常潛力股(經典新譯版)	F393	420
44	股海奇兵之散戶語錄	F398	380
45	投資進化論：揭開“投腦”不理性的真相	F400	500
46	擊敗群眾的逆向思維	F401	450
47	投資檢查表：基金經理人的選股秘訣	F407	580
48	魔球投資學(全新增訂版)	F408	500
49	操盤快思 X 投資慢想	F409	420
50	文化衝突：投資，還是投機？	F410	550
51	非理性繁榮：股市。瘋狂。警世預言家	F411	600
52	巴菲特 & 索羅斯之致勝投資習慣	F412	500
53	客戶的遊艇在哪裡？	F414	350
54	投資詐彈課：識破投資騙局的五個警訊	F418	380
55	心理學博士的深度交易課	F424	500
56	巴菲特的繼承者們	F425	650
57	為什麼總是買到賠錢股	F426	380
58	約翰柏格投資常識(全新增訂 & 十周年紀念版)	F430	480
59	不存在的績效：馬多夫對沖基金騙局最終結案報告	F432	500
60	投資哲人查理蒙格傳	F435	500
61	優勢投資人交戰守則	F436	420
62	哥倫比亞商學院必修投資課	F437	700
63	索羅斯金融煉金術	F442	600
64	股市金融怪傑	F444	580
65	頂尖避險基金經理人的形成	F446	450
66	股海奇兵之贏在判讀力	F448	380
67	金融怪傑(30 周年紀念版)	F450	650
68	股票作手回憶錄(經典新校版)	F451	380
69	新金融怪傑(30 周年紀念版)(上)	F452	380
70	新金融怪傑(30 周年紀念版)(下)	F453	350

投資策略

分類號	書名	書號	定價
1	經濟指標圖解	F025	300
2	史瓦格期貨基本分析(上)	F103	480
3	史瓦格期貨基本分析(下)	F104	480
4	操作心經:全球頂尖交易員提供的操作建議	F139	360
5	股票成交量操作戰術	F182	420
6	股票長短線致富術	F183	350
7	交易,簡單最好!	F192	320
8	股價走勢圖精論	F198	250
9	價值投資五大關鍵	F200	360
10	計量技術操盤策略(上)	F201	300
11	計量技術操盤策略(下)	F202	270
12	震盪盤操作策略	F205	490
13	透視避險基金	F209	440
14	看準市場脈動投機術	F211	420
15	巨波投資法	F216	480
16	股海奇兵	F219	350
17	混沌操作法 II	F220	450
18	智慧型資產配置	F250	350
19	混沌操作法新解	F270	400
20	在家投資致富術	F289	420
21	看經濟大環境決定投資	F293	380
22	高勝算交易策略	F296	450
23	散戶升級的必修課	F297	400
24	他們如何超越歐尼爾	F329	500
25	交易,趨勢雲	F335	380
26	沒人教你的基本面投資術	F338	420
27	隨波逐流~台灣 50 平衡比例投資法	F341	380
28	李佛摩操盤術詳解	F344	400
29	用賭場思維交易就對了	F347	460
30	超級績效—金融怪傑交易之道	F370	450
31	你也可以成為股市天才	F378	350
32	順勢操作—多元管理的期貨交易策略	F382	550
33	陷阱分析法	F384	480
34	全面交易—掌握當沖與波段獲利	F386	650
35	資產配置投資策略(全新增訂版)	F391	500
36	波克夏沒教你的價值投資術	F392	480
37	股市獲利倍增術(第五版)	F397	450
38	護城河投資勢:巴菲特獲利的唯一法則	F399	320
39	賺贏大盤的動能投資法	F402	450
40	下重注的本事	F403	350
41	趨勢交易正典(全新增訂版)	F405	600
42	股市真規則	F412	580
43	投資人宣言:建構無懼風浪的終身投資計畫	F419	350
44	美股隊長操作秘笈:美股生存手冊	F420	500
45	傑西·李佛摩股市操盤術(中文新譯版)	F422	420
46	擊敗黑色星期一的投資鬼才:馬丁·茲威格操盤全攻略	F423	500
47	計量價值的勝率	F428	500
48	尋找股價飆漲前的下一個星巴克、麥當勞、沃爾瑪與全食超市	F429	500
49	股海奇兵之成長型投資	F431	280
50	超級績效 2:投資冠軍的操盤思維	F434	450
51	21 世紀價值投資	F438	500
52	耶魯操盤手:非典型成功	F439	500
53	超級績效 3:動能大師圓桌論壇	F440	420
54	尋找超值股:解決投資難題的價值檢定程序	F441	420
55	股票交易精鍊手冊	F443	420
56	順勢交易:多空策略實作指引	F447	450
57	當沖專業原理	F449	500

程式交易

分類號	書名	書號	定價
1	高勝算操盤(上)	F196	320
2	高勝算操盤(下)	F197	270
3	狙擊手操作法	F199	380
4	計量技術操盤策略(上)	F201	300
5	計量技術操盤策略(下)	F202	270
6	《交易大師》操盤密碼	F208	380
7	TS 程式交易全攻略	F275	430
8	PowerLanguage 程式交易語法大全	F298	480
9	交易策略評估與最佳化(第二版)	F299	500
10	全民貨幣戰爭首部曲	F307	450
11	HSP 計量操盤策略	F309	400
12	MultiCharts 快易通	F312	280
13	計量交易	F322	380
14	策略大師談程式密碼	F336	450
15	分析師關鍵報告 2—張林忠教你程式交易	F364	580
16	三週學會程式交易	F415	550

期貨

分類號	書名	書號	定價
1	高績效期貨操作	F141	580
2	期貨賽局(上)	F231	460
3	期貨賽局(下)	F232	520
4	雷達導航期股技術(期貨篇)	F267	420
5	期指格鬥法	F295	350
6	分析師關鍵報告(期貨交易篇)	F328	450
7	期貨交易策略	F381	360
8	期貨市場全書(全新增訂版)	F421	1200

選擇權

分類號	書名	書號	定價
1	技術分析 & 選擇權策略	F097	380
2	交易，選擇權	F210	480
3	選擇權策略王	F217	330
4	活用數學・交易選擇權	F246	600
5	選擇權賣方交易總覽(第二版)	F320	480
6	選擇權安心賺	F340	420
7	選擇權 36 計	F357	360
8	技術指標帶你進入選擇權交易	F385	500
9	台指選擇權攻略手冊	F404	380
10	選擇權價格波動率與訂價理論	F406	1080

共同基金

分類號	書名	書號	定價
1	柏格談共同基金	F178	420
2	基金趨勢戰略	F272	300
3	定期定值投資策略	F279	350
4	理財贏家 16 問	F318	280
5	共同基金必勝法則 - 十年典藏版(上)	F326	420
6	共同基金必勝法則 - 十年典藏版(下)	F327	380

債券貨幣

分類號	書名	書號	定價
1	賺遍全球：貨幣投資全攻略	F260	300
2	外匯交易精論	F281	300
3	外匯套利 I	F311	450
4	外匯套利 II	F388	580

財務教育

分類號	書名	書號	定價
1	點時成金	F237	260
2	蘇黎士投機定律	F280	250
3	投資心理學(漫畫版)	F284	200
4	歐丹尼成長型股票投資課(漫畫版)	F285	200
5	貴族・騙子・華爾街	F287	250
6	就是要好運	F288	350
7	財報編製與財報分析	F331	320
8	交易駭客任務	F365	600
9	舉債致富	F427	450

財務工程

分類號	書名	書號	定價
1	固定收益商品	F226	850
2	信用衍生性 & 結構性商品	F234	520
3	可轉換套利交易策略	F238	520
4	我如何成為華爾街計量金融家	F259	500

操盤快思 X 投資慢想：當查理・蒙格遇見達爾文 / 羅伯特・海格斯壯 (Robert G. Hagstrom) 作；陳民傑譯 . -- 初版 . -- 臺北市：寰宇，2017.05
332 面；14.8×21 公分 . -- (寰宇智慧投資 ;409)
譯自：Investing: The Last Liberal Art Investing, 2nd ed.
ISBN 978-986-94519-3-2(平裝)

1. 投資

563.5 106007896

寰宇智慧投資 409

操盤快思 X 投資慢想：當查理・蒙格遇見達爾文

作　　者　羅伯特・海格斯壯 (Robert G. Hagstrom)
譯　　者　陳民傑
編　　輯　江大衛
校　　稿　王誼馨
美術設計　廖　韡
內文排版　富春全球股份有限公司
封面設計　廖　韡

發 行 人　江聰亮
出 版 者　寰宇出版股份有限公司
臺北市仁愛路四段 109 號 13 樓
TEL: (02) 2721–8138 FAX: (02) 2711–3270
E–mail:service@ipci.com.tw
http://www.ipci.com.tw
劃撥帳號 1146743–9
登 記 證　局版台省字第 3917 號
定　　價　420 元
出　　版　2017 年 5 月初版一刷
2021 年 3 月初版六刷

ISBN 978-986-94519-3-2 (平裝)